Südtirol

Zeit für das Beste

Highlights – Geheimtipps – Wohlfühladressen

W0344350

Unten Wein und oben Stein,

dazwischen Eis und Wasserwosser,

ein paar Knödeln und ein Speck,

viel Sonne, wenig Regen,

was brauchst' noch mehr zum Leben?

(unbekannter Autor)

BRUCKMANN

Südtirol

Zeit für das Beste

Eugen Hüsler
Udo Bernhart

BRUCKMANN

Vorangehende Doppelseite: Die Nordwand des Seekofels über dem Pragser Wildsee
Oben: Sonnenuntergang im (Ski-) Winter
Mitte: Seit Sissis Zeiten eine beliebte Meraner Promenade
Unten: Wer ist hier stärker?

INHALTSVERZEICHNIS

Oben: Immer beliebt: eine urige Einkehr am Wanderweg
Mitte: Der Haflinger ist ein echter Südtiroler.
Unten: Abendlicher Bummel in den Bozner Lauben

DIE TOP TEN

GLURNS (S. 40)

Das kleinste Städtchen Südtirols mit seinem Mauerring und den Tortürmen durchweht ein Hauch von Spätmittelalter. Nach langem Dornröschenschlaf erwacht, weiß es mitunter den Ansturm kaum zu verkraften. Am schönsten ist ein Spaziergang in dem historischen Geviert frühmorgens.

STILFSER JOCH (S. 42)

48 Serpentinen bis zum Gipfel der legendären Passstraße auf 2757 m Seehöhe: für viele Zweiradfahrer ein absolutes Muss. Die einen tun sich dabei wesentlich leichter (weil motorisiert), für die anderen ist es der sportliche Ritterschlag. Alle genießen oben den fantastischen Blick auf Tirols höchsten Berg, den gletscherumwallten Ortler.

TRAUTTMANSDORFF (S. 82)

Die Gärten von Trauttmansdorff sind ein sinnliches Erlebnis für Jung und Alt, Groß und Klein. Auf 12 ha Fläche entfaltet sich ein überwältigender mediterraner Zauber. Hier wächst der nördlichste Olivenhain Italiens, stehen Zypressen neben Pinien; da rauscht ein Wildwasser zu Tal, im Seerosenteich blüht der Lotus. Lavendel, Rosmarin und Thymian verströmen einen betörenden Duft.

ÖTZI (S. 102)

Der »Mann aus dem Eis«, vor 20 Jahren am Hauptkamm der Ötztaler Alpen entdeckt, ist der berühmteste und älteste Südtiroler. Alle Welt will ihn sehen, den Steinzeitmenschen, der vor mehr als fünf Jahrtausenden ein gewaltsames Ende fand. Und so ist aus dem Archäologischen Museum in Bozen, für das sich früher kaum jemand interessierte, ein absoluter Tourismusmagnet geworden.

MESSNER MOUNTAIN MUSEUM FIRMIAN (S. 110)

Einen besseren Platz, um das Spannungsverhältnis zwischen Berg und Mensch zu thematisieren, als die 600 Jahre alten Mauern von Sigmundskron kann man sich kaum vorstellen. Berge rundum und eine Stadt in der Nähe: Wildnis dort, Urbanität hier, Herausforderungen hier wie dort.

KALTERN UND SEIN SEE (S. 124)
Wie ein riesiger Teppich liegen die Weinpergel über dem Hügelgelände des Überetsch, am Fuß des Mendelkamms. Mittendrin: Kaltern und sein See, der wärmste in den Alpen. Kein Wunder, dass die Reben hier besonders gut gedeihen.

BRIXEN UND KLOSTER NEUSTIFT (S. 190)
Die Stadt am Zusammenfluss von Rienz und Eisack war 1000 Jahre Bischofssitz, auch ein Brennpunkt des klösterlichen Lebens. Das spürt man heute noch, etwa im Kreuzgang von Brixen und in der weitläufigen Anlage des Klosters Neustift. Diese Mauern standen schon, als das Land Tirol erst im Entstehen war.

SELLA RONDA (S. 210)
Alles kreist hier um die Sella, diesen gewaltigen Felsklotz über den vier ladinischen Tälern im Herzen der Dolomiten. Im Winter wird fleißig gewedelt, im Sommer sind es vor allem die Zweiradfahrer – mit oder ohne Motor –, welche die 63 km und 100 Serpentinen unter die Räder nehmen: ein sehr sportliches Landschaftserlebnis!

SEISER ALM (S. 220)
Die größte Hochalm Südtirols ist auch ihre berühmteste. Kein Wunder – bei der Kulisse! Im Osten bildet die Langkofelgruppe mit dem Langkofel und der Riesenschräge des Plattkofels eine steinerne Phalanx, im Südwesten zieht das unverkennbare Profil des Schlerns mit seinen beiden himmelwärts ragenden Zacken den Blick auf sich. Wanderschuhe anziehen, Rucksack schultern, Berg heil!

DREI ZINNEN (S. 268)
Das kariöse Riesengebiss in den Sextener Dolomiten gilt als Wahrzeichen der »Bleichen Berge« schlechthin. Das geht ganz leicht vom Höhlensteintal aus, doch wer den Drei Zinnen und ihren in Kletterkreisen berühmten Nordwänden näher kommen will, muss die Wanderschuhe schnüren und sich auf den Weg zum Paternsattel machen.

Oben: Waltherplatz und Bozner Dom
Mitte: Immer noch ein Stein des Anstoßes: das faschistische Siegesdenkmal in Bozen
Unten: Das Batzenhäusl ist eine Bozner Institution.

Südtirol – ein Evergreen

Das letzte Sonnenlicht verglüht gerade zartrosa an den Türmen und Graten des Rosengartens, drunten in der Stadt sind die Lichter bereits an: Feierabend. Auf den Straßen herrscht das alltägliche Chaos. Bozen ist jetzt ganz italienisch, nicht nur zu drei Vierteln. So jedenfalls mag es mancher Besucher empfinden, der über den Brenner angereist ist, vorbei an den längst verwaisten Grenzkontrollen. Man ist in »Bella Italia«, hat den Norden und den Alltag hinter sich gelassen, Tirol aber noch lange nicht. Straßenschilder machen jene besondere Melange deutlich, die von der bewegten Geschichte südlich des Brennerpasses herrührt: zwei Kulturen und zwei Sprachen, mit Ladinisch sogar drei, heute vereint unter einem nationalen Dach.

Südtirol: Reiseziel und Transitland

»Ausfahrt Bozen Nord« signalisiert das große grüne Schild an der Autobahn, die auf Betonstelzen daherkommt, die Landeshauptstadt buchstäblich überfährt. Ankommen, abreisen. Schon in der Römerzeit war Tirol Transitland. Der Tourismus hat Tradition: Beide Tirol, Nord und Süd, gehören heute zu den beliebtesten Alpendestinationen. Hier hat man seit jeher Gäste bewirtet, sich arrangiert, auch mit den Ungebetenen. Ein Reisender war auch der berühmteste Südtiroler, jener »Ötzi«, der vor mehr als 5000 Jahren auf seinem Weg über die Alpen am Tisenjoch ums Leben kam. Im Gegensatz zu den meisten Besuchern unserer Tage, die vor dem Bozner Archäologiemuseum Schlange

Steckbrief Südtirol

Lage: Südtirol liegt südlich des Alpenhauptkamms, der die Grenze zu Tirol und Salzburg bildet. Im Westen hat es gemeinsame Grenzen mit der Schweiz (Graubünden) und der Provinz Sondrio, im Süden schließt die Provinz Trient an, im Südosten grenzt es an die Provinz Belluno.

Fläche: Südtirol ist 7400 km² groß, höchster Punkt ist der Ortler mit 3905 m über dem Mittelmeer, der tiefste Punkt liegt im Etschtal bei Salurn (207 m).

Hauptstadt: Bozen (Bolzano) mit rund 100 000 Einwohnern

Landesflagge: 

Einwohner: 512 446 Menschen leben in Südtirol, verteilt auf 116 Gemeinden. Die größten Städte sind Bozen (ca. 100 000 Einw.), Meran (ca. 39 000 Einw.) und Brixen (ca. 21 000 Einw.).

Währung: Euro

Amtssprachen: Knapp 70 % der Einwohner sprechen Deutsch, gut 25 % Italienisch. Ladinisch, ein rätoromanischer Dialekt, ist mit 4,5 % nur in einigen Dolomitentälern vertreten. Der italienische Bevölkerungsanteil konzentriert sich auf das Etschtal zwischen Meran und Bozen.

Zeitzone: MEZ (Umstellung auf Sommer-/Winterzeit im März bzw. Oktober)

Geografie: Geologisch gliedert sich Südtirol grob gesehen in die Gneis-Granitzone des Alpenhauptkamms, die Bozner Porphyrplatte und die Dolomiten. Entwässert wird das Land durch die Etsch und ihre Zuflüsse, die auch das markante Tälersystem bilden (Vinschgau, Eisack- und Pustertal, Etschtal). Die Wasser der Etsch münden in den Po und mit ihm ins Mittelmeer. Bloß die Drau fließt über die Save in die Donau.

Staat und Verwaltung: Als nördlichste Provinz Italiens bildet Südtirol zusammen mit der Provinz Trient die autonome Region Trentino-Südtirol mit umfassenden Selbstverwaltungsrechten seit 1972. Kulturell und sprachlich hebt sich Südtirol, bedingt durch seine jahrhundertelange Zugehörigkeit zur Habsburger Monarchie, vom Rest Italiens ab. Heute ist Südtirol Herzstück der Europaregion Tirol-Südtirol-Trentino.

Religion: 98 % aller Südtiroler gehören der katholischen Glaubensgemeinschaft an.

Wirtschaft und Tourismus: Südtirol verfügt heute über 10 000 Beherbergungsbetriebe, die ca. 211 000 Gästebetten zur Verfügung stellen. Pro Jahr kommen etwa 4,1 Mio. Touristen nach Südtirol, wovon fast die Hälfte aus Deutschland anreist. Die meisten Südtiroler (ca. 63,5 %) sind im Dienstleistungsgewerbe tätig. Etwa 24,5 % sind im produzierenden Gewerbe und ca. 12 % in der Landwirtschaft beschäftigt. Nur 2,1 % sind ohne Arbeit.

Oben: Schloss Kastelbell
Mitte: Eine Südtirolerin mit Hörnern
Unten: Stilvoll: Auslage in einem Schaufenster

stehen, um einen Blick auf die Gletschermumie zu werfen, nahm er nicht den Brennerweg. Der wurde erst viel später zur Hauptschlagader des Alpentransits in Richtung Italien und umgekehrt. Über den Pass kamen in der Völkerwanderungszeit, als es im alten Europa drunter und drüber ging, die Bajuwaren ins Land. Und im Gegensatz zu Goten, Langobarden oder Franken blieben sie auch – bis heute. Wen wundert's da, dass Südtirol zu den beliebtesten Reisezielen der Bayern gehört?

Ferienträume werden gespeist von Klischees; Fernweh nennt man das, und zu Südtirol fallen einem besonders viele dieser schönen Kalenderbilder ein: grüne, saftige Wiesen, darüber bizarre Felsen, Frühlingsblüte unterm Gletscherweiß, schmucke Bergdörfer samt Kirche mittendrin, feucht-fröhliche Törggele-Partien, stiebender Pulverschnee. Dass es auf manchen Almen im Herbst zum Himmel stinkt, weil heftig geodelt wird, passt nicht so recht ins makellose Bild, so wenig wie der intensive Chemieeinsatz auf den Etschtaler Obstplantagen. Doch das Gras soll im nächsten Sommer halt schneller in jene Dinosaurier-Eier wachsen, die mehr oder weniger dekorativ Straßen- und Wegränder säumen, und das fleckenlose Antlitz ist ein wichtiges Verkaufsargument für den Südtiroler Alpenapfel. All das speist den Wohlstand im »Land an der Etsch und im Gebirg'«.

Modern Times

Das verzeichnet – im Gegensatz zum übrigen Italien – nur minimale Arbeitslosigkeit, dafür steigende Umsätze, auch im Tourismus. Aber Wachstum hat seinen Preis, und den bezahlt in diesem Fall die Natur. Denn der märchenhafte Boom, den Südtirol seit den 1970er-Jahren als Ferienziel erlebt, hat dem Land nicht nur weit über 200 000 Gästebetten und zahllose Arbeitsplätze beschert; da ist mehr als nur ein kleines Stück Heimat planiert, zubetoniert worden, hat so manches Dorf seine Seele dem Kommerz geopfert. Von den Bergen grüßen SB-Restaurants, am dicken Seil geht's hinauf, im Winter auf breiter, künstlich beschneiter Spur wieder zu Tal, nicht ohne den berühmten Einkehrschwung unterwegs. Da wird der sportliche Gast dann mittels Hochprozentigem für die Weiterfahrt auf Betriebstemperatur gehalten, und spät abends ist in der Disko der Bär los. Andere genießen unter vier oder fünf (Hotel-) Sternen Wellness & Spa, lassen sich massieren, mit allerlei Ölen beträufeln oder zum Schwitzen in Heubäder stecken, um die Spuren des Alltags in Gesicht und Seele zu tilgen. Im Sommer werden die Gipfel gestürmt, zu Fuß oder per Bike, manche binden sich ans Seil eines Bergführers oder stürzen sich gleich als Bungee-Jumper in die Tiefe. Action heißt die Devise, alpenweit, der Tourist will etwas erleben, Zeit ist Geld und von beidem hat man immer zu wenig.

Moderne Kunst an der Timmelsjochstraße

Oben: Winterfreuden am Kronplatz
Mitte: Skifahren an der Plose
Unten: DJ-Ötzi am Roßkopf – sehr geschmackvoll …

Oben: Die moderne Therme ist ein neues Wahrzeichen Merans.
Unten: Das Denkmal für Walther von der Vogelweide in Bozen

Gute alte Zeit?

Südtirol, die ganze Welt ist im Wandel, wir erleben es alle. Wo sich vor ein paar Jahrzehnten noch eine Mechanik bewegte, regieren längst Bits und Bytes, aus dem guten alten Drahtesel ist ein Hightech-Bike geworden, der »Käfer« steht im Museum, dafür verbindet uns das iPhone mit dem End' der Welt. Doch weshalb der verschwundenen Idylle, der »guten alten Zeit« nachtrauern? Das Leben auf dem Hof brachte außer Schwielen an den Händen und einem krummen Rücken nicht viel, gerade mal genug zum (Über-)Leben, und oft war die Not so groß, dass die Kinder an Bauern in Süddeutschland verdingt wurden (Schwabenkinder). Noch in den 1960er-Jahren galten die Südtiroler als arme Schlucker, die »stille« und andere Hilfe erhielten, auch aus Bayern. Italien alimentierte seinen nördlichsten Landeszipfel ebenfalls, die allmächtige Südtiroler Volkspartei (SVP) ließ sich ihren Verzicht auf politische Unabhängigkeit von Rom großzügig vergelten.

So wurde aus der problematischen Hinterlassenschaft des Ersten Weltkriegs eine prosperierende Europaregion; es detonieren keine Bomben mehr wie in den 1960er-Jahren, und die Zeit, als über

Tiroler Fahne

Dolomitenzauber

35 000 Südtiroler, Männer wie Frauen, auf Schloss Sigmundskron für mehr Autonomie demonstrierten, ist wohl endgültig vorbei. Aus dem Gegeneinander der Volksgruppen ist ein Nebeneinander geworden. Und die Südtiroler Hoteliers dürfen sich über immer mehr Gäste aus dem eigenen Land, pardon: aus Italien freuen.

Krieg in den Bergen

Das war vor einem Jahrhundert ganz anders. Über Trient wehte der Doppeladler, Welschtirol (Trentino) gehörte zur k. u. k. Monarchie und Cortina d'Ampezzo war ein unscheinbares Bergnest am Rand Südtirols. Der europäische Machtpoker war in vollem Gang, der Mord von Sarajewo dann der Funke an einer Lunte, die längst gelegt war. Italien blieb zunächst neutral; erst nach den Londoner Geheimverhandlungen, in denen ihm die Brennergrenze zugesichert wurde, erklärte es im Mai 1915 Österreich-Ungarn den Krieg.

Es wurde ein Kampf ohne Sieger, aber mit Tausenden von Verlierern, deren Namen auf zahllosen Kriegerdenkmalen verzeichnet sind, in Bronze gegossen oder in Stein gemeißelt. Heute noch stößt

Oben: Am Gipfel des Hohen Angelus (Ortlermassiv)
Unten: Zum Reinbeißen: Golden Delicious im Vinschgau

Oben und unten: Wander-Wunderland Dolomiten. Am Monte Piana (oben) und an der Croda da Lago

man überall an der ehemaligen Südgrenze Tirols – zwischen Ortler und den Sextener Dolomiten – auf die Hinterlassenschaft des »Grande Guerra«: Drahtverhaue und Kavernen, Schützengräben, Unterstände und Nachschubwege.

Pioniere

Mit dem Kriegsausbruch fand auch eine erste Blütezeit des Alpentourismus ein abruptes Ende, jene Epoche des kultivierten Reisens (das sich natürlich nur die wirklich Reichen leisten konnten), des Entdeckens und »Eroberns«. Die Berge wollten ja nicht bloß bestiegen, sondern erobert werden. Und Gipfel, große wie kleine, gibt es in Südtirol mehr als genug zwischen Ötztaler Alpen und Dolomiten, zwischen Zillertaler Hauptkamm und Ortler. Letzterer ist mit einer Gipfelhöhe von 3905 m der »höchste Spiz im Land Tyrol«; als erster Mensch stand am 27. September 1804 der Gamsjäger Josef Pichler, vulgo Pseyrer Josele, oben auf seinem Schneehaupt. Zu jener Zeit stand die »Entdeckung« der Dolomiten noch aus. In alten Landkarten wie etwa jener des Johannes Baptist Homanno über die »Comitatus Principales Tirolis« entdeckt man zwischen Eisack und Piave bloß ein paar Ortsnamen, aber keine Berge. Die Tirolkarte von Peter Anich und Blasius Hüber, zur Zeit Maria Theresias entstanden, verzeichnet immerhin erste, ziemlich beliebig gestreute Hinweise: Marmolada Vedretta, Fedaja M., Sass Maor, M. d'Alleghe. Vergeblich sucht man allerdings nach dem Namen des Gebirges – es hatte keinen.

Ein paar Jahre später tauchte ein kleiner Adeliger aus dem fernen Frankreich in Südtirol auf: Déodat Gratet de Dolomieu (1750–1801). Er sammelte Mineralien und interessierte sich auch sonst für allerlei Naturkundliches. Im Eisacktal stieß er auf einen Stein, der zwar aussah wie gewöhnlicher

Kalk, beim Überträufeln mit verdünnter Salzsäure aber eine abweichende Reaktion zeigte, »obwohl diese Eigenschaft von allen Naturforschern als sicherstes Kennzeichen angegeben wird«. Sein Genfer Freund, der Wissenschaftler Théodore de Saussure – ein Sohn des berühmten Mont-Blanc-Pioniers – untersuchte das Exponat und benannte es nach seinem Entdecker: Dolomite. So kam das ostalpine Gebirge zu seinem französischen Namen, entdeckt hatte es die Welt aber noch längst nicht. Ein halbes Jahrhundert nach der Erstbesteigung des Mont Blanc (1786) waren Langkofel und Marmolada, Civetta und Dreischusterspitze immer noch weiße Flecken auf der Landkarte des Alpinismus, unberührtes Bergland. Ein ganz früher, wohl reichlich dilettantischer Versuch an der Marmolada (1804), dem »Dach« der Dolomiten, endete unglücklich: Einer der drei Priester, die an dem Unternehmen beteiligt waren, stürzte in eine Gletscherspalte.

Natürlich »fielen« sie schließlich doch, die großen Gipfel der Dolomiten, als erster im September 1857 der Pelmo. Besonders erfolgreich war der Wiener Paul Grohmann; auf sein Konto gehen u.a.

Felstrümmer mit Profil: die Cinque Torri

Oben: Geranien (am Ritten) vor dem Rosengarten
Mitte: Einkaufsparadies für Bergsportler
Unten: Ein neues Wahrzeichen Bozens: der Salewa-Cube in der Industriezone

Oben: Gotteshaus am Regglberg – die Pfarrkirche von Aldein
Mitte: Erholung hoch über Meran: auf der Gompmalm
Unten: Almidylle im Pflerschtal

die Erstbesteigungen von Marmolada, Cristallo, Langkofel, Antelao und Großer Zinne.

Dolomiten-Ladiner

Gherdëina – Gröden – Gardena. So kann man es am Eingang ins Grödner Tal lesen; ein Hinweis darauf, dass es in Südtirol nicht nur zwei, sondern drei Ethnien gibt: Deutsche, Italiener und Ladiner. Letztere sind gewissermaßen die Ureinwohner des Landes.

Ihre Sprache ist keine Mischung aus Latein und rätischen Urlauten, wie immer wieder behauptet wird, sondern ein Neulatein, das Elemente aus der rätischen Vergangenheit, aber auch aus den Nachbaridiomen übernommen hat. Die Herkunft der Ladiner verliert sich im Dunkel der Vorgeschichte; seit dem 6. Jahrhundert, als die Bajuwaren von Norden in ihr ursprüngliches Siedlungsgebiet vordrangen, ist sie die Geschichte des permanenten Rückzugs, der ständigen Bedrohung durch Assimilation. Und die Zukunft? Die Dolomiten-Ladiner sind – ähnlich wie die Rätoromanen Graubündens und des Friauls – eine verschwindend kleine Minderheit in ihren Heimatländern.

Vulkangestein und Dolomit: Padòn-Kamm und Sellastock

Südtirol – ein Evergreen

Zwischen dem Eisack- und dem Piavetal leben heute noch etwa 30 000 Ladiner, zwei Drittel davon in den Südtiroler Tälern Hochabtei und Gröden, der Rest im Fassatal (Fasca), in Buchenstein (Fodom) und in Cortina d'Ampezzo (Anpezo). Ortstafeln erscheinen zwei-, manchmal sogar dreisprachig: La Ila – Stern – La Villa. Es gibt eine ladinische Wochenzeitung »La Usc di Ladins«, auch ladinische Seiten in den deutschen und italienischen Regionalzeitungen; drei Privatradios – Radio Gherdëina (Gröden), Radio Studio Record (Fass) und Radio Cortina (Ampezzano) – senden in ladinischer Sprache, Schulanfänger werden in ihrer Muttersprache unterrichtet. All das macht Hoffnung: Die Kultur der Dolomiten-Ladiner lebt! Seit 1989 ist das Ladinische in Südtirol Amtssprache, seit 1993 auch im Fassatal. So etwas fördert das Selbstbewusstsein einer Minorität, hilft gegen den Anpassungsdruck von außen. Und der nimmt zu, vor allem durch den Tourismus. Corvara, Wolkenstein, Canazei und Arabba waren noch vor drei Generationen kleine, arme Bauerndörfer; heute sind die Ladiner im Winter die echten Exoten ihrer polyglotten Welt. Corvara verzeichnet pro Einwohner fast 500 Gästenächtigungen pro Jahr – ein Spitzenwert, der nicht nur viel Geld in die

Bäuerliche Vergangenheit: im Volkskundemuseum Dietenheim

Oben: In den Trauttmansdorff-Gärten: Pavillon Blumen im Herbst
Mitte: Detail der romanischen Kreuzigungsgruppe in der Innicher Stiftskirche
Unten: Was gibt's Neues im Süden Tirols?

Kassen der Hoteliers und Liftbetreiber spült, sondern auch seine Nebenwirkungen hat: Fremder in der Heimat, für ein paar Monate im Jahr.

Südtiroler Genüsse: aus Küche und Keller

Die Liebe geht durch den Magen, sagt ein altes Sprichwort, und da wären wir dann bei einem weiteren guten Grund, Südtirol besonders zu mögen. Mitsamt seinen Italienern. Denn die tragen ganz wesentlich zum abwechslungsreichen Speisezettel bei. Das verwundert nicht weiter, hat das Essen, das Genießen im »Bel Paese« doch eine ganz andere Tradition als bei den für Fastfood und Schnellimbiss anfälligeren Nordländern.

Vielfalt ist das prägende Charakteristikum der Südtiroler Küche. Sie ist manchmal tirolerisch, zeigt mitunter – vor allem bei den Nachspeisen – deutliche Einflüsse der k. u. k. Monarchie, dann wieder italienisch; oben am Berg eher deftig, im Tal drunten immer öfter ausgesprochen ambitioniert. Die besten Vorspeisen kommen aus der südlichen Nachbarschaft, für Knödel und Nocken ist die einheimische Küche zuständig, beim Nachtisch hält man's mal so, mal so: Marillenknödel oder Tiramisu.

»Knödeln, Nudeln, Nocken, Plenten sein die vier Tiroler Elementen!«, sagt man hierzulande. Und tatsächlich bilden diese Vier in vielen Varianten so etwas wie die Grundlage der Südtiroler Küche, ihr Fundament. Und darauf kann man aufbauen, was viele Köche im Land mittlerweile hervorragend beherrschen (und sich auch in Sternen und Hauben der Gourmetbibeln niederschlägt). Knödel, mit oder ohne Fleisch, werden in der Suppe oder mit Salat serviert, auch als Beilage zu Braten und Gulasch. Zu den beliebtesten Nudelgerichten gehö-

Oben: Die Kirche im Dorf: Kaltern
Mitte: Der Käsekeller des Gamsegghofs in Melag
Unten: Der Graukäse ist eine Ahrntaler Spezialität.

ren Pustertaler Schlutzer und Tirtlen, Teigtaschen mit Topfen-, Spinat- oder Krautfüllung. Beliebt sind die Spinatnocken, die mit brauner Butter übergossen und mit Käse bestreut werden. Die Plenten (Maisbrei) passt bestens als Beilage zu Wild; in den ladinischen Tälern ist Polenta mit Pilzen sehr beliebt. Im Unterland dagegen isst man die Plenten mit Hauswürsten und Sauerkraut. Der Südtiroler Strudel kann – je nach Füllung – sowohl Vor- als auch Nachspeise sein, bei den süßen Varianten ist der Apfelstrudel absoluter Favorit. Schmeckt himmlisch!

Und dann ist da noch der Speck – die liebste Brotzeit aller Südtirolbesucher, am Stück vom Brettl gegessen. Er wird allerdings längst nicht mehr am Hof gepökelt und geräuchert (die Nachfrage ist schlicht zu groß), weshalb in Südtirol das böse Wort umgeht von der »holländischen Fockn (Schwein), der im Schnellverfahren das Jodeln beigebracht wurde«.

Und was passt zum Speck? Natürlich ein »Roter«, womit wir beim Wein wären. Der ist im Süden Tirols mindestens seit der Römerzeit ein Thema. Vermutlich labten sich bereits die Kelten an dem

Weinparadies St. Magdalena bei Bozen

Oben: Knödel: unverzichtbar in der Südtiroler Küche
Mitte: Tirtlen sind eine leckere Pustertaler Spezialität.
Unten: Große Kochkunst zelebriert Burkhard Bacher in der »Kleinen Flamme« (Sterzing).

Oben: Die Fischburg im Grödner Tal
Mitte: Bauerngarten in Aldein
Unten: Feines bei La Piazzetta in Cortina

Die erste Whisky-Brennerei Italiens befindet sich in Glurns.

berauschenden Getränk, wie der Fund eines Trinkgefäßes bei Stufels (Brixen) aus der Zeit um 500 v. Chr. vermuten lässt. Im Mittelalter besaßen die Klöster das Privileg zum Weinanbau. In Urkunden des 13. Jahrhunderts tauchen der Bozenaere – der Bozner Wein – und der Traminer auf, um 1550 dann Eppaner, Girlaner, Missianer, Grieser, Schreckbichler. Nach der Säkularisation kamen die Rebberge größtenteils in bäuerlichen Besitz. Um auf dem Markt besser bestehen zu können, gründeten die Weinbauern Winzergenossenschaften, eine erste 1893 in Andrian. Nur wenig später öffnete bereits die »Bozner Weinkost« ihre Pforten. Sie gilt noch heute als sicherer Trendsetter für das aktuelle Angebot.

Und das kann sich durchaus sehen lassen. Es zahlt sich mittlerweile aus, dass eine neue Generation von Winzern auf Topniveau arbeitet, immer den Geheimnissen der Önologie auf der Spur. Obwohl überwiegend Rotwein produziert wird (und neben dem Grauvernatsch vor allem Blauburgunder, Lagrein dunkel und Merlot), ist auch das Angebot an Weißweinen erstklassig: Chardonnay, Gewürztraminer, Sylvaner. Für Überraschungen gut sind auch die Anbaugebiete im Eisacktal und im unteren Vinschgau, obwohl nicht so sonnenverwöhnt wie die Unterländler (Veltliner, Sylvaner, Kerner). Auf internationalen Weinmessen setzen sich die Südtiroler Winzer immer besser in Szene, und auch bei den Genossenschaften greift der Qualitätsgedanke.

Ein Wermutstropfen fällt (leider) ins Weinglas: das Törggelen. Ein schöner alter Brauch, das Verkosten des noch jungen Weins, des »Nuien«, zu dem man gebratene, heiße Köschten (Kastanien), Nüsse, Hauswürste und Schweinsrippen im Kraut isst. Doch wenn im Oktober die Busse anrollen, wird aus dem gemütlichen Zusammenhocken nicht selten ein ödes Besäufnis. Schade.

Feste und Veranstaltungen übers Jahr

Der Festkalender in Südtirol war schon immer recht umfangreich. Alte Bräuche, teils auf vorchristliche Traditionen zurückgehend, und kirchliche Feiertage (z.B. Fronleichnam) dominierten ursprünglich; auch Stationen im bäuerlichen Jahr waren Anlass zum Feiern: Mittsommer, Almab-

Eine gute Adresse für Weinbeißer: Kloster Neustift

Oben: Rund um Mazzon gedeiht der Blauburgunder.
Mitte: Im Weinkeller von Peter Pliger
Unten: Wein – ein Wirtschaftsfaktor im Land

Oben: Sensationell! Das Museion in Bozen
Mitte: Die Blaskapelle gehört zur Südtiroler Kultur.
Unten: Herzlich willkommen! Die »Gastliche Tafel« in den Gassen von St. Pauls (Überetsch).

trieb, Erntezeit. Heute ist die Palette der Veranstaltungen ungleich breiter, abwechslungsreicher, natürlich auch stärker auf die Touristen ausgerichtet; sie reicht von Sport-Events über kulturelle Highlights bis zu ausgesprochenen Genussthemen wie Wein und Lukull. Im Sommer sind diverse Schlösser (z.B. Tirol, Prösels, Englar) Schauplätze von Soireen: Kunstgenuss in historischem Ambiente. Immer beliebter werden die Weihnachtsmärkte, die in Südtirol erst auf eine rund 20-jährige Tradition zurückblicken können. Seit 1999 hat Bozen wieder eine große Bühne: das Stadttheater am Verdiplatz, das alle klassischen Sparten des Kunstbetriebs bedient (Schauspiel, Oper, Operette, Musical), www.theater-bozen.it.

Ein kleiner Querschnitt durchs Veranstaltungsjahr:

Dolomiti Balloonfestival: Bunte Heißluftballone am blauen Himmel – ein schöner Kontrast zur winterlichen Dolomitenlandschaft um Toblach (erste Januarhälfte).

Egetmann-Umzug: Traditioneller Faschingsumzug in Tramin mit allerlei wilden Gestalten, mit dem der Winter verabschiedet wird (Mitte Februar).

Käsefestival Sand in Taufers: Verkosten und kaufen kann man an drei Tagen 1000 Käse-Spezialitäten aus ganz Europa, auch den Graukäse aus dem Ahrntal (Anfang März).

Haflinger Galopprennen: Auftakt zur Meraner Rennsaison mit Rahmenprogramm (Anfang April)

Bozner Filmtage: Hier werden lokale Filme, die sonst nur schwer eine Bühne finden, präsentiert – absolut sehenswert (Mitte April)!

Südtirol – ein Evergreen

Freizeitmesse Bozen: Fitness, Sport, Urlaubstrends, Wellness – das sind die Themen der »Freizeit« (Ende April).

Bozner Weinkost: Im Merkantilmuseum und im vornehmen Parkhotel Laurin werden Weine vorgestellt; auch bei der Wineparty kann man sie verkosten (Mitte Mai).

Oswald-von-Wolkenstein-Ritt: Das Mittelalterspektakel schlechthin mit Turnierspielen und allerlei Rahmenprogramm, in den Dörfern unterm Schlern (Mitte Juni).

Rittner Sommerspiele: Klassisches Theater auf der Bozner Sommerfrische (Juli/August).

Tanz Bozen: Das Festival der Bewegung in der Landeshauptstadt (zweite Julihälfte).

Gustav-Mahler-Musikwochen: Klassisches, vorgetragen von renommierten Künstlern in Toblach (zweite Julihälfte).

Die Tracht gehört zur Südtiroler Identität.

Oben: Brennpunkte des Meraner Lebens: Kurhaus und Pfarrkirche
Unten: In der Bozner Laubengasse

Oben: Siegertrophäe beim Oswald-von-Wolkenstein-Ritt
Mitte: Meraner Musikwochen
Unten: Wasserfall im Pflerschtal

Gastliche Tafel: Ende Juli wird in St. Pauls unter der Leitung des Sternekochs Herbert Hintner auf der Gasse aufgetischt. Anmeldung unerlässlich!

Südtiroler Ritterspiele in Schluderns: Spiel und Spaß für die ganze Familie (zweite Augusthälfte).

Meraner Musikwochen: Von Klassisch bis Pop und Volksmusik (Ende August / Anfang September).

Lammwochen vom Villnösser Brillenschaf: Ende September/Anfang Oktober beweisen die Köche im Villnöß, wie fein das Fleisch des Brillenschafs zubereitet werden kann. Die Tiere weiden den Sommer über am Ochsengarten unterhalb der Raschötz.

Völser Kuchlkastl: Seit über 30 Jahren gibt's die kulinarischen Herbstwochen in und um Völs: ein echter Genuss (Oktober)!

Kastelruther Spatzenfest: Mega-Event für alle Volksmusikfreunde unter freiem Himmel. Karten unbedingt rechtzeitig reservieren (Mitte Oktober)!

Das Parc Hotel am Kalterer See

Südtirol – ein Evergreen

Dolomiten im Winter

International Mountain Summit: Ein ganz besonderes »Gipfeltreffen« in Brixen, bei dem sich Top-Alpinisten und Bergfreunde treffen (Filme, Vorträge, Diskussionen); auch gemeinsames Wandern ist möglich (Ende Oktober).

Stegener Markt: der größte Bauernmarkt Südtirols in Stegen bei Bruneck – drei Tage Trubel vor den Toren Brunecks (Ende Oktober).

Eisacktaler Kastanienwochen: Ganz im Zeichen der schmackhaften Baumfrucht steht das kulinarische Geschehen im Eisacktal von Mitte Oktober bis Anfang November.

Leonhardiritt: Erntedankfest mit großem Umzug in St. Leonhard (Hochabtei). Der heilige Leonhard ist Schutzpatron von Ross und Reiter (Mitte November).

Weihnachtsmarkt Bozen: Der älteste und größte Weihnachtsmarkt in der Landeshauptstadt (Adventszeit).

Ski-Weltcup Gröden: Da wird auf der berühmten Saslong-Piste um Sekundenbruchteile gefightet (Mitte Dezember).

Oben: Wander- und Kletterrevier Sextener Dolomiten
Mitte: Zu zweit ist Skifahren noch schöner.
Unten: Schlittenfahrt auf der Seiser Alm

Geschichte im Überblick

5000 v. Chr. Nach dem Rückzug der großen eiszeitlichen Gletscher dringt der Mensch in die Alpentäler vor.

3300 v. Chr. Ein Mann stirbt am Alpenhauptkamm, auf dem Weg vom Schnalstal ins Ötztal: Ötzi, vor 20 Jahren vom Eis freigegeben und eine wissenschaftliche Sensation.

1500 v. Chr. entsteht die Laugen-Melaun-Kultur. Die Menschen siedeln vor allem auf klimatisch begünstigen Mittelgebirgsterrassen, der Kupferbergbau floriert, die Handelstätigkeit nimmt zu.

400 v. Chr. Keltische Stämme dringen in den Südalpenraum vor.

36 v. Chr. Die Römer gründen Tridentum, das heutige Trento. Bei ihrem Vorstoß über die Alpen gründen sie die Provinz Raetia.

6. Jh. Bajuwaren wandern von Norden in das Land ein.

769 Herzog Tassilo III. von Bayern gründet in Innichen das erste Kloster Südtirols. Es soll die Christianisierung der slawischen Stämme am Oberlauf der Drau fördern.

12. Jh. Der Aufstieg der Grafen von Meran beginnt.

1363 stirbt der letzte männliche Spross der Grafen von Tirol. Margarethe Maultasch vererbt Tirol an Herzog Rudolf IV. von Habsburg.

1420 Innsbruck wird an Stelle von Meran neue Hauptstadt Tirols.

1499 In den Schwabenkriegen brandschatzen die Graubündner nach ihrem Sieg an der Calven den Vinschgau.

1525/26 Missstände im Klerus führen auch in Südtirol zu Bauernaufständen; ihr Anführer, Michael Gaismair, wird 1532 in Padua ermordet.

1665 stirbt die Tiroler Linie der Habsburger aus; das Land wird nun von Wien aus regiert.

1703 Im Spanischen Erbfolgekrieg stellen sich die Tiroler Schützen, deren »Landlibell« noch aus der Zeit Maximilians I. stammt, erfolgreich einem bayerischen Heer entgegen.

Ende 18. Jh. Auch im Ersten Koalitionskrieg kommt es zu Gefechten.

1803 Säkularisation der Fürstbistümer Brixen und Trient.

1805 Österreich muss Tirol nach seiner Niederlage gegen Napoleon an Bayern abtreten.

1809 Der Aufstand der Tiroler unter der Führung von Andreas Hofer gegen die Fremdherrschaft im Land scheitert trotz der Siege am Bergisel bei Innsbruck. Hofer wird 1810 in Mantua standrechtlich erschossen. Im Frieden von Schönbrunn fällt Nordtirol an Bayern, der Süden und das Trentino an Italien.

1815 Im Wiener Kongress erhält Österreich die verlorenen Gebiete zurück.

1859 verliert Österreich die Lombardei, sieben Jahre später muss es auch Venetien abtreten. In Italien verlangt die Irridenta, eine nationalistische Bewegung, den Anschluss Südtirols, des Trentino und Istriens.

1914 bricht der Erste Weltkrieg aus.

1915 Nach dem Vertrag von London, in dem Italien die Brennergrenze zugesichert wird, erklärt Italien der k. u. k. Monarchie den Krieg. An der Grenze Südtirols kommt es zu einem Stellungskampf, der viele Opfer fordert, auch durch Lawinenabgänge, aber auf keiner Seite nennenswerte Geländegewinne bringt.

1917 Nach ihrem Sieg in der zwölften Isonzoschlacht dringen die österreichisch-ungarischen Truppen in die Poebene vor, werden dann aber am Monte Grappa aufgehalten.

1919 Im Frieden von St-Germain verliert Österreich Südtirol an Italien.

1922 Nach der faschistischen Machtübernahme setzt eine radikale Politik zur Durchsetzung der italienischen Sprache und Kultur in Südtirol ein. Sie findet ihren Höhepunkt in dem 1939 zwischen Mussolini und Hitler geschlossenen »Umsiedlungsabkommen«, das den Südtirolern nur die Wahl zwischen Auswandern oder einem rückhaltlosen Bekenntnis zu Italien lässt.

1946 Im Pariser Abkommen (Gruber-De Gasperi) wird zwischen Italien und Österreich ein Autonomieabkommen ausgehandelt.

1957 Bei einer Protestversammlung auf Schloss Sigmundskron verlangt die 1945 gegründete Südtiroler Volkspartei (SVP), angeführt von Silvius Magnago, eine echte Autonomie.

1959 bringt Österreich die Südtirol-Frage vor die UNO-Vollversammlung. Das Klima im Land wird rauer, Sprengstoffanschläge gegen Hochspannungsmasten fordern ein Todesopfer.

1969 wird ein erstes »Autonomiepaket« von Italien und Österreich ratifiziert. In der Folgezeit gehen weitere Zuständigkeitsbereiche von Rom an Südtirol über; neben dem Schutz der deutschsprachigen Südtiroler wird auch jener der ladinischen Sprache und Kultur gesetzlich verankert. Südtirol erlebt einen anhaltenden wirtschaftlichen Aufschwung.

1998 wird die erste dreisprachige Universität Europas, die Freie Universität Bozen, gegründet.

2011 Silvio Berlusconi tritt als Regierungschef ab; Mario Monti bildet eine Übergangsregierung aus Technokraten.

2012 Die Arbeitslosenquote in Südtirol ist zwar leicht angestiegen, im europäischen Vergleich aber immer noch sehr gering. Die Wirtschaft erweist sich trotz Euro- und Bankenkrise als sehr robust.

VINSCHGAU

Vorangehende Doppelseite: Eines der vielen Schlösser im Vinschgau: Kastelbell
Mitte: Der Kirchturm im Stausee: Graun
Unten: Ziege, zuhause in Melag

1 Graun am (im) Reschensee

Alte Mauern, gestautes Wasser

Das Bild kennt alle Welt, es ziert Kalender, findet sich in fast jedem Südtirolbuch und ging schon zig tausend Mal um die ganze Welt. Wer über den zugigen Reschenpass in den sonnigen Süden Tirols reist, kann ihn nicht übersehen, den Kirchturm von Graun, der draußen im Wasser des Reschensees steht.

Ein pittoreskes Bild, aber gleichzeitig ein Mahnmal. Denn es erinnert eindrücklich daran, wie es zum Bau des Stausees kam, wie Menschen als Rechtlose behandelt wurden. Die Bilanz: mehr als 5 km^2 fruchtbarer Boden gingen verloren, 163 Häuser versanken in den Fluten, über die Hälfte der Grauner Bevölkerung wanderte in der Folge aus.

Pläne für einen (kleineren) Stausee am Reschenpass gab es bereits in den 1920er-Jahren, konkret wurden sie während der Mussolini-Ära. Der Krieg verhinderte den Bau vorerst, dann war das Geld knapp. Ein Konsortium von Schweizer Elektrizitätsgesellschaften – eben spektakulär mit dem Rheinwald-Kraftwerksprojekt im eigenen Land gescheitert – sprang ein. Der Deal war so simpel wie effizient: »Kohle« gegen Strom. Am 16. Juli 1950 läuteten die Glocken der alten Grauner Kirche zum letzten Mal …

Wind und Wasser

Der rund 6 km lange Stausee hat die Passregion am Reschen ganz wesentlich verändert; im Frühling, bei niedrigem Wasserstand, bietet er mit sei-

Dicke Stollen, stramme Waden: auf Biketour am Reschen

nem breiten Dreckrand einen wenig erbaulichen Anblick. Ein aufgeschütteter Erddamm sorgt dafür, dass der Kirchturm das ganze Jahr über im Wasser steht – alles für die Südtirol-Besucher.

Die weit offene Passsenke des Reschen (1507 m) – nach dem Brenner die tiefste im Alpenhauptkamm – ist eine ausgesprochen zugige Gegend. Das hat sich bei Trendsportlern und auch in der Energiewirtschaft herumgesprochen. Im Sommer vergnügen sich Kitesurfer auf dem Gewässer, im Winter, wenn der See zugefroren ist, sind es Eissegler und Snowkiter. Und am Rand des Hochplateaus, das nach Süden über die Malser Haide abfällt, drehten sich (2012) zwei riesige Windräder: umweltfreundlich, aber nicht unbedingt schön. Über die Frage, ob es am Reschenpass noch mehr werden könnten oder ob die Anlage endgültig abgebaut werden soll, streitet man im Obervinschgau seit Jahren.

Ins Langtauferer Tal

In Graun kann man nicht nur ins Wasser, sondern auch auf den Berg steigen. Von Osten mündet hier das Langtauferer Tal, knapp 20 km lang und

AUTORENTIPP!

KITESURFEN AM RESCHENSEE

Die Sportart ist jung, wie ihre Akteure, die übers Wasser flitzen, dann abheben und fantastische Figuren in den Himmel zeichnen: Kitesurfer. Wer's lernen will, braucht – neben der richtigen Ausrüstung und etwas Mut – vor allem ein geeignetes Gewässer: groß genug und möglichst windig. Wie der Reschensee, über den fast immer ein kräftiger Wind pfeift, besonders bei Föhnlagen. Da wird den staunenden Zaungästen dann einiges geboten, und wer das Glück hat, einem echten Profi zuschauen zu können, wird sich so seine Gedanken über Gravitation und Schwerelosigkeit machen … Lernen kann man Kitesurfen bei einer der Schulen vor Ort. Angeboten werden verschiedene Kurse: Schnuppern oder Basic für Einsteiger, Advanced für alle mit gesteigertem sportlichem Ehrgeiz. Im Winter ist auf dem zugefrorenen Stausee Snowkite angesagt: eine garantiert heiße Angelegenheit für eiskalte Tage. Infos zum Kitesurfen auf dem Reschensee gibt es über das Tourismusbüro oder im Internet: www.adrenalinakitesurfclub.com

Oben: Einst Römerstraße, heute Radlweg: die Via Claudia Augusta
Mitte: Hilft gegen den größten Hunger: Gerstlsuppe
Unten: Panzersperre auf dem Plateau Plamort

mehr als 2000 m hoch. Die Weißkugel (3738 m), der Parade-Gletscherberg im Talende, überragt den Spitz des Grauner Kirchturms um mehr als 2 km. Für gute Alpinisten ist der Dreieinhalbtausender ein lohnendes Ziel. Wer die Wanderschuhe dabei hat und nicht schon beim Treppensteigen zuhause außer Atem gerät, kann von Melag (1912 m), dem hintersten Weiler im Tal, zur Weißkugelhütte (2542 m) aufsteigen: zweieinhalb Stunden mäßige Anstrengung. Und mit Blick auf Langtauferer Ferner und Weißkugel samt Trabanten schmeckt das Weißbier dann besonders gut. Der interessanteste Hüttenweg ist dabei auch der jüngste: Erst 2007 angelegt, informiert der Gletscherlehrpfad in mehreren Schautafeln über das Leben und Sterben des alpinen Eises. Vor gut anderthalb Jahrhunderten, während der sogenannten »Kleinen Eiszeit«, reichte der Langtauferer Ferner bis hinunter in den Boden der Melager Alm (1970 m). Heute endet seine Zunge rund 3 km weiter taleinwärts. Ewiges Eis?

Schifahr'n!

Zur Gemeinde Graun gehört auch St. Valentin auf der Haide. Schöner als das Ortsbild ist der Blick über den (natürlichen) Haidersee auf den Firndom des Ortlers. Im Winter wird auf der Haideralm fleißig gewedelt. Das tat man hier schon lange bevor der erste Lift gebaut wurde; der 1905 im Gasthaus Zur Post gegründete Skiclub Obervinschgau ist einer der ältesten in Südtirol. Und bereits im ersten Jahr seines Bestehens organisierte der Club für seine 30 Mitglieder die ersten Rennen – auf gut 2 m langen, aus Norwegen importierten Holzlatten ... Im Sommer lassen sich von der Haideralm (Gondelbahn) aus schöne Wanderungen unternehmen, und ein lohnendes Gipfelziel für Trittfeste ist der Elferspitz (2926 m).

Infos und Adressen

SEHENSWÜRDIGKEITEN

Rojen. Von Reschen führt eine schmale Straße in das malerische Rojental, 8 km bis Rojen (1973 m). Der Weiler gilt als eine der höchstgelegenen ganzjährig bewohnten Siedlungen im Alpenraum. Das gotische Kirchlein St. Nikolaus bewahrt kostbare Fresken aus dem frühen 15. Jh. Bekanntes Skitourengebiet, im Sommer gute Wandermöglichkeiten.

ESSEN, TRINKEN UND ÜBERNACHTEN

Tendershof. Ferien auf dem Bauernhof, viel Natur und noch mehr Tiere – ideal für Familien. Der Tendershof liegt nördlich des Reschenpasses unmittelbar an der Staatsgrenze, wo früher der Schmuggel blühte. Heute genießen Groß und Klein die Spezialitäten des Hofes wie Rauchfleisch, Speck, Kräuterbutter, Almkäse und Fruchtaufstriche. Einkehr Mitte Juni–Anfang Sept. mittags und abends, Do geschl., Altdorfstraße 31, 39027 Reschen, Tel. 04 73/63 20 11, www.tendershof.com

EINKAUFEN

Den besten Ziegekäse weit und breit gibt's auf dem Gamsegghof in Langtaufers. Melag 104/A; Tel. 04 73/63 32 87

AKTIVITÄTEN

Haideralm. Von St. Valentin auf der Haide (1461 m) aus erschließt eine Gondelbahn die Haideralm (2149 m). Von der Bergstation genießt man einen Prachtblick über die Reschenregion.

Sonnenhungrige im Skigebiet Haider Alm

Sommerwandern überm Reschensee

Schifffahrt. Auf dem Reschensee verkehrt von Mai bis Anfang Oktober die MS Hubertus (Abfahrt tgl. um 15 Uhr von Graun). Sie tat ihren Dienst früher auf dem bayerischen Tegernsee.

INFORMATION

Ferienregion Reschenpass – Graun. 39027 Graun, Tel. 04 73/63 46 03, www.reschenpass.it

2 Mals, Marienberg und Müstair

Reiches Kulturerbe

Manchmal lohnt sich ja ein Blick über den berühmten Tellerrand, und bei Mals ist es einer über die Schweizer Grenze: ins nahe Val Müstair, wo mit dem Kloster St. Johann ein UNESCO-Welterbe steht. Sein Freskenschmuck wird in die Zeit um 800 datiert, wie jener des Kirchleins St. Benedikt in Mals, und die romanischen Fresken des Klosters Marienberg gehören zu den schönsten Wandmalereien Südtirols.

Mit seinen so prächtig verwinkelten, krummen Gassen, den stattlichen Bürgerhäusern und seinen fünf Türmen gehört Mals ganz klar zu den sehenswertesten Südtiroler Orten, zumal es im Kern von allzu gravierenden Eingriffen verschont geblieben ist. Da macht man sich dann gerne auf zu einer kleinen Sightseeing-Tour, die nicht nur durch viele hübsche architektonische Details bezaubert, sondern auch immer wieder einen Fernblick auf König Ortler gewährt, dessen hoher Firnrücken in so manche Gasse hereinschaut. Der Ortsunkundige staunt über rätselhafte Schriftzüge, die Mauern und Hauswände im Dorf zieren – »Pietà«, »Frau am Fenster«, »Ferien« usw. Es handelt sich um Werktitel des aus Mals stammenden Malers Karl Plattner (1919–1986) – eine Hommage an den über die Grenzen Südtirols hinaus bekannten Künstler.

Das bedeutendste Sakraldenkmal des Ortes ist gleichzeitig sein unscheinbarstes: St. Benedikt. Der einschiffige Bau mit seinem romanischen Turm diente nach der Säkularisation im Jahr 1786 als Rumpelkammer. Sein aus karolingischer Zeit stam-

Mitte: Eis und Wasser: Ortler und die Malser Haide
Unten: Wiedererweckt und ein Renner – die Vinschger Bahn

Die Türme von Mals

mender, kulturhistorisch wie künstlerisch überaus bedeutsamer Freskenschmuck wurde zusammen mit Resten von Flechtornamenten erst im letzten Jahrhundert wieder entdeckt und daraufhin freigelegt (Kirche geöffnet Mo–Sa 10–11.30 Uhr).

Vinschger Bahn

Unterhalb des Städtchens liegt der Verkehrsknotenpunkt von Mals. Hier endet die 2005 wiedereröffnete Vinschger Bahn, gehen mehrere Buslinien ab, auch ins schweizerische Val Müstair. Und eines (fernen?) Tages wird man in Mals möglicherweise nicht mehr aus- oder umsteigen müssen, sondern kann gleich ins Engadin weiterfahren. Eine alte Idee aus der Zeit vor dem Ersten Weltkrieg, die heute ihre Renaissance erlebt. Umdenken, umsteigen – vom Auto auf die Bahn?

AUTORENTIPP!

BIOHOTEL PANORAMA

Schon einmal Brennessel-Erdbeer-Risotto probiert? Oder eine Kretzertorte mit Holundersorbet? Frisch gepflücktes Obst auf dem Frühstückstisch, dazu eine feine Auswahl hausgemachter Marmeladen, Schinken und Speck vom Biobauern, frische Eier von garantiert glücklichen Hennen – so darf der Tag beginnen. Und so beginnt er im Biohotel Panorama, bei schönem Wetter dazu mit einem fantastischen Blick auf König Ortler. Bio ist im »Panorama« kein Schlagwort, sondern eine Philosophie, die im Haus konsequent umgesetzt wird. In dem großen Garten vor dem Haus wird angebaut, was später auf den Tisch kommt, zugekauft wird möglichst wenig, und das stammt von Biobetrieben: Brot, Milch, Speck. Dem Wohlbefinden dient auch die Saunalandschaft »Acquaviva«, und als Betthupferl empfiehlt sich ein Biobrand aus eigener Produktion.

Biohotel Panorama. Staatsstraße 5, 39024 Mals, Tel. 04 73/83 11 86, info@biohotel-panorama.it, www.biohotel-panorama.it

Umweltfreundlich: die Bahn

Oben: Das Bergkloster Marienberg
Mitte: Die romanischen Fresken in der Krypta von Marienberg
Unten: Fleißig, fleißig: Bienenstock im Kloster Marienberg

Die neue Vinschger Bahn jedenfalls ist bereits eine Erfolgsgeschichte, man zählt mehr als zweieinhalb Millionen Passagiere pro Jahr, die schmucken Züge der Stadler Rail verkehren im Halbstundentakt, sind bei Schülern, Pendlern und Touristen gleichermaßen beliebt. Und für Eisenbahnfreaks gibt's bei der Endstation noch eine absolute Rarität zu bestaunen: ein Gleisfünfeck, aus fünf Weichen und drei Kreuzungen bestehend, auf dem – ähnlich wie bei einer Drehscheibe – Loks gewendet werden können.

Marienberg

Manche Südtirolbilder prägen sich einem sofort ein. Beispielsweise jenes des Bergklosters Marienberg, das oberhalb von Burgeis thront, weiß leuchtend und mit seinen mächtigen Stützmauern sehr wehrhaft wirkend. Dabei ist die Botschaft der Benediktiner, die es seit bald einem Jahrtausend bewohnen, eine ganz und gar friedliche: ora et labora. Trotzdem wurde das Kloster immer wieder in Streitigkeiten verwickelt, mehrfach geplündert, auch während der Bauernaufstände, und zu Beginn des 19. Jahrhunderts vorübergehend sogar aufgehoben.

Heute ist Marienberg ein Ort der Ruhe und der Einkehr. Wer die historischen Mauern nicht nur als Sehenswürdigkeit, sondern als Lebens- und Kraftraum begreift, spürt das bereits bei einem Kurzbesuch. Interessante Einblicke ins Klosterleben vermittelt das 2007 eröffnete Museum. Gezeigt werden auch die berühmten romanischen Fresken der Kirchenkrypta (um 1160) – allerdings nur in einem Film. Wer die ausdrucksstarken Figuren in natura erleben will, muss an der abendlichen Vesper der Mönche teilnehmen. Das Eintauchen in eine Welt, die der weltlichen Hektik so fern ist, kann für jede/n eine nachhaltige Erfahrung sein.

An der Etsch entlang: Radtour durch den Vinschgau

Während die Cracks der Zunft in den Serpentinen hinauf zum Stilfser Joch die ultimative Herausforderung sehen, für die sich jede Qual lohnt, ist der Vinschgauer Radweg exakt das Gegenteil: eine genussvolle Radwanderung, die überwiegend leicht bergab führt und kaum Gegenanstiege aufweist. Die gut ausgeschilderte Route verläuft abseits der stark frequentierten Hauptstraße und folgt über weite Strecken der kanalisierten Etsch. Dazwischen geht's durch Apfelhaine, man passiert das malerische, mauerumgürtete Städtchen Glurns und das Naturschutzgebiet des Prader Sands, staunt über die mächtigen Marmorblöcke in Laas, erhascht bei Morter einen Blick auf die firnbedeckten Dreitausender über dem innersten Martelltal und lässt es bei der Töll richtig sausen: hinab zur Kurstadt Meran, wo die Tour endet. Drunten an der Passer gönnt man sich dann gerne eine kühle Erfrischung, aus der Eismaschine oder aus der nahen Forst-Brauerei.

Ab Reschenpass (1507 m) ist die Strecke rund 85 km lang (ab Mals 60 km), also leicht in einem Tag zu bewältigen. Das wäre aber fast zu schade, eine Übernachtung sollte man schon einplanen, gibt es links und rechts der Route doch viel zu sehen und zu entdecken. Und da lauern an der Strecke ja auch noch diverse Einkehrversuchungen …

Unterwegs auf dem Vinschgauer Radweg

Fahrräder kann man an den Bahnhöfen der Vinschger Bahn und am Busbahnhof Reschen mieten; es gibt alternativ auch einen Shuttlebus, der die Radler mit ihren Bikes täglich von Meran bis hinauf zum Reschenpass bringt (www.bikeshuttle.at, Voranmeldung unerlässlich).

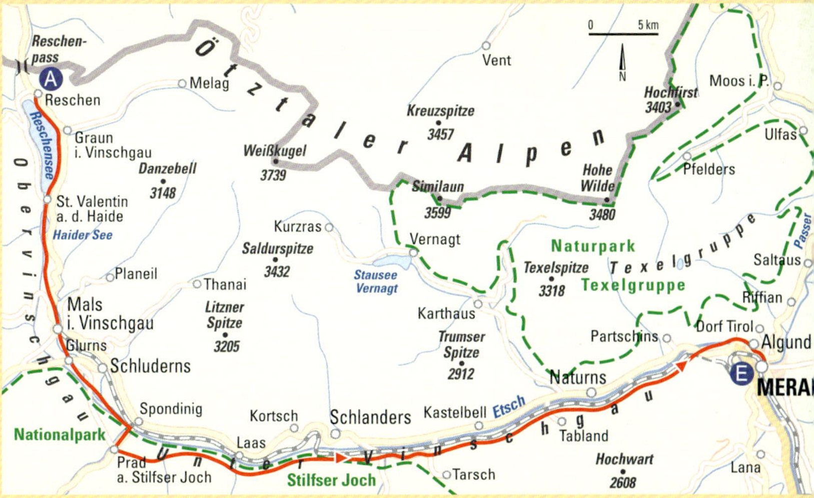

AUTORENTIPP!

GAR NICHT SPITZ – ABER SCHÖN

Eines ist die Spitzige Lun (2324 m) – eigentlich nur ein Kammausläufer jener Bergkette, die sich zwischen Planeil- und Matscher Tal erhebt – gewiss nicht: spitz. In einer Hinsicht allerdings ist die Kuppe wirklich spitze, bietet sie doch den schönsten Ortlerblick weitum. Da lohnt sich der zweieinhalbstündige Aufstieg, gut markiert und nirgends ausgesetzt, allemal. Als Ausgangspunkt wählt man Matsch (1576 m), das von Mals aus über eine gute Bergstraße erreichbar ist (auch SAD-Bus). Nach etwa halber Strecke führt der Weg bei Plantavilles aus dem Wald, tritt König Ortler ins Blickfeld. Oben gibt's dann ein Dreiviertel-Panorama, das von den Gipfeln östlich über dem Reschenpass bis weit hinab ins Vinschgau reicht. Blickfang am südlichen Horizont sind die drei höchsten Erhebungen des Ortlermassivs: Ortler, Königsspitze und Monte Cevedale. Gesamtgehzeit für Auf- und Abstieg etwa 4 Std., Markierung 13, Einkehrmöglichkeit nur in Matsch.

Beherrschend: König Ortler

UNESCO-Welterbe

Das Benediktinerinnenkloster Müstair (Claustra San Gian), knapp jenseits der Landesgrenze auf Schweizer Boden gelegen, ist seit 30 Jahren Welterbe der UNESCO. Zu Recht, bewahrt die Kirche doch den größten erhaltenen karolingischen Freskenzyklus im gesamten Alpenraum. Er stammt vermutlich von einem Meister aus Oberitalien. Die nach 800 entstandenen Fresken schmückten ursprünglich alle Wände, die Apsiden und die Decke der Klosterkirche, wurden aber in romanischer Zeit teilweise übermalt, Ende des 15. Jahrhunderts übertüncht – und damit für mehr als 600 Jahre konserviert. Nach ihrer Freilegung (1947–1952) wurde der gesamte Komplex mit großem Aufwand restauriert. Heute kann man sich in dem neuen, modern konzipierten Museum, das im alten Plantaturm untergebracht ist, über das Kloster und seine Geschichte informieren: eine interessante Zeitreise durch zwölf Jahrhunderte. Es werden auch Klosterführungen angeboten.

Müstair ist möglicherweise eine Stiftung Karls des Großen; in der Kirche steht seine lebensgroße Stuckstatue, vermutlich aus der Zeit seiner Heiligsprechung (1165). Das Kloster wird seit dem 12. Jahrhundert von Frauen bewohnt, weil es an Benediktinernachwuchs fehlte. Ein Detail am Rande: Müstair ist die einzige katholische Gemeinde des Tals, und das aufgrund einer denkwürdigen Abstimmung. Als die Gemeindeversammlung während der Reformation entscheiden musste, ob das Dorf protestantisch werden oder katholisch bleiben sollte, ergab sich zunächst ein Patt. Deshalb wurde der Äbtissin Barbara von Castelmur das Wahlrecht zugestanden – mit vorhersehbarem Resultat. Gut ein halbes Jahrtausend später erhielten dann alle Schweizer Frauen das Stimm- und Wahlrecht zugestanden …

Infos und Adressen

SEHENSWÜRDIGKEITEN

St. Veit. Auf dem vom Gletschereis rundgeschliffenen Buckel (Tartscher Bühel) südlich von Tartsch steht das romanische Kirchlein St. Veit, umgeben von Wiesengrün.

Hans Agethle und sein Team im »Goldenen Adler«

ESSEN, TRINKEN UND ÜBERNACHTEN

Zum Gold'nen Adler. Gemütlich wohnen, prima essen, umsorgt von freundlichen Gastgebern. Möglicherweise etwas unmodern, aber es soll ja auch Urlauber geben, die draußen in der Natur ausreichend »Wellness« finden. Saubere Zimmer und gute Regionalküche, eigene Landwirtschaft und edle Tropfen im Keller. Schleis 46, 39024 Mals, Tel. 04 73/83 11 39, www.zum-goldnen-adler.com

EINKAUFEN

Bäckerei Schuster. Ganz nach traditionellen Rezepten werden hier die Brotsorten hergestellt, etwa das Ur-Paarl, das ursprünglich die Mönche auf Kloster Marienberg backten, das Schüttelbrot aus weichem Roggensauerteig und das Palabirnenbrot. Laatsch 139, Tel. 04 73/83 13 40, www.schuster.it

AKTIVITÄTEN

Klostermuseum Marienberg. Mo–Sa 10–17 Uhr, Abendvesper um 17.30 Uhr (Krypta), www.marienberg.it

Klostermuseum Müstair. Mai–Okt. Mo–Sa 9–12, 13.30–17 Uhr, So 13.30–17 Uhr; Nov.–April Mo–Sa 10–12, 13.30–16.30 Uhr, So 13.30–16.30 Uhr

Sportwell. Die große Sportzone von Mals bietet Badespaß für die ganze Familie sowie verschiedene Sportanlagen (Tennis, Beachvolleyball, Fitness), dazu Sauna und Massagen. Mitte Juni–Anfang Sept.; Tel. 04 73/83 15 90, www.sportwell.it

INFORMATION

Tourismusbüro Obervinschgau. St. Benedikt-Straße 1, 39024 Mals im Vinschgau, Tel. 04 73/83 11 90, www.ferienregion-obervinschgau.it

Kleine Pause kurz vor der Sesvenna-Hütte

3 Glurns

Die kleinste Stadt Südtirols

Mitte: In den Lauben von Glurns
Unten: So entstehen die berühmten Glurnser Mäuse.

Ein Geviert mit Seitenlängen von knapp 400 bzw. 200 m, drei Toren und sieben Türmen. Das ist Glurns, die kleinste Stadt Südtirols (700 Einwohner). Ein Flecken wie aus dem Bilderbuch mit Lauben und stattlichen alten Häusern, vor ein paar Jahrzehnten aus dem Dornröschenschlaf erweckt. Ganz besonders reizvoll ist der Stadtplatz mit der originellen Fassade des Hotels Grüner Baum und dem Tauferer Torturm.

Gegründet wurde Glurns vor gut 700 Jahren vom Tiroler Herzog Meinhard II., und die Einheimischen haben das 2004 auch gefeiert. So mancher Redner schaute dabei zurück auf eine Geschichte, die man absolut zutreffend als sehr wechselvoll bezeichnen kann. Nach dem Aufstieg zu einem wichtigen Warenumschlagplatz mit Stadtrecht wurde das Städtchen im Engadiner Krieg gebrandschatzt, danach wieder aufgebaut und als Bollwerk gegen die Graubündner stark befestigt. Dann begann eine lange Zeit des Niedergangs, Glurns verlor mehr und mehr den Anschluss. Heute sein Plus: Nur wenig wurde verändert, abgerissen, umgebaut. So präsentiert sich das Städtchen mit seinen malerischen Gassen, den Bürgerhäusern und Lauben als nahezu unversehrtes Stück Spätmittelalter. Nur schade, dass sich der ganze Verkehr mitten durch Glurns zwängt. So platzt der winzige Ort manchmal schier aus den Nähten, und Abhilfe ist (in nächster Zukunft) nicht in Sicht. Leider.

Kurioserweise außerhalb der Wehrmauern, am anderen Ufer der Etsch, steht die Pfarrkirche St. Pankraz, ein stattlicher gotischer Bau von 1495. Der romanische Turm stammt von einem Vorgängerbau, erhielt später seine barocke Zwiebelhaube.

Mauern und Mäuse

Berühmt ist der »Glurnser Mäuseprozess« von 1520, eine Episode in der Geschichte des Städtchens, die man wohl ins Reich der Legenden verbannen müsste, wäre sie nicht durch Urkunden belegt. Die Einwohner von Stilfs klagten damals beim Gericht von Glurns wegen der immer schlimmer werdenden Mäuseplage, bestanden aber gleichzeitig darauf, dass den Angeklagten (also den Feldmäusen) ein Verteidiger beigestellt werde. Dieser berief sich in der Verhandlung darauf, dass die Tierchen ja auch ihren Nutzen hätten und empfahl dem Richter, ihnen freien Abzug zu gewähren. Das Urteil entsprach diesem Vorschlag; über seinen Vollzug ist allerdings nichts bekannt ...

Der Zeichner mit dem spitzen Stift

Mäuse hat er auch schon mal gezeichnet, der aus Glurns stammende Paul Flora (1922–2009), mit seiner unverwechselbaren Strichtechnik, die ihn berühmt machte. So schuf er für die »Zeit« zwischen 1957 und 1971 rund 3500 Karikaturen – so etwas wie ein erster nachhaltiger Karriereschub. Über Leben und Werk des Künstlers informiert eine Ausstellung im Tauferer Torturm.

Ein zweites kleines Museum, passenderweise ebenfalls in einem der historischen Türme untergebracht (Schludernser Torturm), ist der wechselhaften Geschichte des Städtchens gewidmet. Im Zuge einer Führung kann man auch die rekonstruierte Stadtmühle besichtigen.

Infos und Adressen

SEHENSWÜRDIGKEITEN

Ruine Lichtenberg. Mächtige Burgruine, wohl auf das frühe 13. Jahrhundert zurückgehend, mit seinen weißen Mauern ein absoluter Blickfang. Die berühmten Wandmalereien (um 1400) sind heute im Ferdinandeum in Innsbruck zu besichtigen. Fußweg vom Dörfchen Lichtenberg zur Ruine (15 Min.)

ÜBERNACHTEN

Hotel Post. Tradition wird groß geschrieben in dem Haus, auch in der Küche, die klassische Südtiroler Kost bietet. Sauna und Whirlpool belegen, dass man sich auf neue Ansprüche durchaus einzustellen weiß. Florastraße 15, 39020 Glurns, Tel. 04 73/83 12 08, www.postglorenza.com

EINKAUFEN

Bäckerei Riedl. Die Glurnser Mäuse gibt's hier auch als süße Variante – im Sommer allerdings nur, wenn es nicht zu heiß ist! Auch das feine Brot stammt aus eigener Produktion.

Puni Destillerie. Die einzige Whisky-Destillerie in ganz Italien, direkt vor den Toren Glurns im Herbst 2012 eröffnet. Hergestellt werden Italien Single Malte White und Red. Punistraße 10, Tel. 04 73/83 55 00, www.puni.com

AKTIVITÄTEN

Paul-Flora-Museum. Mai, Juni und Okt. Di–So 11–16 Uhr, Juli/Aug. tgl. 10–17 Uhr, Sept. Di–So 10–17 Uhr

INFORMATION

Glurns Marketing. Rathausplatz 1, 39020 Glurns, Tel. 04 73/83 12 88, www.glurns.eu

Mitte: Geschafft! Radler am Stilfser Joch
Unten: Sommerwiese unter dem Stilfser Joch

4 Stilfser Joch
48 Serpentinen zum Gipfel

Sie gilt als »Königin der Alpenstraßen«, und bis zur Eröffnung der »Route des Grandes Alpes« über den Col de l'Iseran im Jahr 1936 war das Stilfser Joch der höchste anfahrbare Punkt im ganzen Alpenraum. Diesen Rekord hat sie verloren, jenen des spektakulärsten Straßenzuges nicht: In 48 Kehren windet sich das Asphaltband aus dem Vinschgau hinauf in die Hochgebirgsregion um den Ortler.

Bikers Traum

Dass Männer auf attraktive Kurven abfahren, ist nicht unbedingt eine Neuigkeit. Dass dem auch so ist, wenn die Rundungen aus Stein und Asphalt sind, überrascht schon eher. Zweifel daran verbieten sich aber jedem, der das Stilfser Joch aufsucht und die in schwarzes Leder gehüllten Gestalten beobachtet, wie sie ihre PS-Monster von einer Serpentine zur nächsten jagen. Oder den Radlern zuschaut, die sich – vergleichsweise im Zeitlupentempo – den Berg hinauf quälen. So manch einer hat schon gelitten auf dem ewig langen Anstieg. Beim Weißen Knott hat man schon eine ganz ordentliche Strecke zurückgelegt – und dann liegen immer noch beinahe 900 Höhenmeter vor einem. Der Blick geht hinauf in die schier endlose Serpentinenabfolge – noch 32 Mal links oder rechts herum. Alle Kehren sind nummeriert und mit einer Höhenzahl versehen. Nur die letzte, die höchste Kote, ist eingemeißelt ins Radler-Ego: 2757 Meter. Geschafft!

Da lassen sie es dann auslaufen, manch einer ist echt fertig, anderen ist die Anstrengung kaum an-

Die letzten Serpentinen vor dem Joch

zusehen. Für die Berge rundum haben die meisten kaum einen Blick, die sind nur Kulisse für diesen 27 km langen Asphalt-Tatzelwurm. Die Motorradfahrer nehmen ihren Helm herunter, lassen sich samt Maschine vor dem Ortler ablichten. Das Stilfser Joch – ein Bikertraum!

Ein Pass mit Geschichte

Das Stilfser Joch ist ein echter Touristenpass, verkehrstechnisch heute ohne größere Bedeutung. Das war ursprünglich ganz anders. Als der fast 50 km lange Straßenzug 1825 eröffnet wurde, bildete er die kürzeste Verbindung zwischen Tirol und der (damals noch österreichischen) Lombardei. Planung und Bau leitete Carlo Donegani, ein Ingenieur aus Brescia, der später für seine Verdienste in den erblichen Adelsstand erhoben wurde: Nobile di Monte Stevio.

Ob und wie viele Adelige seither den Pass überquert haben, weiß niemand; eine frühe Statistik belegt geradezu paradiesische Zustände auf der Strecke. Im Jahr 1922 überquerten 358 Fuhrwerke, 2694 Automobile, 15 Lastwagen und 213 Motorräder das Stilfser Joch …

AUTORENTIPP!

HAUS MIT AUSSICHT

Die Unterkunft ist mehr Berghütte als Wellnesstempel, ein recht eigenwilliger Turmbau, doch ihre Lage schlägt jedes Fünf-Sterne-Resort um Längen. Für einen Sonnenuntergang mit freier Sicht zum Ortler lohnt es sich durchaus, kleinere Komforteinbußen in Kauf zu nehmen, zumal der Aufstieg vom Stilfser Joch zur Dreisprachenspitze bzw. zum Rifugio Garibaldi in einer Viertelstunde leicht zu bewältigen ist. Bei einem Apéro kann man dann auf den »höchsten Spitz in Tirol« anstoßen, die faszinierende Bergkulisse von der Dreisprachenspitze (2843 m) aus in Augenschein nehmen, vor oder nach dem Essen dann zuschauen, wie die Sonne die Gletschergipfel des Ortlermassivs in zartes Rosa taucht, bevor sie im Westen hinter den Bergketten des Veltlins abtaucht. Dass die Dreisprachenspitze heute bei den Italienern Cima Garibaldi heißt, ist der Zeit des Faschismus geschuldet, die sich bekanntlich gerne mit historischen Vorbildern schmückte.

Rifugio Garibaldi. Passo Stelvio, 23032 Bormio, Tel. 342/90 43 12, www.rifugiogaribaldi.it

Oben: Ein Dom aus Eis und Firn – der Ortler
Mitte: Sommerskilauf am Stilfser Joch
Unten: Die Tibethütte und der Ortler

Kanonendonner

Im Ersten Weltkrieg war das Stilfser Joch unmittelbares Frontgebiet, flankiert vom Militär der neutralen Schweiz: eine heikle Situation, zumal es Gerüchte gab, die Alpini könnten durch das Val Müstair, Schweizer Hoheitsgebiet, in den Vinschgau vorstoßen. Die Situation entspannte sich erst, als die Österreicher den Monte Scorluzzo eroberten.

Der Kanonendonner ist längst verhallt, die Stellungen und das dichte Wegnetz rund um das Brauliotal verfallen, die Zeitzeugen sind gestorben. Seit einem Jahrzehnt bemüht sich der Verein »Stelvio – Umbrail 14/18«, die Spuren der Geschichte zu sichern, teilweise zu rekonstruieren und über markierte und mit Infotafeln versehene Wanderwege erlebbar zu machen. Rund um das Stilfser Joch gibt es vier markierte Themenwege; besonders lohnend ist eine Überschreitung des Piz Umbrail zur Punta da Rims, eine Wanderung an und knapp über der 3000-Meter-Höhenlinie mit entsprechend grandioser Fernsicht. Den absoluten Blickfang gibt der Ortler (3905 m) ab, »höchster Spitz in Tirol«, zu k.u.k. Zeiten der höchste Punkt Österreichs und gerade mal 10 km weit weg.

Gletscherskifahren

Das Stilfser Joch hat einem der größten Nationalparks Italiens seinen Namen gegeben. Wer an einem Sommertag oben auf dem Pass ankommt, wird möglicherweise an der Aussagekraft all der Hochglanzprospekte mit Bildern unbefleckter Natur zweifeln. Zumal es direkt am Joch hineingeht in eines der letzten Sommerskigebiete der Alpen, per Seilbahn selbstverständlich. Zehn Liftanlagen und 30 km präparierte Pisten – mitten im Nationalpark - führen die eigentliche Funktion einer solchen Schutzzone ad absurdum.

Infos und Adressen

ESSEN, TRINKEN UND ÜBERNACHTEN

Hotel Bella Vista. Die »Schöne Aussicht« der Familie Thöni ist ein traditionsreiches und familienfreundliches Haus. Zur seiner Geschichte gehören natürlich auch die legendären Erfolge des begnadeten Skiläufers Gustav Thöni, dessen Pokalsammlung den Gast gleich am Eingang empfängt. 39029 Trafoi, Tel. 04 73/61 17 16, www.bellavista.it

Gustav Thöni, Skistar der 1970er-Jahre

AKTIVITÄTEN

Aquaprad. Das Nationalparkhaus ist dem Thema Wasser gewidmet. Es vermittelt interessante Einblicke in die Welt der einheimischen Fischfauna. Di–Fr 9–12, 14.30–18 Uhr, Sa/So 14.30–18 Uhr, Prad, www.stelviopark.bz.it

Im Aquaprad kann man die Welt des Wassers entdecken.

Museo Carlo Donegani. Das kleine Museum auf dem Stilfser Joch (bei der Banca Popolare di Sondrio) ist nach dem Planer und Bauleiter der Passstraße benannt. Neben der Geschichte des Straßenbaus präsentiert es auch Exponate zum »guerra bianca« (1915–1917). Juni–Okt. Mo und Mi 9–13, 14–16 Uhr, Sa 9–12 Uhr.

Naturparkhaus »naturatrafoi«. Die sehenswerte Ausstellung schildert das (Über-)Leben von Pflanzen und Tieren unter extremen klimatischen Bedingungen, zwischen Fels und Gletschereis – Leben am Limit. Mitte Mai–Ende Okt. Di–Fr 9–12, 14.30–18 Uhr, Sa, So und Feiertage 14.30–18 Uhr, Tel. 04 73/612 031, www.naturatrafoi.com

Waldtierpfad Gumperle. 2 km langer Rundweg mit 13 Stationen, der Wissenswertes über die heimischen Waldtiere vermittelt. Startpunkt beim Kirchlein St. Georg oberhalb von Agums; der Pfad ist mit Kinderwagen gut begehbar.

INFORMATION

Ferienregion Ortlergebiet. Kreuzweg 4/c, 39026 Prad am Stilfser Joch, Tel. 04 73/61 30 15, www.ortlergebiet.it

Relikte des Ersten Weltkrieges, vom Eis freigegeben

Mitte: Die Payerhütte, Stützpunkt am Normalweg auf den Ortler
Unten: Über dem Kirchturm von Sulden ragt der Ortler in den Himmel.

5 Sulden am Ortler

Der höchste Spitz' in Tirol

Er ist der höchste Alpengipfel östlich der Schweiz, aber nicht unbedingt der schönste. Der Ortler (3905 m) wirkt eher durch schiere Masse, die benachbarte Königsspitze – fast so hoch – bezaubert dagegen mit ihrer eleganten Form. Zusammen mit dem Zebrù bilden sie die grandiose Eis- und Felskulisse von Sulden. Da fügen sich die Yaks, die Reinhold Messner aus dem fernen Himalaja mitbrachte, bestens in die Kulisse ein.

Dass der zwischen Hintergrat und Martlgrat eingebettete Gletscher »End' der Welt Ferner« heißt, ist eine leichte Übertreibung. Jenem Journalisten aus Innsbruck, der vor 200 Jahren Sulden als »Sibirien Tirols« bezeichnete, »allwoh die Bauern mit den Bären aus einer Schüssel essen und die Kinder auf den Wölfen daherreiten«, muss es allerdings so ähnlich vorgekommen sein. Erst zwei Generationen später, 1863, öffnete die erste Herberge am Fuß des Ortlers ihre Pforten: die Pension Eller. In dem Haus stiegen u.a. Theodor Christomannos, der große Südtiroler Tourismuspionier, und Julius Payer (1841–1915) ab. Payer, aus dem tschechischen Teplitz stammend, war ein bedeutender Kartograf, Expeditionsreisender und Alpinist seiner Zeit; als Offizier der k.u.k. Monarchie bestieg er allein in der Ortlergruppe (meistens zusammen Johann Pinggera) über 50 Gipfel.

Ortler

Als Payer in Sulden weilte, war die Erstbesteigung des Ortlers bereits Alpingeschichte. Initiiert hatte sie Erzherzog Johann, der 1804 über den Re-

Zur Düsseldorfer Hütte

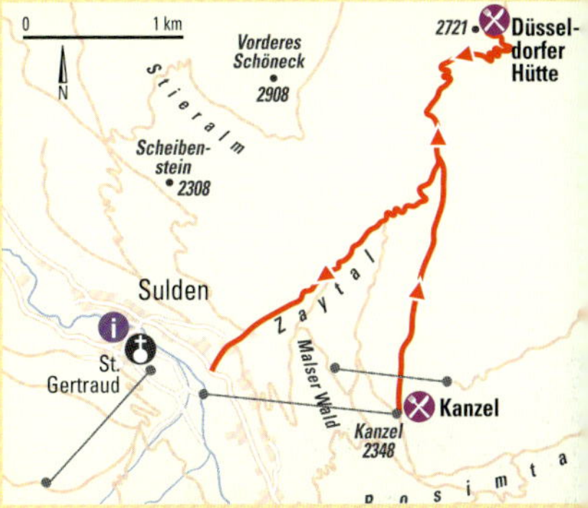

3:15 Std., leichte Hochgebirgswanderung auf ordentlichen Wegen, markiert

Bei der Suldener Hochgebirgskulisse versteht es sich eigentlich von selbst, dass man seine Bergschuhe schnürt und etwas Höhenluft schnuppert. Besonders lohnend ist ein Abstecher zur Düsseldorfer Hütte (2721 m) mit anschließendem Abstieg durch das Zaytal nach Sulden. Gut die Hälfte des Anstiegs übernimmt der Kanzel-Sessellift (2348 m) – sehr angenehm. Von der Bergstation führt ein gut ausgebauter Weg flach ins Zaytal. Im Vorblick hat man das Hintere Schöneck (3128 m), doch der ganz große Berg hier ragt jenseits des Suldentals in den Himmel: der Ortler (3905 m). An seine Ostabstürze klammert sich der End' der Welt Ferner, als wüsste er um sein nicht allzu fernes Ende. Er wird umrahmt vom Martlgrat und dem hohen Hintergrat. Über letzteren verläuft einer der beliebtesten Ortler-Anstiege. Der Normalweg folgt von der Payerhütte (3029 m) dem Nordgrat; er ist – auch eine Folge des Klimawandels – in den letzten Jahren deutlich anspruchsvoller geworden.

Der Weiterweg überquert den Zaybach; dahinter schraubt sich der Pfad über eine markante Talstufe hinauf zu der herrlich gelegenen Düsseldorfer Hütte. Vor sich hat man die eindrucksvolle Gipfelumrahmung des inneren Zaytals mit der Tschenglser Hochwand (3375 m) und der Vertainspitze (3545 m) als Eckpfeiler, beides lohnende Ziele, allerdings nur für erfahrene, entsprechend ausgerüstete Bergsteiger. Ganz in der Nähe des Refugiums verstecken sich ein paar winzige Seeaugen zwischen den Fels- und Grasbuckeln. Da kann man besonders schön die Zeit verträumen – bis einen der Hunger zur Hütte zurücktreibt. Wie wär's mit einem Apfelstrudel, mit freier Sicht auf König Ortler?

Suldener Bergherrlichkeit: die Düsseldorfer Hütte vor dem Dreigestirn Königsspitze, Zebrù und Ortler

AUTORENTIPP!

MESSNER MOUNTAIN MUSEUM ORTLES

Das Museum Ortles entführt uns in die Welt des Eises, und das passt mit Blick auf die Gletscher rund um Ortler und Königsspitze bestens. Die eisigen Welten der Hochgebirge und der Pole werden hier anschaulich thematisiert, Gefahren und Schrecken ebenso wie Polfahrten und Eisklettern. Nicht fehlen darf in dieser Messner-Ausstellung natürlich der Schneemensch Yeti. Gezeigt wird weiter eine große Sammlung von Eisgeräten aus zwei Jahrhunderten, dazu viele Ortlerbilder. Während draußen die Ferner vor sich hin schmelzen, Auswirkung des Klimawandels, verspürt der Besucher im unterirdisch angelegten Museum möglicherweise ein leichtes Frösteln, das ihn zurück ans Tageslicht treibt. Eine Nacht in der Antarktis, bei Temperaturen von minus 50° Celsius – nein danke!

Das Museum ist geöffnet vom 4. Sonntag im Mai bis zum 2. Sonntag im Okt. und vom 2. Sonntag im Dez. bis zum 1. Mai von 14–18 Uhr (Juli/Aug. 13–19 Uhr), Di Ruhetag, Tel. 04 73/61 35 77, www.messner-mountain-museum.it

Ein großes Tourenziel: der Ortler

schenpass in den Vinschgau reiste und von dem mächtigen Berg offenbar schwer beeindruckt war. Immerhin galt der schon damals, wie man im berühmten Kartenwerk von Peter Anich (1704) nachlesen kann, als der »Höchst Spitz in ganz Tyrol«. Erste Versuche schlugen fehl, der von Johann beauftragte Beamte und Botaniker Johannes Gebhard wollte das Unternehmen bereits abbrechen, »als am 26. September Joseph Pichler, vulgo Pseyrer Josele, aus St. Leonhard in Passeier, bei ihm erschien und erklärte, daß er die Besteigung des Ortlers mit den beiden Zillertalern wagen wolle. Am nächsten Tage, um 1.30 Uhr morgens, verließen die drei Männer das Dorf Trafoi, stiegen zu dem Unteren Ortlerferner und dann zu den Hintern Wandln empor, worauf sie dann über den Oberen nach 10 Uhr die Spitze erreichten.« Eine mutige Tat, zumal die Pioniere auf einer gefährlichen Route ohne Seil und Pickel unterwegs waren.

Den heute üblichen Normalweg über den Tabarettakamm entdeckte im Jahr 1865 der Suldener Bergführer Johann Pinggera. Am Seil hatte er Julius Payer.

Infos und Adressen

SEHENSWÜRDIGKEITEN

Museum für das Ortlergebiet. Sammlungen zur Tourismusgeschichte, zum Ersten Weltkrieg (Hochgebirgsfront am Ortler) und viele Mineralien der Region zeigt das Museum in Schulhaus (Hauptstraße 109). Ganzjährig geöffnet, Tel. 04 73/61 30 32

ESSEN UND TRINKEN

Yak & Yeti. Kurios – und vielleicht genau deshalb weitum bekannt: In dem alten, renovierten Südtiroler Bauernhaus gleich neben dem MMM kommt Yakfleisch auf den Tisch, in verschiedenen Variationen, auch als Gulasch oder Kaminwurzen. Geöffnet Pfingsten bis zum 2. Sonntag im Okt., Dez.–1. Mai, Tel. 04 73/61 32 66

ÜBERNACHTEN

Hotel Eller. Traditionsreiches Drei-Sterne-Haus, wiederholt um- und ausgebaut, mit guter Küche, (spezielle Menüs für die Kinder), freundlichen Gastgebern, Wellnessbereich – und einem großen Kinderspielraum (abends jeweils Kinderspielfilme). Hauptstraße 15, 39029 Sulden, Tel. 04 73/63 10 21, www.hoteleller.com

Hotel Marlet. Ein stilvolles Ambiente, Behaglichkeit und modernen Komfort, dazu eine prächtige Hanglage bietet das Vier-Sterne-Hotel. Auch Familien sind hier sehr willkommen. Hauptstraße 110, 39029 Sulden, Tel. 04 73/61 30 75, www.marlet.com

AKTIVITÄTEN

Wandern. Mehr Höhe – mehr Aussicht. Das trifft für Sulden ganz besonders zu und geht erst noch bequem. Zwei Sessellifte und eine Großkabinen-Seilbahn erschließen schöne Aussichtspunkte: Langenstein (2330 m), Kanzel (2348 m) und Schaubachhütte (2581 m).
Wer ganz hoch hinaus will, nimmt sich einen Bergführer. Alpinschule im Haus der Berge, Tel. 04 73/613 004, www.alpinschule-ortler.com

INFORMATION

Ferienregion Ortlergebiet. 39022 Sulden, Tel. 04 73 61 30 15, www.ortlergebiet.it

Originell: Yak und Yeti in Sulden

6 Schluderns mit Churburg

Ein Bilderbuchschloss

Der Bergfried der Churburg mit seinem venezianischen Zinnenkranz ist fast so etwas wie ein Wahrzeichen des oberen Vinschgaus, auf jeden Fall ein echter Blickfang. Und ein Besuch des besterhaltenen Schlosses in ganz Südtirol lohnt sich allemal, nicht nur der berühmten Rüstkammer wegen. Vergnüglich ist auch ein Bummel durch das alte Dorf am Fuß des Schlosshügels.

Die ganz große »Burg« steht allerdings im Nordwesten, der Ortler (3905 m) nämlich, und der schaut in Schluderns in fast jede Stube. Da passt es, dass der Erstbesteiger des stolzen Gipfels (1804), der Pseyrer Josele – eigentlich ein Passeirer – hier auf dem Friedhof begraben ist.

Das alte Dorf Schluderns

Schluderns ist ein schmuckes Dorf mit krummen Gassen, um das der Durchgangsverkehr glücklicherweise einen Bogen macht. Es liegt direkt an der Mündung des Saldurbachs, der durch seine Ausbrüche öfters schwere Schäden verursachte. Dass es hier früher überhaupt recht feucht gewesen sein könnte, lässt der früheste urkundliche Name des Fleckens – Sludernes – vermuten, der auf das lateinische »lutum« zurückgeht. Und das bedeutet so viel wie Sumpf.

Davon ist heute nichts mehr zu sehen, im Dorfkern reihen sich alte Bauernhäuser aneinander. Der Dorfbrunnen ist so groß, dass man glatt darin baden könnte, und bei der »Alten Mühle« knarzt

Mitte: Der Arkadenhof der Churburg
Unten: Bauernhof am Vinschger Höhenweg

Bergbauernhof oberhalb von Schluderns

tagsüber ein großes hölzernes Mühlrad. An einem Stall kann man nachlesen, dass in Schluderns der Urvater aller Haflinger geboren wurde: 1874 war's und 249 Folie hieß das Tier.

Tiere und Pflanzen

Die Pfarrkirche St. Katharina, ein spätgotischer Bau mit romanischem Turm, der Anfang des 20. Jahrhunderts erweitert wurde, bewahrt einige sehenswerte Ausstattungsstücke. Einzigartig in ganz Südtirol ist jene Kolonie, die sich alljährlich im Dachboden des Gotteshauses versammelt und hier ihren Nachwuchs großzieht: Große Hufeisennasen, eine ganz selten gewordene Fledermausart. Im Sommer kann man sie während der Dämmerung in der Schludernser Au beobachten. Wer tagsüber das Biotop besucht (Naturlehrpfad mit mehreren Infostationen), wird von der Vielfalt der Pflanzen- und Tierwelt überrascht sein. Hier hat die Schwarzerle eine ihrer letzten größeren Vorkommen im Land, stehen Schilfbestände, kann man Rohrkolben entdecken. In der Schludernser Au sind Feuersalamander und Ringelnatter heimisch, brütet der Rohrsänger. Auen haben über-

AUTORENTIPP!

SCHLUDERNSER WAALWEGE

Die Besichtigung der Churburg lässt sich bestens mit einer Waalrunde im unteren Matscher Tal verbinden. Sie führt vom Schloss auf dem schattigen Bergwaal sanft steigend hinein in die Schlucht des Saldurbachs. Alle etwas ausgesetzten Passagen sind mit Holzgeländern abgesichert. Im Talinnern quert der Weg nach links übers Wasser zum Leitenwaal. Auf ihm geht's an der Sonnseite der Klamm hinab und hinaus zum Ganglegg, einer abgeflachten Schieferkuppe oberhalb von Schluderns. Hier wurden die Überreste einer Höhensiedlung der Bronze- und Eisenzeit entdeckt. Die ganz erstaunlichen Funde lassen Rückschlüsse auf die Ernährung in prähistorischer Zeit zu, auch auf die in der Siedlung gehaltenen Nutztiere. Nachgewiesen sind vier Siedlungsperioden, die von der Kupferzeit (ab 3000 v. Chr.) über die Bronzezeit bis in die Spätantike reichen. Vor Ort können nachgebaute Behausungen aus verschiedenen Epochen besichtigt werden. Abstieg auf einem markierten Weg nach Schluderns (2.30 Std.).

Der Waaler bei der Arbeit

Oben: Reich geschmückt: der Arkadenhof der Churburg
Mitte: Ob man in so einer Rüstung nicht arg ins Schwitzen geriet?
Unten: In der Churburger Rüstkammer

dies eine wichtige Funktion als Hochwasserpuffer; in Trockenzeiten stabilisieren sie den Grundwasserspiegel.

Die Burg der Familie Trapp

Oberhalb von Schluderns thront auf einem breiten Bergrücken die Churburg. Um 1230 von den Churer Bischöfen als Bastion gegen die rauflustigen Vögte von Matsch erbaut, war sie bereits 1297 in deren Hand. Anfang des 16. Jahrhunderts ging die Burg auf dem Erbweg an die Grafen von Trapp, die sie großzügig im Stil eines Renaissanceschlosses ausbauten (und heute noch bewohnen). Zum Kernbestand gehört die eigentliche Hochburg, bestehend aus Ringmauer, Palas und dem 26 m hohen, wuchtigen Bergfried. Noch unter den Matschern wurde die alte Burgkapelle geweiht (1334); im 16. Jahrhundert kamen die neue Burgkapelle, der Torturm und der reich dekorierte, zwischen Bergfried und Palas eingefügte Arkadenhof hinzu: räumlich, künstlerisch und stammesgeschichtlich Mittelpunkt der Churburg und ein schönes Beispiel für mittelalterliche Prachtentfaltung.

Einzigartig in Europa ist die Rüstkammer der Churburg – keine Sammlung im herkömmlichen Sinn, sondern gewissermaßen die »eiserne Garderobe« der Matsch und Trapp und ihrer Kriegsknechte: frühe Kettenpanzer mit Hundskugelhelmen und Harnischbrust, gotische Harnische aus der Lomabrdei (Mitte 15. Jh.), mehrere Rüstungen der Innsbrucker Waffenschmiede (1480–1510). Besonders eindrucksvolle Einzelstücke sind der Trecentoharnisch eines Matscher Vogtes aus der Mailänder Missagliawerkstatt und der gotische Riesenharnisch des Ulrich von Matsch. Der wog immerhin 45,5 kg – da hatten Pferd und Reiter ganz schön zu schleppen. Die Churburg kann besichtigt werden.

Infos und Adressen

ÜBERNACHTEN

Hotel Alte Mühle. Mitten in Schluderns gelegenes Vier-Sterne-Hotel mit zivilen Preisen und angenehmer Atmosphäre. Restaurant und Pizzeria gehören dazu, ebenso ein moderner Wellnessbereich. Matscher Winkel 24, Schluderns, Tel. 04 73/61 52 38, www.hotel-alte-muehle.com

EINKAUFEN

Dorfladen Trafoier. Feines aus der Region kann man im Dorfladen kaufen: Speck, Vinschgauer Käse, Obst natürlich, Marmeladen, Obstsäfte und vieles mehr – alles in bester Qualität. Churburggasse 3/a, Schluderns, Tel. 04 73/61 41 39, www.dorfladen-trafoier.net

VERANSTALTUNGEN

Schludernser Ritterspiele. Jeweils Ende August finden die Südtiroler Ritterspiele vor den Toren von Schluderns statt. Ein dreitägiges Spektakel mit Ross und Reiter, Schwerterkämpfen usw. Da wird gehauen und gestochen, Artisten zeigen ihre Kunststücke, an den Abenden finden auch musikalische Darbietungen statt. Ein Fest für die ganze Familie mit einem Kinderreitturnier für den Nachwuchs. www.ritterspiele.it

Außer Betrieb: ein Waal im Winter

AKTIVITÄTEN

Churburg. Führungen 20. März–Ende Okt. 10–12, 14–16.30 Uhr

Vintschger Museum. Viel Interessantes zu Kultur und Geschichte der Region vermittelt das Museum mit Schwerpunkt auf der für den Vinschgau typischen Wasserbewirtschaftung (Waale).
20. März–Ende Okt. Di–So 10–12, 15–18 Uhr

Quairwaal. Lehrpfad in der Nähe des Vintschger Museums

INFORMATION

Ferienregion Obervinschgau. St.-Benedikt-Straße 1, 39024 Mals im Vinschgau,Tel. 04 73/831 190, www.ferienregion-obervinschgau.it

Akustisches Signal: Waalschelle am Latschanderwaal

7 Mittlerer Vinschgau
Marmor und Marillen

Der mittlere Vinschgau ist das Herzstück des mächtigsten Südtiroler Tals, nicht mehr so zugig und alpin wie unterm Reschenpass, trotz Apfelplantagen, Aprikosenbäumen und Weinbergen aber noch ein gutes Stück von der mediterran angehauchten Seligkeit Merans entfernt. Sensationell: der weiße Laaser Marmor und die Steppenlandschaft am Sonnenberg.

Mitte: Sonnental unter Dreitausendern – der Vinschgau
Unten: Schmecken lecker: Marillen aus dem Vinschgau

Es kann ja sein, dass der eine oder andere Laaser in seinem Leben noch nicht richtig weit gereist ist, vielleicht bloß bis nach Innsbruck. Ganz im Gegensatz zum berühmten weißen Marmor. Der wird in die halbe Welt exportiert, beispielsweise nach Abu Dhabi, wo Wand- und Bodenfliesen der Scheich-Zayed-Moschee – die drittgrößte der Welt! – aus dem reinweißen Kristall bestehen.

Laaser Marmor

Der Marmor hat, bevor es vom Mittelvinschgau aus auf die Reise geht, bereits einen recht umständlichen Transport hinter sich: Die im Bergesinneren gebrochenen, mehrere Tonnen schweren Quader schweben zunächst am dicken Drahtseil über einen steilen Felshang hinunter zur sogenannten »Aufleg«, wo sie auf eine Schienenbahn umgeladen werden. Hinab ins Tal der Etsch geht's zuletzt über den Bremsweg, eine 1929/30 erbaute Standseilbahn mit Ausweiche auf halber Strecke. Im großen Werk Lasa Marmo werden die mächtigen Blöcke in marktgerechte Stücke geschnitten.

Marmor. In Laas fast allgegenwärtig, sind hier doch Gehsteige, Brunnen und Grabsteine so weiß

In der Marmorwerkstatt von Josef Mayr

wie das Gletschereis am Ortler. Auch die spätromanische Apsis der Pfarrkirche besteht aus dem edlen Material. Ganz anders die Laaser Marmorwürfel von Venustis – die sind aus Schokolade.

Marillen

Thomas Tappeiner, in Laas aufgewachsen, hat auch die Marille in seinem Sortiment, als Schokolade. Sie gehört, meint er, genauso zum Vinschgau wie der Laaser Marmor. Die so herzhaft schmeckende Prunus armeniaca – ursprünglich, wie der Name verrät, aus Armenien stammend – steht hier allerdings ganz im Schatten des florierenden Apfelanbaus. Rund 370 t ernten die Bauern jedes Jahr, nicht viel, gerade mal 1,5 Promille (!) der gesamten italienischen Produktion. Dafür gelten die Vinschger Marillen als besonders aromatisch. Unbedingt probieren!

Vinschgauer Sonnenberg

Unterhalb der Talschwelle des Kortscherfeldes – dem mächtigen Murkegel des vergleichsweise kleinen Gadriatals – liegt Schlanders, Hauptort des unteren Vinschgaus, dessen spitzer Kirchturm fast so hoch in den Himmel ragt wie die Berggipfel rundum. Scheinbar. Denn wenn man hinauf-

AUTORENTIPP!

KUPPELRAIN
Über Kastelbell leuchtet auch dann ein Stern, wenn's draußen regnet: jener nämlich, der Jörg Trafoier vor gut zehn Jahren von den Gourmet-Päpsten des »Michelin« verliehen worden ist. Zu Recht, da sind sich seine Stammgäste einig (und davon gibt es viele), denn was dem Spitzenkoch in seiner Küche gelingt, ist exzellent, auch immer wieder originell abgewandelt. »Jörg Trafoiers Küche steht für die Veredelung regionaler Qualitätsprodukte auf Spitzenniveau, für Kreativität und Perfektion. Ergänzt wird diese hohe Kochkunst durch das umfassende Weinwissen von Sonya Egger-Trafoier, die zu den (Donne del Vino) Italiens gehört«.
Seit bald 15 Jahren kocht der Vinschgauer im »Kuppelrain«, das bereits zu k.u.k. Zeiten ein bekannter Gasthof mit guter Küche war. Einen vergleichbaren kulinarischen Höhenflug dürfte das Haus aber noch nie erlebt haben.

Restaurant Kuppelrain.
Bahnhofstraße 16,
Kastelbell,Tel. 04 73/62 41 03,
www.kuppelrain.com

Oben: Eine Bilderbuchburg – Schloss Kastelbell
Mitte: Eis kann vor Frost schützen. Frostberegnung während der Apfelblüte im April
Unten: Im Herbst wird im Vinschgau geerntet.

steigt zu den Höfen, die wie Adlerhorste an den extrem steilen Hängen des Sonnenbergs kleben, verändert sich die Perspektive dramatisch. Wer hinabschaut ins weite, landwirtschaftlich intensiv genutzte Etschtal, auf Häuser, Burgen und Schlösser, Straßen und Bahn, kann vielleicht nachvollziehen, dass sich die Bergbauern am Sonnenberg – allen Mühen ihres Alltags zum Trotz – als kleine Könige gefühlt haben müssen. Manche mussten trotzdem aufgeben: zu trocken das Steppenklima, das Wasser rar, die Winter zu lang. In jenen Bereichen, die von der Aufforstung mit Schwarzföhren ausgespart blieben, hat sich eine ungewöhnlich vielfältige Flora erhalten (ca. 120 Pflanzenarten). Ein Ausflug mit der Seilbahn von Latsch hinauf zum Weiler St. Martin im Kofel (1775 m) bietet Gelegenheit, sich ein Bild von der exponierten Lage der Siedlungen am Sonnenberg, auf halber Höhe zwischen Tal und Gipfeln, zu machen: schwindelerregend!

Kastelbell

Eine beliebte Bergabwanderung führt von St. Martin über Trumsberg, wo man beim Niedermairhof einkehrt, hinunter nach Kastelbell. Hat man sich hoch am Sonnenberg zunächst über den modernen Turmbau des Vinschgauer Architekten Werner Tscholl gewundert, gilt der letzte Blick, bevor man seine müden »Haxen« am Bahnhof ausstreckt, dem Schloss Kastelbell, einem Gemäuer, das im Kern wohl ins 13. Jahrhundert zurückgehen dürfte. Oben am Berg neu, unten im Tal dafür alt – verkehrte Welt?

Kastelbell, das sich auf einem schroffen Felsen unmittelbar über der Vinschgauer Straße erhebt, wurde im 16. Jahrhundert durch die Grafen von Hendl großzügig ausgebaut; die malerische Anlage kann besichtigt werden.

Infos und Adressen

SEHENSWÜRDIGKEITEN

Goldrain und Annenberg. Am Fuß des Sonnenbergs liegt das mächtige Mauergeviert mit den runden Ecktürmen, heute Kultur- und Bildungszentrum, darüber am Hang erhebt sich Schloss Annenberg.

Spitalkirche Latsch. Der spätgotische Flügelaltar stammt vom schwäbischen Meister Jörg Lederer (1524); er lässt stilistisch feine Anklänge an die Renaissance erkennen.

ESSEN, TRINKEN UND ÜBERNACHTEN

Gasthaus zur Krone. Mitten im Marmordorf Laas liegt das bei den Einheimischen sehr beliebte Lokal, mit Südtiroler Spezialitäten und italienischen Gerichten. Keine fünf Gehminuten entfernt ist eine Frühstückspension (preiswerte Zimmer). Hauptplatz 10, 39023 Laas, Tel. 04 73/62 65 33, www.krone-laas.it

Schmecken prima, die Fruchtsäfte vom Biohof des Karl Luggin.

Detail des Lederer-Altars in Latsch

Niedermair. Am Trumsberg (1379 m) lässt man sich gerne nieder, um sich mit Blick übers Tal von Annemarie Kaserer mit ihrer Südtiroler Kost verwöhnen zu lassen. Do geschl., Mitte Juni–Mitte Aug. auch So., Trumsberg 4, Tel. 04 73/62 40 91

EINKAUFEN

Kandlwaalhof Luggin. Alles bio und von bester Qualität, von den Fruchtsäften über Trockenobst bis zum Essig. In Südtirol einmalig: Weirouge-Apfelsaft! Unterwaalberg, Laas, Tel. 04 73/626 627, www.luggin.net

S'Ladele. Marmorwürfel, Etisa-Fruchtschokolade mit Marteller Erdbeere, Marille und andere süße Sünden gibt es im Ladele. Vinschgaustraße 10, Laas, Tel. 04 73/62 81 15

AKTIVITÄTEN

Schloss Kastelbell. Führungen Mitte April/Ende Okt. Mi–Sa jeweils um 14, 15, 16, 17 Uhr, So auch 10.30 Uhr

INFORMATION

Tourismusverein Schlanders-Laas. Göflanerstraße 27, 39028 Schlanders, Tel. 04 73/73 01 55, www.schlanders-laas.it

Erdbeerernte im hinteren Martelltal

8 Martelltal

Erdbeeren auf Eis

Das Martelltal ist ein kleines Südtiroler Wunder: hochalpin, mit einem weiten, vergletscherten Talschluss, aber ganz ohne Seilbahnen, Lifte und Skipisten. Dafür wachsen hier die besten Erdbeeren des Landes, in Höhenlagen von bis zu 1700 Metern werden sie geerntet und dabei gilt: je höher, desto später, dafür aber auch umso aromatischer. Einfach himmlisch!

Auch das schönste Bild hat in der Regel ein paar Flecken. Beim Martelltal sind es zwei und beide bestehen aus Beton: die Sperre des Zufrittsees (1850 m) und die Ruine des Hotels Paradiso. Der Stausee fügt sich bei Vollstau bestens in das an dieser Stelle recht enge Tal mit seinen bewaldeten Flanken ein, doch vor 25 Jahren wurde sein Wasser beinahe zum Auslöser einer ganz großen Katastrophe. Nach heftigen Unwettern öffnete der Schleusenwärter die Grundschleusen, was eine gewaltige Flutwelle auslöste. Die Spur der Verwüstung reichte bis hinaus in die Latscher Industriezone drunten im Etschtal! Wie durch ein Wunder gab es weder Verletzte noch Tote. Eine Tafel erinnert an den Unglückstag: »Der Mensch wollt' die Natur bezwingen / und ihr mit Gier Profit abringen. / Sie forderte dann grausam zurück, / jedoch kein Menschenleben zum Glück. / Drum wurde geschaffen dieser Ort, / als Dank und Ermahnung immerfort.«

Kein Paradies mehr

Auch das Paradiso sorgt seit seinem Bau (1933–1935) für Kontroversen. Der Bau des Mai-

Gar nicht paradiesisch! Das ehemalige Hotel Paradiso

länder Architekten Gio Ponti, obwohl durchaus originell, wurde von den Einheimischen stets als Fremdkörper in der »paradiesischen« Bergkulisse empfunden. Hier sollte ein Stück städtisch-faschistisches Lebensgefühl mitten ins bäuerlich deutsche Südtirol gepflanzt werden. Ponti plante aber noch ungleich Größeres: eine 160 km (!) lange Seilbahnanlage zwischen Bozen und Cortina d'Ampezzo samt Hotels und Restaurants. Der Hotelbetrieb wurde mit Ausbruch des Zweiten Weltkriegs eingestellt. 1966 ging das Geisterhaus in den Besitz der Südtiroler Brauereifamilie Fuchs über. Heute kann die morbid anmutende rote Ruine nur noch von außen besichtigt werden; nur für wenige strahlt der einstige Luxustempel einen Hauch Mystik aus.

Der Talschluss

Hat man Erdbeerfelder, Stausee und das »Paradiso« erst einmal hinter sich gelassen, ist der schönste Teil des Tals bald erreicht. Das geht allerdings nur zu Fuß, doch die kleine Wanderung zur Zufallhütte (2265 m) schaffen auch Untrainierte in einer Stunde. Und wer noch ein Stück weiter taleinwärts spaziert, genießt bald freie Sicht auf die ganze fantastische Fels- und Eiskulisse, bis

AUTORENTIPP!

HOTEL ZUM SEE

Wer einen fantastischen Blick auf vergletscherte Berge einer Shopping-Meile vorzieht, und nachts lieber ruhig schläft, statt in einer Disko abzufeiern, ist hinten im Martelltal genau richtig. Die Umgebung bietet eine Überfülle an Wander- und Tourenmöglichkeiten mit mehreren bewirtschafteten Hütten, das Hotel zum See – am oberen Ende des Zufritt-Speichers gelegen – ist da der ideale Stützpunkt für ein paar Tage Weltflucht. In der Sauna oder im Pool kann man nach einem aktiven Tag relaxen, und was die Küche am Abend auf den Tisch zaubert, ist erstklassig: kreativ, aber auch handwerklich sorgfältig zubereitet. Dass man bei den feinen Desserts ab und zu auf eine Erdbeere beißt, wird niemanden wirklich überraschen, schließlich gilt das Tal als Südtiroler Erdbeerparadies.
Die Gastgeber sind freundlich, der Service ebenfalls, und am Frühstücksbuffet muss auch kein Gast Hunger leiden. Lecker, die frischen Beeren und Früchte und die selbst gemachte Marmelade.

Hotel zum See. Hintermartell 207, 39020 Martell, Tel. 04 73/74 46 68, www.hotelzumsee.com

Der Zufritt-Stausee

Oben: Der hochalpine Talschluss von Martell mit den Zufallspitzen
Mitte und unten: Die Burgkapelle von Obermontani bewahrt kostbare Fresken (15. Jh.).

zum Zufallferner und zu den Zufallspitzen (3757 m). Dass da der Parkplatz am Straßenende an sonnigen Sommerwochenenden manchmal fast überquillt, ist kein Zufall. Als zufällig kann man auch die Namen von Hütte, Gletscher und Ferner nicht bezeichnen. Sie leiten sich nämlich von dem Wasserfall (zu Fall) der Plima ab. Vor dem Bergbach hatten die Marteller schon immer einen Heidenrespekt, und um die Gefahr von Hochwassern, etwa nach Ausbrüchen von Gletscherseen zu bannen, bauten sie bereits Ende des 19. Jahrhunderts im flachen Talboden hinter der Zufallhütte eine mehrere 100 Meter breite, heute noch bestehende Mauer.

Morter und Montani

Die Reise ins Martelltal führt aus den Talfluren der Etsch bis in die Regionen des ewigen Schnees – fantastisch! Beginnen tut sie in einem fast bukolisch anmutenden, von Apfelhainen, Rebbergen und Burgruinen geprägten Landstrich. Direkt an der Mündung liegt das kleine Dorf Morter (729 m), eng gebaut, mit zwei sehenswerten Gotteshäusern: die romanische Vigiliuskirche, die 1180 nach dem Vorbild der Heiligkreuzkapelle in Müstair errichtet wurde, und die spätgotische Pfarrkiche St. Dyonis.

Über dem Dorf, auf einem schmalen, wie ein Schiffsbug vorragenden Höhenrücken, liegen die beiden Burgruinen von Unter- und Obermontani (Fußweg, 30 Min. ab Morter). Obermontani, 1228 durch Albert II. von Tirol erbaut und später erheblich erweitert, galt einst als wichtigste landesfürstliche Burg im unteren Vinschgau. Aus der berühmten Bibliothek, deren Bestände nach dem Verfall der Anlage verscherbelt wurden, stammt die Nibelungenhandschrift I (1323), heute im Besitz der Stiftung Preußisches Kulturgut in Berlin.

Infos und Adressen

ÜBERNACHTEN

Stallwieshof. Ein kleines Bergbauernparadies, nahe der 2000-Meter-Kote am sonnseitigen Hang gelegen, mit freier Sicht auf den stark vergletscherten Abschluss des Martelltals. Die recht lange Zufahrt vom Dorf herauf lohnt sich aber, allein schon der deftigen Südtiroler Küche wegen, und spätestens, wenn man zugeschaut hat, wie die letzten Sonnenstrahlen über den Firngipfeln um die Veneziaspitze verglimmen, macht sich ein tiefes Wohlbehagen breit. Waldberg 1, 39020 Martell, Tel. 04 73/74 45 52, www.stallwies.com

Zufallhütte. Wie wär's mit einem kleinen Abenteuerurlaub in hochalpiner Umgebung mit der ganzen Familie? Auf der Zufallhütte (2265 m) ist das kein Problem, da gibt es neben Massenlagern auch Zimmer in unterschiedlicher Größe, wird der Lage entsprechend »auf hohem Niveau« gekocht und die Hütten-Crew meistert auch größeren Andrang souverän. Wandermüde können in der Sauna neben dem Haus entspannen. Und einen Hüttenklettersteig für besonders Sportliche gibt's auch noch. Tel. 04 73/74 47 85, www.zufallhuette.com

Einfach köstlich, die Marteller Erdbeeren!

EINKAUFEN

Erdbeeren. Die kann man während der Erntezeit (Anfang Juni–Anfang Sept.) direkt an der Talstraße kaufen.

AKTIVITÄTEN

Culturamartell. Das Marteller Nationalparkhaus ist ein modern konzipiertes Heimatmuseum, in dem die bäuerliche Kulturlandschaft und das Leben am Berg dokumentiert werden. Di–Fr 9–12, 14.30–18 Uhr, Sa/So 14.30–18 Uhr

INFORMATION

Tourismusverein Martelltal. Dorf 96, 39020 Martell, Tel. 04 73/74 45 98, www.martelltal.info

Heile Bergwelt am Stallwieshof

9 Schnalstal

Der Eismann und der Gletscherkönig

Was das Eis hoch droben am Tisenjoch im September 1991 freigab, brachte das Südtiroler Tal umgehend in die Schlagzeilen: die bestens erhaltene Mumie eines Steinzeitmenschen, geschätzte 5300 Jahre alt. Eine Sensation! Heute kann man den Ötzi im Museum in Bozen bestaunen. Oder auf einer Zeitreise zurück in seine Lebenswelt, direkt im Schnalstaler ArcheoParc.

Mitte: Bequem bis auf den Ötztaler Hauptkamm mit der Schnalstaler Seilbahn
Unten: Im Oberraindlhof gibt es sie noch, die echten Schnalser Nudeln – eine Rarität.

An der Mündung des Schnalstals gedeiht der Wein, wacht ein stattliches Schloss. Wasserwosser bringt über einen der längsten Waale Südtirols das begehrte Nass des Schnalser Bachs auf die Felder am Sonnenberg. Und ganz droben, am Hauptkamm der Ötztaler Alpen, gleißt der Firn, aus dem sich der Schnalser Bach speist. Hier kann man also in weniger als zwei Stunden alle Vegetationsstufen von südländisch-mediterran bis arktisch durchqueren und anschließend von der Grawand (3251 m) das große Alpenpanorama bestaunen. Es reicht vom Ortler bis in die Dolomiten.

Modern Times

Ebenfalls ein unglückliches Ende nahm es mit Leo Gurschler. Er hatte eine Vision und verwirklichte sie auch. Aus dem armen Südtiroler Bergtal, ganz bäuerlich geprägt, sollte eine touristische Topdestination werden, Ganzjahresskilauf inklusive. Er initiierte den Bau der Gletscherseilbahn auf die Grawand, damals die »höchste Seilbahn Südtirols«, baute das Hotel seiner Eltern um und aus. Die Zahl der Gästebetten im Tal stieg in wenigen Jah-

Heiß-kalter Spaß auf der »Schönen Aussicht«

ren um das Zigfache an. Doch Erfolg macht gelegentlich blind, das Gurschler-Imperium musste weiter wachsen, mit immer mehr geliehenem Geld. Im Talschluss von Kurzras entstand Anfang der 1980er-Jahre ein modernes Feriendorf. Damit hatte sich der »König des Schnalstals«, wie Gurschler gelegentlich genannt wurde, endgültig übernommen. 1982 war er pleite, der Schuldenberg fast so hoch wie die Gipfel im Schnalstal. Ein Jahr später nahm er sich das Leben, gerade 36 Jahre jung.

Der mächtige Baukomplex in Kurzras wirkt heute immer noch modern, das Bemühen des Architekten, einen Bezug zur alpinen Umgebung zu finden, ist nicht zu übersehen. Allerdings auch nicht, dass die Anlage ziemlich verwahrlost ist und zusammen mit dem Riesenparkplatz und den Liftstationen ein wenig ansprechendes Bild bietet.
Ein Stück weiter talabwärts ist der Schnalser Bach zum Vernagt-Speicher aufgestaut. Hier ist ebenfalls manches neu gebaut, für den Tourismus, vor allem aber deshalb, weil acht Bauernhöfe und die Kirche des alten Weilers Vernagt im See ertränkt wurden. In Vernagt brechen »Wander-Archäolo-

AUTORENTIPP!

MESSNER MOUNTAIN MUSEUM: SCHLOSS JUVAL

Auf Schloss Juval, das beherrschend über der Mündung des Schnalstals thront, ist die Idee von Messners Mountain Museum geboren worden. In dem Schloss, dessen Kernsubstanz auf die Zeit um 1200 zurückgeht, werden heute u.a. die Tibetika-Sammlung, eine Galerie mit Bildern heiliger Berge, Messners Maskensammlung aus fünf Kontinenten, der Tantra-Raum und der Expeditionskeller gezeigt.
Neben dem Schloss liegt der Schlosswirt Juval, und nach der doch etwas anstrengenden Reise durch die Welt der Berge wird man hier gerne einkehren. Wie wär's mit einer Südtiroler Marende (die Produkte stammen von Bauern der Umgebung), dazu einem Glas Vinschgauer Wein? Die besondere Empfehlung für den Weg ins Tal: am »Schnalser Waal« entlang, in etwa einer Stunde nach Tschars, garantiert auch für empfindliche Knie geeignet. Zum Schloss kommt man nur zu Fuß oder mit dem Shuttlebus vom Vinschgauer Bauernladen im Tal!

Schloss Juval. 4. So im März–30. Juni und 1. Sept.–1. So im Nov., tgl. 10–16 Uhr, Mi Ruhetag. Besichtigung nur mit Führung, Tel. 348/443 38 71, www.messner-mountain-museum.it

Oben: Schafe auf dem Weg übers Niederjoch ins Venter Tal in Nordtirol
Mitte: Im ehemaligen Kloster Karthaus
Unten: Am Vernagt-Stausee

gen« auf, um den Fundort des Ötzi zu besuchen. Der Weg hinauf zum Niederjoch, wo die Similaunhütte steht, führt am Tisenhof vorbei, einem der ältesten Bauernhöfe des Tals, urkundlich bereits 1306 genannt.

ArcheoParc in Unser Frau

Wem die etwa fünfstündige Tour zur Ötzi-Fundstelle zu anstrengend ist, braucht nicht auf das Steinzeiterlebnis zu verzichten. Im ArcheoParc kann man Ötzis Lebensraum entdecken, beim Gang durch das Museumsgebäude und bei einem Abstecher ins Freigelände mit seinen drei (rekonstruierten) steinzeitlichen Hütten. Hier darf der Homo sapiens des 21. Jahrhunderts eine echte Zeitreise unternehmen und nach Art seiner Urahnen Brot backen, Bogenschießen und Töpfern.

Das Klosterdorf

Das ganze Jahr über »geöffnet« hat Karthaus, das auf einer kleinen Anhöhe gegenüber der Mündung des Pfossentals (schönes Wandergebiet) thront. Der Name ist kein Zufall, geht die Siedlung doch auf ein 1326 gegründetes Karthäuserkloster zurück. Nach dessen Auflösung im Jahr 1782 entwickelte sich in und um die verlassenen Bauten ein kleines Dorf, das 1924 durch einen Brand weitgehend zerstört wurde. Erhalten (und sorgfältig restauriert) blieb trotzdem einiges, u.a. das Priorhaus, einige Mauern und der Südflügel des großen Kreuzganges. Der Rundgang durch das historische Ensemble führt an dem kleinen Gewürzgarten des ehemaligen Klosters vorbei. Ein paar dieser feinen Kräuter finden sich auch in der Küche des Hotels Zur Goldenen Rose wieder. Das Haus steht ebenfalls auf den Fundamenten des Klosters, und im uralten Weinkeller lagern einige ganz feine Tropfen.

Infos und Adressen

ESSEN UND TRINKEN

Eishof. Der Eishof im Herzen des Pfossentals war bis 1897 die höchstgelegene Dauersiedlung in den Alpen östlich der Schweiz. Leichter Anstieg vom Ende der Talstraße (Jägerrast, 1693 m) etwa 1.30 Std. – nur im Sommer geöffnet.

ÜBERNACHTEN

Oberraindlhof. Nostalgie pur verströmt der alte, bereits 1581 urkundlich erwähnte Bauernhof. Familiärer Betrieb mit guter Küche. Raindl 49, 39020 Schnals; Tel. 04 73/67 91 31, www.oberraindlhof.com

Schutzhütte Schöne Aussicht. Einmalig: Hütte mit der höchstgelegenen Sauna Europas auf 2842 Meter! Im Winter kann man auch in einem Iglu übernachten. Urige Unterkunft mit deftiger Südtiroler Küche. Aufstieg von Kurzras zum Hochjoch 2.30 Std., Tel. 04 73/66 21 40

Zur Goldenen Rose. Logieren und fein tafeln in dem winzigen Dörfchen Karthaus. Berühmt: die originellen Knödelvariationen. Weinkeller im historischen Klostergewölbe, Sauna und Kräutergarten. Karthaus 29, 39020 Schnals; Tel. 04 73/67 91 30, www.goldenerose.it

EINKAUFEN

Vinschger Bauernladen. Frisches von Höfen aus der Region kann man hier kaufen: feines Schüttelbrot von der Bäckerei Santer, Speck, Käse, Kräuter, Marmelade, Obst, Säfte – und sogar Kosmetika. Direkt an der Abzweigung der Straße ins Schnalstal, Mo–Sa 9–18, So 10–18 Uhr; Tel. 04 73/66 77 23

Lehmofen im ArcheoParc Schnalstal

Lauter Köstlichkeiten! Große Auswahl im Vinschger Bauernladen

AKTIVITÄTEN

ArcheoParc Schnalstal. Das etwas andere Museum, mit Winterschlaf. Ende März–Anfang Nov. Di–So 10–18 Uhr, Juli/Aug. auch Mo., sonst Ruhetag

Schafwanderungen. Zweimal im Jahr werden blökende Schafherden über die Grenzpässe getrieben: im Frühsommer in die Ötztaler Weidegründe, im Herbst zurück – ein echtes Spektakel!

INFORMATION

Tourismusbüro Schnalstal. Karthaus 42, 39020 Schnals; Tel. 04 73/67 91 48, www.schnalstal.com

Das Kirchlein St. Prokulus, ein Kulturdenkmal von Rang

10 Naturns und Partschins

Ein Heiliger und ein Tüftler

Der unterste Vinschgau ist schon stark nach Meran hin ausgerichtet, gehört bereits zu jenem touristischen Großraum, der ins Passeiertal hinein reicht und sich von der Kurstadt ein Stück weit etschabwärts erstreckt. Doch in Naturns und Partschins sind die hohen Berge noch ganz nahe, Dreitausender die meisten, und das hält auch Regenwolken ab und garantiert über 300 Sonnentage im Jahr.

Die Töll wird gemeinhin als Grenze zwischen dem Meraner Becken und dem Vinschgau definiert und geografisch mag das durchaus zutreffen. Doch die Ausstrahlung der Kurstadt reicht noch ein gutes Stück hinein in das mächtigste Tal Südtirols, abzulesen auch an der intensiven Bautätigkeit in und rund um Partschins und Naturns. Hier hat der aufkommende Massentourismus nach dem Zweiten Weltkrieg seine Marken gesetzt, und die sind trotz weiterer Um- und Zubauten auch heute noch unübersehbar. Vor allem Naturns, das mit 315 Sonnentagen im Jahr wirbt, erlebte ab den 1970er-Jahren einen sagenhaften Aufschwung. Heute verzeichnet es jährlich bald eine halbe Million Nächtigungen; die Siedlungsfläche vervierfachte sich seit 1951! Mittlerweile hat der verkehrsgeplagte Ort seine (dringend notwendige) Ortsumfahrung. Dafür ist die Töll immer noch ein veritables Nadelöhr für den Verkehr. Ein Tipp: Die Vinschger Bahn, modern, pünktlich, bietet ganz entspanntes Reisen. Oder man schwingt sich gleich aufs Fahrrad und erkundet den untersten Vinschgau auf diese Weise völlig unabhängig von Staus und Fahrplänen.

Der »Schaukler«, ein Fresko im Kirchlein St. Prokulus (7./8. Jh.)

St. Prokulus

Wer am Bahnhof in Naturns aussteigt, kann beim Spaziergang durch den Ort den rasanten Wandel des letzten halben Jahrhunderts nicht übersehen: alte Mauern im Kern, schon etwas in die Jahre gekommene Architektur drumherum, dazu ein paar ganz trendige Einsprengsel und viele Neubauten. Ungleich älter sind jene Mauern, die draußen vor dem Ort (20 Min. vom Bahnhof) zwischen den Apfelplantagen stehen: St. Prokulus. Das Kirchlein stammt aus dem 7. Jahrhundert und bewahrt einzigartige Fresken – vermutlich die ältesten im deutschsprachigen Raum (7. oder 8. Jh.). Und überaus rätselhafte: Da ist jener eigenartige »Schaukler« (man beachte seine Hände!), der von zwei Figuren aufmerksam beobachtet wird und schon mal als Darstellung der Flucht des Paulus aus Damaskus (oder des heiligen Vigilius aus Verona?) gedeutet wurde. An der Eingangswand fällt

AUTORENTIPP!

UNTERWEGS AUF DEM MERANER HÖHENWEG

Eine Woche absoluten Wandergenuss bietet die Tour rund um die unter Naturschutz stehende Texelgruppe; ihren höchsten Punkt gewinnt die einheitlich markierte Route am Eisjöchl (2895 m), der Nahtstelle zum Hauptkamm der Ötztaler Alpen. Der Südteil des Höhenweges verläuft in tieferen Regionen; hier sind besonders schöne Teilbegehungen möglich; durchwegs mit prächtigen Ausblicken auf den untersten Vinschgau und das Meraner Talbecken. Wer mit der neuen Seilbahn zum Giggelberg (1565 m) hinauffährt, erspart sich den recht anstrengenden Zustieg und kann bei der beliebten Einkehr gleich einfädeln in die Höhenroute. Westwärts führt sie in anregendem Auf und Ab ins unterste Schnalstal, bis Katharinaberg (1245 m; Bushalt) etwa 6.30 Std. (mehrere Gasthöfe am Weg), nach Osten ins Zieltal und weiter zur Leiteralm (1522 m; Lift) etwa 5.30 Std. Ausdauer und gutes Schuhwerk sind unerlässlich, etwas Bergerfahrung auch.

Texelbahn Rabland–Giggelberg. März–Nov. in Betrieb, erste Fahrt um 8 Uhr, Sa und So Juni–Sept. bereits um 7 Uhr.

Oben und unten: Wer sich für Technik interessiert, muss dem Mitterhofer-Museum einen Besuch abstatten. Einmalige Modelle aus zwei Jahrhunderten!

eine Rinderherde mit Hund und Hirte auf – besteht da ein Zusammenhang mit dem Kirchenheiligen, der als Viehpatron und Wasserheiliger verehrt wurde?

In gotischer Zeit wurde das ursprünglich flachgedeckte Kirchenschiff erhöht und eingewölbt, die vorkarolingischen Fresken übermalt. Die abgelösten Wandmalereien aus dem 14. Jh. werden im modernen St.-Prokulus-Museum gezeigt, zusammen mit den Funden, die im Zuge von neueren Ausgrabungen gemacht wurden. Dabei kamen Mauerreste einer spätrömischen Villa zutage; auf dem Gottesacker neben der Kirche wurden während der Pestzeit (17. Jh.) die Seuchenopfer begraben.

Peter Mitterhofer

Interessante Geschichten erzählt auch das Mitterhofer-Museum in Partschins. Wer ein Faible für Mechaniken hat, wird sich leicht zwischen all den sensationellen Schreibmaschinen-Modellen verlieren, die in dem vierstöckigen Bau gezeigt werden. Peter Mitterhofer (1822–1893), ein begnadeter Tüftler, der in jungen Jahren auch als Sänger und Bauchredner auftrat, gilt als einer der Erfinder der Schreibmaschine (neben Giuseppe Ravizza, Christopher Sholes, Samuel Francis u.a.); eines seiner ersten Modelle (1864) ist im modernen Partschinser Museum ebenso ausgestellt wie die dänische Malling Hansen (1867), eine »Schreibkugel«, und die legendäre Enigma aus dem Zweiten Weltkrieg, eine Chiffriermaschine, mit der u.a. die deutschen U-Boote ausgerüstet waren. Als besondere Kostbarkeit darf auch die vollständig vergoldete Princess von 1949 gelten – unbezahlbar! Mit seinen rund 2000 Exponaten dokumentiert die Ausstellung die technische Entwicklung von der Erfindung der ersten Schreibmaschine bis zum Beginn des Computer-Zeitalters.

Infos und Adressen

ESSEN UND TRINKEN

Giggelberg. Der Giggelberg (1565 m) am »Meraner Höhenweg«, 2010 neu erbaut, gehört zu den beliebtesten Ausflugszielen in der Umgebung von Partschins: phänomenale Aussicht, feine Südtiroler Küche. Seilbahn direkt zum Haus; Damwildgehege. März–Nov., Tel. 04 73/96 75 66, www.giggelberg.com

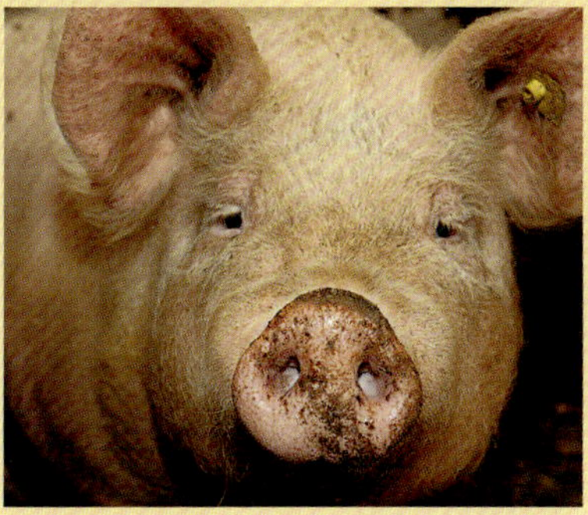

Wer denkt beim Schwein gleich an den Speck?

ÜBERNACHTEN

Hanswirt. In dem Vier-Sterne-Haus verbinden sich Tradition und Moderne auf gelungene Weise, mit Bauernstube und Wellnessbereich. Der besondere Gag für alle großen und kleinen Buben: die Eisenbahnwelt Di–So 10–17 Uhr, Geroldplatz 3, 39020 Rabland/Partschins; Tel. 04 73/96 71 48, www.hanswirt.com

EINKAUFEN

Kaffeerösterei Schreyögg. Ein Tipp für alle Liebhaber der braunen Bohne: köstlich! Cutraunstraße 62, Rabland, Tel. 04 73/96 77 00, www.s-caffe.com

AKTIVITÄTEN

Erlebnisbad Naturns. Spaß für die ganze Familie! Feldgasse 5, 39025 Naturns, Tel. 04 73/66 80 36, www.naturns.it/erlebnisbad

K.u.k. Museum Bad Egart. Habsburger Antiquitäten, Südtiroler Folklore und Freilichtmuseum mit Kunst und Kuriositäten. Das Minirestaurant Onkel Taa verspricht »kaiserlichen Genuss«. Di–So 12–16, 18.30–20 Uhr, Tel. 04 73/96 73 42. Zufahrt von der Töll (Hinweis)

Schreibmaschinenmuseum am Kirchplatz in Partschins. Geöffnet April-Oktober Mo 14–18 Uhr, Di–Fr 10–12, 14–18 Uhr, Sa 10–12 Uhr, Tel. 04 73/96 75 81

St.-Prokulus-Museum. März–Anfang Nov. Di–So 10–12.30, 14.30–17.30 Uhr, Tel. 04 73/67 31 39

INFORMATION

Tourismusverein Naturns. Rathausstraße 1, 39025 Naturns, Tel. 04 73/66 60 77, www.naturns.it

Tourismusverein Partschins. Rabland und Töll, Spaureggstraße 10, 39020 Partschins, Tel. 04 73/96 71 57, www.partschins.com

Entspannen am Gigglberg, hoch über Meran

PASSEIERTAL – MERAN

Vorangehende Doppelseite: Die blühenden Gärten von Trauttmansdorff und das Schloss, heute Museum
Mitte: Fern-sehen am Timmelsjoch
Unten: Wie hoch ist es jetzt genau, das Joch?

11 Timmelsjoch

Von den Gletschern herab

Einsteigen – und zwar ganz oben! So lautet die Devise für all jene, die ihren Weg nach Südtirol über das Timmelsjoch in knapp 2500 m Höhe nehmen. Dreitausender rundum, Fels und Eis, vielleicht tanzen sogar ein paar sommerliche Schneeflocken im eisigen Wind. Zwei Stunden später sitzt man drunten im Passeiertal gemütlich in einem Wirtshausgarten, genießt zum Speck vom Brett ein Glas Rotwein und vor allem das Gefühl, im Süden angekommen zu sein.

Es mag paradox erscheinen, doch ohne die Angst der italienischen Faschisten vor ihrem übermächtigen »Verbündeten« im Norden der Alpen wäre

MAL EHRLICH

AUTO- UND STRESSFREI?

August 2010, ein Sonntag. Wir sind unterwegs nach Pfelders, das seit 2009 als »Alpine Pearl« firmiert und als erster autofreier Ferienort Südtirols gilt. Dazu schrieb das Landespresseamt: »Mit diesem Konzept – der Sperrung des Dorfkerns für den Autoverkehr einerseits und dem Aufbau eines effizienten Nahverkehrssystems andererseits – unterstreicht Pfelders seine Vorzüge als ruhiges, beschauliches, familienfreundliches Urlaubsziel mitten in der Natur noch weiter.«

An diesem Sommertag ist davon nur wenig zu spüren. Der Riesenparkplatz knapp vor dem Ort ist praktisch voll, und im Dorf stehen überall vor den Hotels und Pensionen die Fahrzeuge der Urlauber. Autofreies Pfelders? Ein Versuch, ein Anfang, aber noch nicht mehr.

Eindeutig eine »Kunststraße«: die Route übers Timmelsjoch

die Timmelsjochstraße wohl nie gebaut worden, wären zwischen Obergurgl und Moos im Passeier möglicherweise bis auf den heutigen Tag nur Kühe und Wanderer unterwegs. Mussolini wollte einen Alpen(schutz)wall, ließ dafür Straßen und Festungswerke an der Nordgrenze Italiens anlegen. Dazu gehörte auch eine Straße aus dem Passeiertal hinauf zum Timmelsjoch. Sie wurde allerdings nie fertig gestellt – wie übrigens große Teile des Vallo Alpino. In den 1950er-Jahren erinnerte man sich im Norden und Süden Tirols der unvollendeten Trasse. Es sollte allerdings noch einige Jahre dauern, bis der alt-neue Alpenübergang eröffnet werden konnte. Die Nordtiroler Rampe war bereits 1959 fertig, doch erst knapp ein Jahrzehnt später hieß es endlich: freie Fahrt übers Timmelsjoch!

Damit ist die Geschichte dieser Hochalpenstraße noch nicht zu Ende erzählt. Auf italienischer Seite wurde bis zur Jahrhundertwende immer wieder nachgebessert, verbreitert und begradigt: nicht schön, aber zweckmäßig. Das führte schließlich zu einer bemerkenswerten Initiative, gespeist aus der seit 2006 auch für die Südtiroler Passrampe erhobene Maut. Ihr Ziel: Ein Straßenzug, der sich opti-

AUTORENTIPP!

MOOSEUM – EIN BESONDERES MUSEUM

Der Platz für die Zeitreise »Von der Eiszeit in die Zukunft« ist ungewöhnlich: ein alter Bunker jenes Alpenwalls, den Mussolini – sehr misstrauisch seinem deutschen Verbündeten gegenüber – an der Grenze zu Österreich anlegen ließ, dient als Museumsgebäude, samt dem modernen verglasten Vorbau. Die Stimmen des Duce und Hitlers lassen beim Aufstieg durch eine enge Wendeltreppe fast klaustrophobische Gefühle aufkommen. Doch da hat man schon ein paar 10 000 Jahre Historie hinter sich: den Rückzug der Gletscher, archäologische Funde der ersten Siedler im Passeiertal, Geschichte aus dem letzten Jahrhundert.
Auf der Gefechtsebene entsteigt man dem in den Fels gebauten Bunker (einer von insgesamt sechs Anlagen um Moos) und sieht sich dann unvermittelt beeindruckenden Säugetieren gegenüber: Steinböcken, die hier im Freigehege leben. Über eine eiserne Stiege geht's an der Felswand hinunter zu jenem Ausstellungsbereich, der dem historischen Bergbau am Schneeberg gewidmet ist.

mal in die Landschaft einfügt, aber kein Ausbau (und noch mehr Verkehr), dafür ein besseres öffentliches Transportangebot. Zu diesem schönen Straßenzug passt die »Timmelsjoch Erfahrung«, ein Erlebniskonzept, bestehend aus fünf Stationen zwischen Hochgurgl und Moos, die über verschiedene naturkundliche und historische Aspekte informieren. Dazu gehören auch das vom Südtiroler Architekten Werner Tscholl (der u.a. das Messner Mountain Museum in Sigmundskron gestaltete) entworfene Passmuseum und die beiden Granaten bei Moos im Passeiertal.

Ein kleines Kuriosum: Bis heute konnten sich die Kartografen nicht über die exakte Höhe des Passscheitels einigen. Die Angaben reichen je nach Kartengrundlage von 2474 (aktuelle Angabe der ÖK) bis zu 2509 Metern.

Klondike in Südtirol?

Goldrausch in den Stubaier Alpen? Nicht ganz. Gold wurde am Schneeberg im Hinterpasseier keines gefunden, dafür schürfte man hier fast ein Jahrtausend lang – bis 1967 – nach Silber, Blei- und Kupfererzen sowie (ab dem 19. Jh.) nach Zinkblende. In der Blütezeit des Bergbaus waren bis zu 1000 Knappen beschäftigt. Am Schneeberg (2355 m), der seinen Namen nicht ganz zufällig trägt, entstand ein großes Dorf, zwei Wanderstunden oberhalb der Timmelsjochstraße. Der Abtransport des Erzes erfolgte aber nicht ins Passeiertal, sondern von Anfang an nach Sterzing, zum Brennerweg. Da hatten auch die Fugger – immer zur Stelle, wenn es etwas zu verdienen gab – eine Niederlassung. Heute ist der Schneeberg ein großes Freilichtmuseum, und dabei führen die Wege nicht nur auf, sondern auch in den Berg – ein kleines Abenteuer, vor allem natürlich für Kinder (siehe Aktivitäten und Highlight 26).

Oben: Am Weg von Pfelders nach Lazins
Mitte: Ein schmackhafter Dreiklang: Knödel, Wurst und Kraut
Unten: Der »Granat« bietet einen Prachtblick ins Pfelderer Tal.

Infos und Adressen

ESSEN UND TRINKEN

Tannenhof. Das Haus am Ortseingang von Platt – auf den ersten Blick eher unscheinbar – bietet eine gute Küche mit Südtiroler Spezialitäten. Anfahrt von Moos Richtung Pfelders. 39013 Moos in Passeier, Tel. 04 73/64 90 88, www.tannenhof.it

ÜBERNACHTEN

Hotel Alpenland. Ruhig gelegenes, komfortables Haus mit freier Sicht auf die Berge. Die Küche lässt kaum Wünsche offen, dafür sorgt der Juniorchef Arnold Kuprian persönlich. Sehr angenehme Atmosphäre, freundliches Personal, großer Innenpool. Stuls 7B, 39013 Moos in Passeier, Tel. 04 73/64 95 44, www.hotelalpenland.com

Schuften unter Tag. Nachgestellt im Schaustollen am Schneeberg

Wandern macht durstig.

EINKAUFEN

Metzgerei Hofer. Passeirer Würste und Speck, alles aus eigener Herstellung und aus der Region. Dorf 15, Moos, Tel. 04 73/64 35 24

AKTIVITÄTEN

Bunker Mooseum. Mitte März–Nov. Di–So 10–18 Uhr, Tel. 04 73/64 85 29

Freilichtmuseum Schneeberg. Ausflugsziel für die ganze Familie, Einkehr im Schutzhaus Schneeberg, Voranmeldung für Stollenführungen; Tel. 04 73/64 70 45

Wandern. Von Pfelders kann man mit der Gondelbahn zur Grünbodenhütte (2000 m) hinauffahren, den prächtigen Blick auf den Gurglerkamm genießen und anschließend auf dem »Panoramaweg« über die Faltschnalalm ins Tal absteigen (etwa 2.30 Std.).

INFORMATION

Tourismusverein Passeiertal. Passeirerstraße 40, 39015 St. Leonhard in Passeier, Tel. 04 73/656 188, www.passeiertal.it

Mitte: Stiebende Wasser im Passeiertal
Unten: Hüttenmusik – das mögen die Gäste.

12 Jaufenpass
Serpentinen mit Aussicht

Gezählte 21 Kehren, viele Kurven und oben ein berauschender Blick auf firnbedeckte Dreitausender der Ötztaler, Stubaier und Zillertaler Alpen. Das mögen die Radler, jene mit strammen Waden und großer Lunge genauso wie die in dunkles Leder gehüllten Gestalten auf ihren PS-starken Maschinen.

Vom Fußweg zur Kunststraße

100 Jahre alt ist die Jaufenstraße 2012 geworden, begangen wurde der Pass allerdings bereits viel früher, wie diverse Funde, deren Ursprung bis zurück in die Steinzeit reicht, belegen. Die Römer bauten einen Karrenweg über den Jaufen, mehr als regionale Bedeutung hatte er allerdings nicht. Im Mittelalter waren Kraxenträger und Säumer auf diesem »strenghen perg« unterwegs. Nachdem St. Leonhard 1899 Straßenanschluss bekommen hatte, wurde schon bald der Ruf nach einer Verbindung über den Jaufen mit Sterzing laut. Im Jahr 1903 begannen die Bauarbeiten, und am 15. Juni 1912 konnte der gesamte Straßenzug eingeweiht werden. Als danach das geltende Fahrverbot für Automobile aufgehoben wurde, gab es im Passeiertal lautstarken Protest, fürchtete man doch die »große Gefahr für Mensch und Vieh«. Tempi passati. Heute ist der ganze Straßenzug ordentlich ausgebaut, und was man im Alpenstraßenführer von E. Denzel (1957) lesen konnte, stimmt höchstens noch teilweise: »Die nicht staubfreie, im Durchschnitt 4–5 m breite Straße kann ohne Schwierigkeiten befahren werden, wenngleich die Südrampe nicht ohne Gefahren ist und dort eine vorsichtige Fahrweise ratsam er-

Kapelle mit Aussicht – am Jaufenpass

scheint. Achtung besonders auf dem oberen Streckenabschnitt, der am Rand einer abgründigen Tiefe verläuft! Fahren Sie auf übersichtlichen Geraden näher an die Bergseite heran! Auf der Waldstrecke unterhalb Walten sind einige enge und gefährliche Kurven, davon eine in einem Kehrtunnel. [...] Die Steigungen schwanken auf der Nordseite zwischen 7 und 9 %, auf der Südrampe etwas mehr bis zu einer Maximalsteigung von 14 % unterhalb Walten.«

Panoramawandern

Wer die Wanderschuhe dabei hat, wird sich bei schönem Wetter die Gelegenheit zu einer aussichtsreichen Höhenwanderung nicht entgehen lassen. Der gut markierte »Urweg Jaufenkamm« verläuft, ausgehend von der sogenannten Römerkehre (1960 m), in Gratnähe westwärts. Mit einer Überschreitung des Fleckner (2331 m) ins Glaitner Joch ergibt sich eine wenig anstrengende Halbtagsunternehmung; fürs leibliche Wohl sorgt man in der schön gelegenen Flecknerhütte (2062 m).

AUTORENTIPP!

NICHT VORBEIFAHREN! DER JÄGERHOF

Als Wander- und Genießerhotel bezeichnet sich das Haus an der Südrampe der Jaufenpassstraße, und das ganz zu Recht. Beides passt hier auch bestens zusammen, macht wandern doch hungrig. Und was am Abend auf den Tisch kommt, lässt auch bei verwöhnten Gaumen kaum Wünsche offen. Ein Klassiker ist das Saiblingsfilet im Heubadl – köstlich! Alle Zutaten, die in der Küche verarbeitet werden, stammen aus der Umgebung, von Höfen mit artgerechter Tierhaltung und kontrolliertem Anbau. Siegfried Augscheller kocht ehrlich und authentisch, aber durchaus auch kreativ, und diese Philosophie überträgt sich auf den ganzen Betrieb.
Wandern wird natürlich groß geschrieben im »Jägerhof«: hinauf zu den Gipfeln mit kompetenter Führung oder gemütlich von Alm zu Alm am Jaufenpass. Das Angebot ist so vielfältig wie die Berge des Passeiertals.

Genießer- & Wanderhotel Jägerhof. Walten 80, 39015 St. Leonhard in Passeier; Tel. 04 73/65 62 50, www.jaegerhof.net

Oben: Einkehr unterm Hirzer: Klammeben. Blick auf Meran und das Ortlermassiv
Mitte: Der Südtiroler Nationalheld: Andreas Hofer
Unten: Das Museum Passeier

Und für alle, die über etwas Bergerfahrung verfügen, ist die Jaufenspitze (2481 m), die direkt über dem Straßenpass aufragt und eine schöne Aussicht bietet, ein verlockendes Ziel (etwa 1.30 Std., markiert). Aber Vorsicht, die steilen Felspassagen (Sicherungen) sind nichts für Halbschuh-Alpinisten oder Schwarzwaldwanderer!

Der Tiroler Volksheld

Am Südfuß des Jaufenpasses liegt St. Leonhard, und da ist es talauswärts nicht mehr weit bis zum Sandwirt. In dem Gasthaus wurde am 22. November 1767 jener Mann geboren, der in Tirol absoluten Heldenstatus genießt: Andreas Hofer, Anführer des Tiroler Aufstandes 1809 gegen die bayerische und napoleonische Besatzung Tirols. Zum Kampf musste der Gastwirt, Pferde- und Weinhändler allerdings eher gedrängt werden, und auch wenn er mit seinen Landsleuten Bayern und Franzosen am Bergisel dreimal vernichtend schlug, blieb Andreas Hofer – seinem Kaiser in unerschütterlicher Treue verbunden – nur eine Randfigur im europäischen Machtpoker. Nach verlorenen Kämpfen versteckte er sich auf der Passeirer Pfandleralm, wo er nach Verrat gefangen genommen und 1810 in Mantova standrechtlich erschossen wurde, auf Anordnung Napoleons. Andreas Hofer – Held oder Tor?

Diese Frage kann das Museum Passeier im Sandwirt nicht beantworten, auch wenn unter dem Titel »Helden & Hofer« seine Rolle hinterfragt wird. Neben dem Themenschwerpunkt präsentiert das Museum eine volkskundliche Sammlung; angegliedert ist ein Außenbereich mit mehreren Gebäuden aus dem Passeiertal (16.–19. Jh.), dem Heilig-Grab-Kirchlein (1691) und der in historisierendem Stil erbauten Herz-Jesu-Kapelle aus dem Jahr 1899.

Infos und Adressen

ESSEN UND TRINKEN

Gasthof Lamm. Das Dorfgasthaus liegt – wie sein zweiter Name Mitterhof verrät – mitten in St. Martin. Auf der Speisekarte stehen auch regionale Spezialitäten wie Passeierer Speckknödel. Überraschend reich bestückte Weinkarte, freundlicher Service; Mo Ruhetag. Dorfstraße 36, St. Martin in Passeier, Tel. 04 73/64 12 40

ÜBERNACHTEN

Niedersteinhof. Der Hof wird 1357 erstmals erwähnt, war stets im Besitz der gleichen Familie. Herrlich ruhige Lage, gemütliche Zimmer und ein Frühstück »frisch vom Hof«. Hier kann man sogar im Heu schlafen oder zumindest sein Haupt auf ein heugefülltes Kissen betten. Schlattach 6, 39015 St. Leonhard in Passeier, Tel. 04 73/65 65 00, www.niedersteinhof.com

EINKAUFEN

Psairer Bio-Käserei. Das kleine Unternehmen verarbeitet Bergbauernmilch zu leckeren Weichkäsen, z.B. dem »Blauweißen«. Verkauft wird auch Südtiroler Käse von anderen Herstellern. Handwerkszone Lahne 7/1, St. Martin in Passeier, Tel. 04 73/65 01 39

Andreas Hofers Gürtel mit Federkielstickerei

AKTIVITÄTEN

Museum Passeier. Mitte März–Ende Okt. Di–So 10–18 Uhr, Aug. und Sept. auch Mo., Passeirerstraße 72, 39015 St. Leonhard in Passeier, Tel. 04 73/65 90 86, www.museum.passeier.it

Tarzaning. Etwas für ganz Unerschrockene: ein Schluchtparcours entlang der tosenden Passer mit Klettersteigpassagen, Flying Fox und Abseilstellen. Professionelle Führungen, Tel. 348/292 41 24, www.bergfuehrer-mairginter.it

INFORMATION

Tourismusverband Passeiertal. Passeirerstraße 40, 39015 St. Leonhard in Passeier; Tel. 04 73/65 61 88, www.passeiertal.it

Das Museum Passeier präsentiert auch historische Bauten der Region.

13 Meran und sein Umland

Die »südlichste« Stadt Südtirols

Wer die traditionsreiche Kurstadt heute besucht, staunt nicht schlecht. Meran hat sich in den letzten Jahrzehnten gewandelt, es ist urbaner geworden, neben Altem entdeckt man sehr viel Neues, das Publikum wirkt bunter, jünger. Geblieben ist die Kulisse, unverändert schön. Der Kontrast zwischen einer mediterranen Parkflora und den hohen Bergen rundum ist überaus reizvoll.

In Meran (fast) allgegenwärtig: Kaiserin Sissi

Der »Sprizz« schmeckt köstlich, herb und verführerisch zugleich: das ideale Sommergetränk. Du sitzt an der Passerpromenade mit ihrer Palmendekoration, das Glas in der Hand, ganz entspannt, im Rücken die hohen Berge, vor dir viel buntes Volk, das parlierend vorbeizieht.

Meran 2012: Dazu gehört die moderne Therme, entworfen von Matteo Thun, mit ihren 25 Pools, direkt an der Passer gelegen. Was für ein Kontrast zum Jugendstilpalast des Kurhauses! Jenseits des Flusses, am Fuß des Küchelberges, liegt das alte Meran mit seinen Lauben. Reiseführer vermerken gerne, dass sie ein Stück länger sind als jene in Bozen. Das Gedränge ist vergleichbar, und in den Schaufenstern dominiert Mode. Das Thema interessiert, natürlich, und es lässt sich sogar noch vertiefen: im »Frauenmuseum Evelyn Ortner«.

Alte Mauern

Eher als Männerbastionen wird man die »Festungen« an beiden Enden der Laubengasse bezeichnen: die Pfarrkirche St. Nikolaus, ein sehenswerter

Das Feinkostgeschäft Seibstock

Bau der Gotik mit seinem unverkennbaren achteckigen Turmabschluss auf der einen, die Landesfürstliche Burg (15. Jh.) auf der anderen Seite. Die Sammlungen des Städtischen Museums, z. Zt. im Roten Adler untergebracht, warten auf ihr neues Zuhause im Palais Steinach gleich neben der Pfarrkirche (Eröffnung voraussichtlich Winter 2013/14).

Vom Pfarrplatz lohnt sich für Kunstliebhaber der kurze Abstecher über die Passer zur spätgotischen Spitalkirche zum Heiligen Geist. Das westseitige Portal weist reichen plastischen Schmuck auf (um 1440).

Auf den Spuren der Kaiserin

Meran, bis 1420 Hauptstadt Tirols, hat im Lauf seiner Geschichte viel Auf und Ab erlebt. Seinen Aufstieg – nach einer langen Zeit der Bedeutungslosigkeit – im 19. Jahrhundert zur berühmten Kurstadt, verdankt es auch der Kaiserin Elisabeth, die 1870 mit ihren Töchtern und einer ansehnlichen Entourage erstmals den Winter in Schloss Trauttmansdorff verbrachte. Das sprach sich natürlich bei den Promis im k.u.k. Wien herum, und bald galt Meran als erste Adresse unter

AUTORENTIPP!

GUFYLAND – REHAZENTRUM FÜR VÖGEL

Das wird auch Kinder interessieren: Nach der »Eroberung« von Schloss Tirol gibt's an dem Burghügel noch etwas Spannendes zu erleben, nämlich Flugvorführungen der ganz besonderen Art. Hier demonstrieren Greifvögel – die Jäger der Lüfte – ihre Flugkünste. Das Pflegezentrum für Vogelfauna nimmt verletzte Tiere auf und pflegt sie, um sie später nach Möglichkeit wieder in ihren natürlichen Lebensraum entlassen zu können. Auf einem schön angelegten Weg, der an zahlreichen Volieren vorbeiführt, erfährt man buchstäblich im Vorbeigehen so manches über diese Tiere, ihre Funktion im Naturkreislauf und ihre Lebensweise. Wer von uns hat schon mal einen Karakara (lebt eigentlich in Mittel- und Südamerika) von der Nähe gesehen oder einem Gänsegeier beim Flug zugeschaut? Sogar einen Weißkopfseeadler gibt's hier, und mit einem Uhu namens Olli können sich Kinder (und Erwachsene) zusammen fotografieren lassen. Der Zugang zum Pflegezentrum ist ausgeschildert.

DER LÄNGSTE MERANER WAAL

Kein Zufall, dass Waale zu den beliebtesten Wanderzielen der Meraner Gegend gehören: kaum Steigungen und viel Aussicht, ein plätscherndes Wasser, das mitläuft, dazu ab und zu eine Einkehrversuchung. Der längste Wasserpfad Südtirols folgt dem Marlinger Waal, der an der Töll gefasst wird und 13 km weit am Ostfuß des Marlinger Bergs entlang läuft, dabei das Siedlungsgebiet von Marling tangiert und schließlich südlich von Tscherms endet. Er wurde im 18. Jahrhundert angelegt und kostete 100 000 Gulden – für die damaligen Verhältnisse eine horrende Summe.

Wer die Waalwanderung besonders stimmungsvoll abschließen will, besucht hinterher den einzigartigen Labyrinthgarten des Grafen Pfeil bei Tscherms. In dem vielfach gegliederten Grünland kann man sich tatsächlich leicht verlaufen, nicht nur im Irrgarten. Zu der originellen Anlage gehören u. a. ein Amphitheater, ein Bodenlabyrinth, mehrere Terrassen und ein Teich. Angeschlossen ist das Restaurant Miil – eine gute Adresse für Feinschmecker.

Das Restaurant Miil

den Reichen und Schönen jener Zeit. Die Basis für den Aufschwung hatten allerdings zwei Männer mit Weitsicht gelegt: Josef Valentin Haller und der Arzt Franz Tappeiner. Der spätere Bürgermeister Haller machte sich um den Bau eines neuen Kurhauses verdient, Tappeiner ließ die später nach ihm benannte Promenade am Hang des Küchelberges anlegen.

Die schönsten Gärten Merans

Die österreichische Kaiserin war bekanntermaßen gerne zu Fuß unterwegs; ihren Spuren folgt der »Sissi-Weg«. Er führt von der Kurpromenade durch das Adelsparadies von Obermais hinauf zur größten Sehenswürdigkeit Merans: zu den Gärten von Schloss Trauttmansdorff (1 Std.). Auf einer Fläche von rund 12 ha erleben die Besucher ein faszinierendes Fest der Sinne, das sich übers Jahr ständig wandelt: lebendige Natur, herrlich duftend. Den spektakulärsten Blick über das gesamte Areal, auf Meran und seine Bergkulisse genießt man von dem Skywalk. Im neugotischen Schloss Trauttmansdorff, das auf den Fundamenten einer Burg aus dem 13. Jahrhundert steht, befindet sich das Touriseum, das auf originelle Weise die Geschichte des Südtiroler Fremdenverkehrs thematisiert.

Wo der Haflinger wohnt

Der Pferdehimmel, wenn's ihn denn gibt, muss ganz in der Nähe von Meran sein. Vermutlich 1000 m über der Kurstadt, auf dem sanftwelligen Bergrücken des Tschögglberges. Das Kirchlein St. Katharina – vom Etschtal aus gut sichtbar – markiert gewissermaßen den Eingang zu diesem kleinen Paradies, das mehr als nur einem Südtirol-Klischee entspricht: weites Grün, immer mal wieder eine Almhütte, Apfelstrudel inklusive, am Horizont hohe weiße Gipfel.

Und dann die Pferde, blondmähnig, temperamentvoll: Haflinger. Da schlagen Mädchenherzen naturgemäß höher. Der Haflinger gilt als sehr ausdauernd, sanftmütig und intelligent: »Das Haflingerrößl macht alles, kann alles, versteht alles; nur Zeitunglesen kann es nicht.« (Sarntaler Spruch). Als Urvater gilt der 1874 in Schlunderns geborene Hengst 249 Folie, Sohn eines Araberhengstes und einer Tiroler Gebirgsstute. Die Zucht verlagerte sich später auf den Tschögglberg, den Ritten und ins Sarntal, und da verwundert es nicht, dass ein Pferd das Wappen der Gemeinde Hafling ziert.

Schenna – Nachbarort von Meran

Schenna, Nachbarort von Meran und noch vor einem halben Jahrhundert ein Bauerndorf, gehört heute zu den Top Ten des Südtiroler Tourismus. Im Jahr 1951 wurden gerade 242 Übernachtungen gezählt – mittlerweile sind es fast eine Million pro anno. Über 5000 Betten warten auf Gäste, da werden die Einheimischen im Sommer leicht zu einer Minderheit im Dorf. Die rasante Entwicklung blieb natürlich nicht ohne Folgen, bescherte dem Ort (zu) viel Verkehr, führte zu einer immer weiter ausufernden Zersiedelung. Im Sommer streiten sich Wellnessoasen und Landwirte um ein knapper werdendes Gut: Wasser. Das wird hier – wie überall im Meraner Talkessel – auch über kilometerlange Waale auf die Felder geleitet. Ein besonders schöner Wasserweg führt von der Masulschlucht südwärts bis ins Naiftal – ein zweistündiger Spaziergang mit viel Aussicht auf den Meraner Talkessel und die Texelgruppe. Dabei kommt man oberhalb von Schenna an der Kirche St. Georg vorbei, einem romanischen Rundbau mit reichem Freskenschmuck (um 1400), im Kern wohl auf das 12. Jahrhundert zurückgehend.

Oben: Haflinger Wahrzeichen: das Kirchlein St. Katharina und das blondmähnige Pferd
Mitte: Der Granatapfel gedeiht in den Gärten von Schloss Trauttmansdorff.
Unten: Schloss Trauttmansdorff vor den Meraner Bergen

Den historischen Dorfkern dominieren drei markante Gebäude: Schloss Schenna, turmlos, aber kompakt-wehrhaft, mit einer umfangreichen Waffensammlung und Erinnerungen an Andreas Hofer (Führungen von Mitte März bis Mitte Oktober), die gotische alte Pfarrkirche und das neugotische Mausoleum (1869), die Grabstätte des in Tirol sehr populären Erzherzogs Johann von Österreich und seiner Gattin, der Ausseer Postmeistertochter Anna Plochl, Gräfin von Meran.

Schloss Tirol

Es mag Zufall sein, dass beide Highlights von Dorf Tirol »Burgen« sind: das Castel mitten im Ort und Schloss Tirol auf einem schmalen Moränenrücken etwas außerhalb. Während Gerhard Wieser in der Trenkerstube des Hotels Castel für kulinarische Spitzenleistungen sorgt, wird in der Stammburg des Landes die Tiroler Geschichte lebendig. Ein gemütlicher Spaziergang führt vom Dorf hinüber zu der stattlichen Burg, die ihre Glanzzeit als Sitz der Landesfürsten im 14. Jahrhundert hatte. Nach der Verlegung des Regierungssitzes unter Erzherzog Sigmund »dem Münzreichen« nach Innsbruck verlor Schloss Tirol an Bedeutung und verfiel auch zunehmend; während der Zeit der bayerischen Herrschaft (1807) wurde die Burg sogar öffentlich versteigert.

Heute ist das aufwendig restaurierte Schloss Tirol im Besitz des Landes und beherbergt das Südtiroler Museum für Kultur- und Landesgeschichte. Der Gang durch das Schloss wird zur Reise durch die Jahrhunderte, garniert mit reizvollen Ausblicken auf das Etschtal. Die Burgkapelle – doppelstöckig mit umlaufender Holzgalerie – ist fast vollständig ausgemalt (14. Jh.). Überregionale Bedeutung besitzt der plastische Schmuck an Kapellen- und Palasportal, dessen Motive der Forschung

Oben: Geschichtsträchtig, heute Museum: Schloss Tirol
Mitte: Kulturhistorische bedeutsam: der plastische Schmuck an der Burg
Unten: Bei der Apfelernte

bis heute Rätsel aufgeben. Möglicherweise stammt er von jener romanischen Kirche, deren Fundamente in den 1990er-Jahren unterhalb vom Schloss (Zugang) entdeckt und teilweise freigelegt wurden.

Lana

Von 100 Äpfeln, die innerhalb der EU geerntet werden, stammt einer aus Lana, 60–70 000 t sind es alljährlich. Damit ist Lana ganz klar das Südtiroler Apfeldorf, und so erstaunt es auch nicht, dass das Obstbaumuseum hier im historischen Ansitz Larchgut seinen Platz gefunden hat. Es präsentiert eine interessante Schau zur historischen Entwicklung des Obstbaus im Land (samt der wichtigen Etschregulierung), über alte und moderne Methoden des Anbaus. Ein wenig wehmütig macht möglicherweise der Blick auf die vielen alten Apfelsorten (im Museum) und das Einerlei draußen in den Obstplantagen. Daran, dass Lana einst sogar eine Bahnverbindung mit Meran hatte – den »Apfelexpress« – erinnert eine Lok, die am Tribusplatz in Mitterlana steht.

Die meisten Besucher des Apfeldorfes haben allerdings eine andere Sehenswürdigkeit im Visier: die alte Pfarrkirche in Niederlana. Sie bewahrt den größten Flügelaltar des Landes, 14 m hoch, aus Kastanienholz geschnitzt und vergoldet. Das ungewöhnliche Kunstwerk entstand zu Beginn des 16. Jahrhunderts in der Werkstatt von Hans Schnatterpeck und kostete immerhin 1600 rheinische Gulden, was dem Gegenwert von drei Bauernhöfen und acht Fuhren Wein entsprach. Schnatterpeck, aus dem Schwäbischen stammend, war halt nicht nur ein hervorragender Künstler, sondern auch Geschäftsmann. Kirche und Altar können nur im Rahmen von Führungen besichtigt werden.

AUTORENT

BERGPARADIES SPRONSER SEEN

Wer auf starke Kontraste aus ist und dazu wirklich gut zu Fuß, sollte sich die Wanderung zu den Spronser Seen nicht entgehen lassen. Fast ein Dutzend Bergseen und Lacken versteckt sich in den Karwinkeln des innersten Spronser Tals, überragt und bewacht vom Tschigat, dessen Gipfelkreuz gerade die 3000-Meter-Höhenkote kratzt. Doch bis sich dieses Bild vor dem Wanderer auftut, hat er erst einmal einen etwa vierstündigen Aufstieg zu bewältigen, von der Seilbahnstation Hochmuth (1361 m) hoch über Dorf Tirol. Dann erst, nach ein paar leichten Kraxelpassagen, steht man am Hochgang (2441 m), dem Entree zu dieser Zauberwelt – ein fast mystischer Platz. Direkt vor dem Wanderer liegt der Langsee, das größte Gewässer hier, in die entgegengesetzte Richtung geht der Blick weit hinaus durchs Tal der Etsch. Der Abstieg führt dann durch die einzigartige Herzkammer der Texelgruppe, eine stille Welt aus Wasser und Felsen, hinaus und hinunter zur Bockerhütte. Mit Rückweg nach Dorf Tirol etwa 8 Std., markierte Wege. Wer das Pensum aufteilen möchte, nächtigt im Hochganghaus (1839 m).

Infos und Adressen

SEHENSWÜRDIGKEITEN

Pferderennplatz. Rund 40 ha groß ist das »Ascot Merans« in Untermais mit seiner 5 km langen Rennbahn. Jeweils am Ostermontag findet das berühmte Haflingerrennen statt, ein Highlight der Saison. Eröffnet wurde die Anlage 1935 und das sieht man ihr auch an, in doppeltem Sinn: faschistische Architektur, dazu stark renovierungsbedürftig.

ESSEN UND TRINKEN

Forsterbräu. Im schattigen Biergarten fühlt sich ein Münchner fast wie zuhause, und das frischgezapfte Forst (das gleich nebenan gebraut wird) schmeckt prima zu den Weißwürsten oder zur Hax'n. Freiheitsstraße 90, Meran, Tel. 04 73/23 65 35

Leiter am Waal. Der Familienbetrieb liegt direkt am Algunder Waal, bietet einen sagenhaften Blick auf Meran und seine Berge. Feine Südtiroler Küche. Ein Tipp für den Frühling: Spargel mit Bozner Sauce. Montagabend und Di geschl., Mitterplars 26, Algund, Tel. 04 73/44 87 16, www.leiteramwaal.it

Pfefferlechner. Schon etwas ungewöhnlich: ein Buschenschank mit eigener Bierbrauerei, und das in einer absoluten Weingegend! Zum Gerstensaft passt bestens ein warmer Bauchspeck mit Hopfenbrot oder Rettich mit Schnittlauchbrot – oder eine Schlachtplatte. Mi Ruhetag, St. Martinsweg 4, Lana, Tel. 04 73/56 25 21, www.pfefferlechner.it

Schnalshuberhof. Uraltes Anwesen, malerisch zwischen Weinreben und Obstbäumen gelegen. Deftige Südtiroler Küche, feiner Speck und hauseigene Weine. Anfang Feb.–Mitte Juli, Anfang Aug.–Weihnachten Do–So ab 17 Uhr, Oberplars 2, Algrund, Tel. 04 73/44 73 24 (bitte reservieren!), www.roter-hahn.it

Sissi. Das kleine Lokal mitten in der Stadt gilt als die Gourmet-Adresse Merans schlechthin. Was Andrea Fenoglio auf den Tisch zaubert, ist absolute Spitze. Dass die Weinauswahl adäquates Niveau aufweist, versteht sich dabei von selbst. Unbedingt rechtzeitig reservieren. Via G. Galilei 44, Meran, Mo Ruhetag, Tel. 04 73/23 10 62, www.andreafenoglio.com

ÜBERNACHTEN

Aurora. Wer spektakuläres Design im Zimmer liebt, ist in dem »Lifestyle-und-Boutique-Hotel« genau richtig. Absolut zentrale Lage gegenüber der Therme Meran. Passerpromenade 38, 39012 Meran, Tel. 04 73/21 18 00, www.aurora-meran.com

Fragsburg. Fraglos ein absolutes Juwel unter den Meraner Hotels. Einmalig die Panoramalage, ebenso das Ambiente des ehemaligen Jagdschlosses, hervorragend die Küche. Die Kreationen von Alois Haller werden bei Schönwetter auf der Terrasse serviert – mit Talblick. Castel Fragsburg, Fragsburger Straße 3, 39012 Meran, Tel. 04 73/24 40 71, www.fragsburg.com

Hotel Villa Tivoli. Die Lage – nahe dem Zentrum und trotzdem ruhig – ist perfekt, die Felsenlagune sensationell, der blühende Garten ein Fest für die Sinne. Auge wie auch Gaumen fühlen sich aufs Schönste angeregt, vor allem durch die Kochkunst im Restaurant Artemis. Mit Sommerterrasse. Verdistraße 72, 39020 Meran, Tel. 04 73/44 62 82, www.villativoli.it

Jugendherberge. Beliebt bei Jungen und Junggebliebenen, deshalb auch oft ausgebucht. Carduccistraße 77, 39012 Meran, Tel. 04 73/20 14 75, www.meran.jugendherberge.it

Maratscher. Ein Gesamtkunstwerk ist das Maratscher Kulturhotel, von Doris Moser mit sicherem Gefühl fürs kleinste Detail gestaltet. Mittelplars 30, 39022 Algund; Tel. 04 73/44 84 69, www.maratscher.com

Taser. Weit oberhalb der Stadt liegt das Familienhotel Taser (1450 m), ein Paradies für Kinder, die sich hier austoben können: an der Kletterwand, im Indianerdorf, auf dem Hochseilgarten. Und einen Bergzoo gibt's auch noch. Originell schon die Anreise: mit der Seilbahn von Schenna hinauf zur Familienalm. Schennaberg 25, 39017 Schenna; Tel. 04 73/94 56 15, www.familienalm.com

EINKAUFEN

Kellerei Meran Burggräfler. Sie hat (seit 2010) eine breite Palette von Weinen im Angebot, darunter auch echte Spitzengewächse. Gampenstraße 64, Marling, Tel. 04 73/44 71 37, www.kellereimeran.it

Märkte. Jeweils dienstags und freitags ist die 4.November-Straße für den Markt gesperrt. Am Samstag ist Bauernmarkt in der Galileistraße.

Privatbrennerei Unterthurner. Rund 40 verschiedene Destillate gibt's beim Unterthurner – vom traditionellen Treber (Grappa) bis zum Himbeergeist. A.-Pattis-Straße 14, Marling, Tel. 04 73/49 05 21, www.unterthurner.it

Seibstock. Beim Blick in die Auslage von Merans führendem Feinkostgeschäft läuft einem garantiert das Wasser im Mund zusammen: Käse, Speck und Würste, eingelegte Früchte, Fruchtaufstriche aus dem Martelltal, erlesene Weine. Laubengasse 227, Tel. 04 73/23 71 07, www.seibstock.com

Siebenförcher. Wer Hunger hat und Würste liebt, ist hier genau richtig: Das Angebot an Wurstwaren, Speck und Schinken ist schlicht überwältigend. Laubengasse 164, Tel. 04 73/23 62 74, www.siebenfoercher.it

AKTIVITÄTEN

Frauenmuseum Evelyn Ortner. Laubengasse 68, Mo-Fr 10–17 Uhr, Sa 10–12.30 Uhr

Gärten Schloss Trauttmansdorff. April–Okt. tgl. 9–19 Uhr, Juni/Juli/Aug. Fr bis 23 Uhr, 1.–15. Nov. 9–17 Uhr

Golfplatz Lana. Es riecht buchstäblich nach Äpfeln auf dem 9-Loch-Parcours und das nicht zufällig: Der Golfplatz liegt mitten in den ausgedehnten Apfelhainen von Lana – und das verleiht ihm das gewisse Etwas. Tel. 04 73/56 46 96, www.golfclublana.it

Gufyland – Pflegezentrum für Vogelfauna. Schloss Tirol, Ende März–Mitte Nov. Di–So 10.30–17 Uhr; Flugvorführungen 11.15 und 15.15 Uhr, Tel. 04 73/22 15 00

Kunst Meran. Moderne Kunst in den historischen Lauben Merans: Da treffen Welten aufeinander! Interessante Ausstellungen. Laubengasse 163, Tel. 04 73/21 26 43, www.meranoarte.org

Landesfürstliche Burg. Besichtigung Di–Sa 10–17 Uhr, So 10–13 Uhr, Galileistraße, Tel. 329/018 63 90

Obstbaumuseum Lana. Ende März–Ende Okt. Mo–Sa 10–17 Uhr

Reiterhof Paur. Paradies für kleine Mädchen mit Familie; letztere freut sich über günstige Ferienwohnungen nur 10 km von Meran. 39010 Hafling, Tel. 348/765 37 39, www.reiterhof.paur.com

Schloss Tirol. Mitte März–Anfang Dez. Di–So 10–17 Uhr, im Aug. bis 18 Uhr, im Sommer mit interessanten Soireen (alte Musik)

Schnatterpeck-Altar. Führungen Mitte März–Ende August Mo–Sa 11, 15 und 16 Uhr, Sept./Okt. 10.30, 11.30, 15, 16 und 17 Uhr

Städtisches Museum Meran. Rennweg 42/a, Di–Sa 10–17 Uhr, Sonntag 10–13 Uhr.

Südtiroler Skulpturen-Wanderweg. Er lädt gleichermaßen zum Spazieren wie zum Nachdenken ein. 33 Stationen bzw. Skulpturen zieren mittlerweile den Weg von der Autobahnausfahrt Lana bis in die Gaulschlucht, www.lana-art.it

INFORMATION

Kurverwaltung Meran. Freiheitsstraße 45, 39012 Meran; Tel. 04 73/27 20 00, www.meran.eu

14 Keineswegs das Letzte: Ultental

Von den Weinpergeln bis zum Ortlereis

In mehr als 3000 Metern Höhe liegt das Ultental. Die Falschauer, der Talbach, entspringt unter der Zufrittspitze, und von seiner Mündung ist es nur noch ein Katzensprung bis nach Meran. Trotz der Nähe zur Kurstadt blieb Ultental lange Zeit ein vergessener Winkel Südtirols – l'ultimo, das Letzte, war es aber trotz der (willkürlichen) italienischen Namensgebung nie.

Immerhin besuchten bereits im 19. Jahrhundert Berühmtheiten wie Bismarck, Kaiserin Elisabeth und der Maler Franz von Defregger das Tal, um sich im Mitterbad zu erholen. Bei einem Aufenthalt in dem bereits 1418 als »Mitern Pad« erwähnten Heilbad soll Thomas Mann seine »Buddenbrooks« vollendet haben. Der spätere Reichskanzler Otto von Bismarck war von der Tochter des Badwirts besonders angetan, was den Ultner Burschen natürlich gar nicht passte. Als »Stadtfrack aus der Fremd'« wurde er bezeichnet, von dem man nicht wisse ob er nun »Franzoser oder Christ« sei.

Mehr als der – längst vergangene – Kurbetrieb hat die Enel, zuständig für die Energieversorgung Italiens, das Bild des Tals geprägt: fünf Stauseen, dazu Kraftwerke und eine ordentliche Straße. Die führte Anfang des 20. Jahrhunderts bloß bis St. Walburg; heute endet das Asphaltband ein paar Kilometer oberhalb von St. Gertraud – natürlich! – an einem Speicherbecken, dem Weißbrunner See (1872 m). Weiter geht's nur

Mitte: Am Weißbrunner See
Unten: Fesch herausgeputzt. Zenzi beim Almabtrieb bei St. Gertraud

zu Fuß; nach einem gut zweistündigen Aufstieg steht man erneut vor einer Staumauer, jener des Grünsees (2529 m) und vor einer hochalpinen Szenerie. Ein halbes Dutzend Gipfelriesen ragt in dem weiten Halbrund auf, angeführt von der Zufrittspitze (3439 m): dunkler Fels und gleißender Firn.

Baumriesen und ein begnadeter Koch

Ganz andere »Riesen« sind drunten bei St. Gertraud zu bestaunen: Bäume. Außerhalb des Dorfes steht eine Gruppe wahrhaft mächtiger Lärchen, die mehr als 800 Jahre alt sein dürften. Der größte dieser Giganten hat einen Umfang von etwa 8 m!

Ein Großer war auch jener Mann, der bis zu seinem Unfalltod 1994 das Gasthaus Enzian am Weißbrunner See führte: Giancarlo Godio. Geboren im Piemont, prägte er in den 1970er- und 1980er-Jahren die Entwicklung der neuen Südtiroler Küche ganz entscheidend, was ihm auch – damals eine Sensation – einen Michelin-Stern eintrug. Heute ist das Haus am Stausee, einst Geheimtipp und dann Mekka der Feinschmecker, eine Halbruine. Immerhin: Die Erinnerung an den Ausnahmekoch lebt im Primo Godio weiter, einem renommierten Gastronomiepreis.

Einst und jetzt

Ulten hat den Anschluss an die Moderne erst spät geschafft. Das ist ein Nachteil finden die einen, während die anderen gerade das als großen Pluspunkt für das Tal hervorheben. So blieb das Tal von so mancher Architektursünde verschont, und in den beiden Stuben des Eggwirts scheint die Zeit buchstäblich stehen geblieben zu sein. Ge-

Oben: Ein typischer Ultener Bergbauernhof oberhalb von St. Walburg
Mitte: Ein Naturdenkmal: die Ultner Lärchen
Unten: Als ob die Zeit stehen geblieben wäre: am Ultner Höfeweg

AUTORENTIPP!

PFROLLNHOF

Wenn das Ultental – im Vergleich mit anderen Südtiroler Regionen – eine Oase der Ruhe ist, dann gilt das für den Pfrollnhof (1412 m) noch viel mehr. Kaum zu glauben, dass solche »kleine Fluchten« hier überhaupt noch möglich sind. Zwar hat auch dieser Hof seine Zufahrt (13 km ab St. Pankraz), doch ungleich schöner ist der Fußweg von der Gampenstraße (Bushalt Perlklaring, 1 km vor der Scheitelhöhe) mit nur wenig Auf und Ab über das Platzer Jöchl (1551 m), etwa 1.30 Std. Nach dem ausgedehnten Waldspaziergang schmecken das hausgemachte Brot, die Kaminwurzen oder das geräucherte Rindfleisch noch viel besser. Auf der Speisekarte finden sich weitere Köstlichkeiten wie deftige Speckknödel und natürlich der Kaiserschmarrn, dazu feine Säfte aus Holunder, Johannisbeeren und Äpfeln. Und dazu gibt es einen fabelhaften Blick übers Ultental, von St. Pankraz bis hinauf zum Hasenöhrl (3257 m).

Pfrollnhof. Mai–Nov., Do Ruhetag, im Winter nur Sa. Nörderberg 6, St. Pankraz, Tel. 04 73/78 73 15.

Ulten ist das Tal der Bergbauernhöfe.

mütlich ist's halt, und was auf den Tisch kommt, ist bodenständig gut. Ganz nach Ultner Art.

Ob man das vom Arosea Life Balance Hotel auch sagen kann, wage ich zu bezweifeln. 5000 m^2 Beauty und Wellness sind vielleicht doch ein wenig zu viel Lifestyle für ein Tal, das stolz ist auf seine bäuerlichen Wurzeln. So richtig mit ihrer Scholle verbunden sind dagegen die Grubers im Falschauerhof. Was hier auf den Tisch kommt, stammt zum größten Teil vom eigenen Hof.

Talmuseum

Viel Interessantes über das Leben in der »guten alten Zeit«, als die Welt noch in Ordnung war und die Kirche im Dorf, vermittelt ein Besuch im Ultner Talmuseum. Es ist im alten Schulhaus von St. Nikolaus untergebracht. Das Gebäude von 1827 musste allerdings erst einmal »umziehen«, bevor es am neuen Platz als Museum eröffnet werden konnte. Zu besichtigen sind mehrere original eingerichtete Räume und volkskundliches Material. Allerhand Interessantes gibt's auch im Nationalparkhaus Lahnersäge zu entdecken. Das steht exakt an der Ostgrenze des Nationalparks Stilfser Joch (St. Gertraud).

Ultner Höfeweg

Eine kleine Zeitreise vermittelt auch der »Höfeweg«, der von Kuppelwies taleinwärts bis St. Gertraud (Gehzeit 3 Std.) führt. Die schönen Höfe an der Sonnseite des Tals haben teilweise bereits mehrere Jahrhunderte auf dem Buckel. Die moderne Zeit hat eine Straße zum Hof gebaut, damit das Leben einwenig leichter wird, und die Antenne am Dach bringt die große weite Welt in den kleinen Ultner Kosmos. Aber sonst ist noch vieles so, wie es einmal war.

Infos und Adressen

SEHENSWÜRDIGKEITEN

St. Pankraz. Das erste Dorf im Tal – wenn man von Meran kommt – bezaubert durch seinen engverwinkelten Ortskern. Sehenswerte Pfarrkirche (14./15. Jh.), daneben das Pfleghaus.

ESSEN UND TRINKEN

Gasthaus St. Moritz. Garantiert weniger mondän als im Schweizer Nobelort ist es im Gasthaus am Sonnenhang oberhalb von St. Nikolaus – schmecken tut's aber allemal. Mi Ruhetag, St. Nikolaus 607, 39016 St. Nikolaus, Tel. 04 73/79 01 80, www.wikiferia.com

ÜBERNACHTEN

Eggwirt. Seit einer halben Ewigkeit ist das Gasthaus aus dem 13. Jahrhundert eine Oase der Gemütlichkeit. Eines, das sich nicht mit den modernen Wellness-Palästen auf der grünen Wiese messen will. Solide Küche, holzgetäfelte Stuben. Eggwirt, 39016 St. Walburg, Tel. 04 73/79 53 19, www.eggwirt.it

EINKAUFEN

Wegleithof. Wer sich für die Welt der Kräuter und Gewürze interessiert oder alles über die Ultner Schafe wissen will, kann auf dem Erbhof von Waltraud Schwienbacher noch was dazu lernen. Hofladen Di, Do und Sa von 16–18 Uhr, St. Walburg, Tel. 04 73/79 53 86, www.schwemmalm.info

Beliebtes Skigebiet: die Schwemmalm

Ein großes Ultner Gipfelziel: das Hasenöhrl (3257 m)

AKTIVITÄTEN

Nationalparkhaus Lahnersäge. In St. Gertraud kann man bei der Holzverarbeitung zuschauen, die Funktionsweise einer Venezianersäge erleben. In der alten Wassermühle daneben wird Getreide gemahlen. Di bis Fr 9–12, 13.30–17.30 Uhr, Sa/So 14.30–18 Uhr

Skigebiet Schwemmalm. Familienfreundliches Skigebiet auf der Sonnseite des Ultentals, auch bei Südtirolern beliebt.

Ultner Talmuseum. Mai–Okt. Di und Fr 11–12, 15–17 Uhr, So 10–12, 15–17 Uhr

INFORMATION

Tourismusverein Ultental. Hauptstraße 104, 39016 St. Walburg,Tel. 04 73/79 53 87, www.ultental-deutschnonsberg.info

15 Terlan und Nals

Spargel und Wein

Spargel und Wein. Das passt doch prima zusammen; jeder, der den leiblichen Genüssen auch nur ein wenig zugetan ist, wird's bestätigen. So finden die beiden Etschtaler Dörfer über das Kulinarische leicht zueinander, trotz der übermächtigen Nachbarschaft von Bozen und Meran, die zusammen 25 Mal mehr Einwohner haben und zudem durch einen Betonstrang, die Schnellstraße ME-BO, miteinander verbunden sind.

Mitte: Terlaner Wahrzeichen: die Pfarrkirche und Burg Neuhaus (auch Burg Maultasch)
Unten: Weinlese im Herbst

In Terlan beginnt der Frühling pünktlich mit dem Beginn der Spargelernte Anfang April. Dann wird in den Gasthäusern der Gegend aufgekocht: Spargel in verschiedenen Variationen. In der Gunst der Feinschmecker liegt die Bozner Sauce ganz vorne, doch kreative Gastronomen haben natürlich ihre eigenen Spargelvariationen. Die Terlaner Bauern kultivieren den Asparagus auf den sandigen Schwemmböden an der Etsch; ein Gütesiegel (»Margarete«) garantiert Herkunft und Qualität. Der Anbau hat Tradition, er reicht bis in die k. u. k. Zeit zurück, geriet allerdings zwischenzeitlich in Vergessenheit. Erst seit 20 Jahren erlebt das Stangengemüse (eine aus Deutschland importierte Sorte) ihre Renaissance – sehr zur Freude aller Genussspechte.

Margarete Maultasch und Oswald von Wolkenstein

Die Namenspatronin des Terlaner Spargels, die Landesfürstin Margarete, dürfte die Delikatesse kaum gekannt haben. Nachgewiesen ist allerdings, dass sie gerne auf der Burg Neuhaus weilte. Die

Weinland: Terlan und das sonnenverwöhnte Etschtal

um 1220 von den Tiroler Grafen erbaute Feste thront – auch als Ruine noch eindrucksvoll – südlich über Terlan auf einem steil zum Etschtal hin abfallenden Porphyrrücken; sie wurde bereits 1274 im Krieg mit dem Bischof von Trient zerstört, dann aber wieder aufgebaut und sogar erweitert (Fußweg, 30 Min.).

Nur gut 2 km weiter etschabwärts ragt hoch über der Terlaner Fraktion Siebeneich eine weitere Burgruine in den Himmel: Greifenstein. Sie kam 1386 in den Besitz der Starkenberger und wurde zu einem Stützpunkt des aufrührerischen Tiroler Adels gegen den Landesfürsten Friedrich »mit der leeren Tasche«, der sie in der Folge zweimal belagerte und schließlich auch eroberte.

Zu den Verteidigern der Burg gehörte auch Oswald von Wolkenstein, Ritter und Minnesänger (siehe Highlight 40). Die im Volksmund übliche Bezeichnung Sauschloss geht auf eine (allerdings nicht verbürgte) Überlieferung zurück, wonach der Starkenberger, der sich auf geheimen Wegen Verpflegung zu verschaffen wusste, während der Belagerung ein Mastschwein über die Festungsmauern hinabwerfen ließ, um seine Gegner von der Sinnlosigkeit ihrer Bemühungen zu überzeugen.

AUTORENTIPP!

SPARGEL MIT BOZNER SAUCE

Spargel mit Bozner Sauce, das kann man auch zuhause genießen – ist gar nicht so schwierig hinzukriegen. Wie's geht? Man drückt drei frischgekochte Eidotter durch ein feines Sieb, gibt unter ständigem Rühren 2–3 Esslöffel Öl hinzu, dazu Estragon-Essig (2 Esslöffel), Rahm (1 Esslöffel) und etwas Senf. Kräftig rühren! 1 Esslöffel gehackte Kapern, 2 zerkleinerste Sardellenfilets, gehackte Petersilie, je eine Prise Salz und Pfeffer sowie eine Messerspitze Zucker runden den Geschmack ab. Zuletzt das zerhackte Eiweiß darunter rühren.

Am besten zu diesem Spargelgericht passen ein würziger Terlaner Sauvignon oder ein eleganter Weißburgunder. Spargel (April/Mai) und Wein kann man in der Terlaner Kellerei kaufen. Sie zählt übrigens zu den ältesten Kellereigenossenschaften in Südtirol; im Weinarchiv lagert noch eine Flasche aus dem Gründungsjahr 1893! Silberleitenweg 7, 39018 Terlan, Tel. 04 71/25 71 35, www.kellerei-terlan.com

Oben: Heute ein Hotel – die Wehrburg in Prissian
Mitte: Rebberg bei Terlan
Unten: Der Innenhof der Schwanburg

Ein Wahrzeichen

Wahrzeichen von Terlan ist aber keine Burg, sondern seine Pfarrkirche mit einem buntglasierten Ziegeldach und dem freistehenden Turm. Der musste Ende des 19. Jahrhunderts neu erbaut werden, weil sein Vorgänger mehr und mehr in Schieflage geriet. Das Gotteshaus selbst gilt als eines der besten Beispiele hochgotischer Sakralbaukunst in Südtirol; es entstand um 1400, als in Terlan der Bergbau seine Blütezeit hatte, die Bürger entsprechend wohlhabend waren und das auch deutlich machen wollten. Die imposanten Fresken im Innenraum zählen zu den Werken der Bozner Schule, die stark vom Werk Giottos beeinflusst war. Ein kleines, kurioses Detail: Bei der Turmuhr der Pfarrkirche zeigt der große Zeiger die Stunden, der kleine die Minuten an.

Nals

Terlan ist natürlich auch ein Weindorf, genau wie Nals, das jenseits von Etsch, Bahnlinie und Autobahn am Fuß des Mendelkamms liegt. Und dass da viele gleich die Schwanburg ansteuern, ist gewiss kein Zufall: Kunstfreunde delektieren sich an dem im sogenannten Überetscher Stil gehaltenen Renaissancebau; Weinbeißer wissen, dass im Keller hervorragende Weine lagern, darunter der vielfach prämierte Weißburgunder.

Urkundlich wird die Schwanburg als »Haus zum Gaul« bereits 1286 erwähnt, im 14. Jahrhundert kam der Ansitz an die Herren von Boymont-Payrsberg, die ihn in der zweiten Hälfte des 16. Jahrhunderts großzügig ausbauten. Die Wohngebäude umschließen einen malerischen Hof mit Loggien und Freitreppen. Die schöne Sonnenuhr datiert aus dem Jahr 1560, zwei eingemauerte Meilensteine stammen aus Römerzeiten.

Infos und Adressen

ESSEN UND TRINKEN

Nalserbacherkeller. Gute Brotzeiten, feine Bresaola und ein vorzüglicher Rotwein (Eigenbau), freundlicher Service und ein lauschiger Garten. März–Ende Juni und Anfang Aug.–Mitte Dez. Mo, Di, Do, Fr 17–24 Uhr, Sa/So 16–24 Uhr, Tel. 04 71/67 86 61, www.roterhahn.it

ÜBERNACHTEN

Schwarzer Adler. Es gibt ihn noch, den traditionellen, gepflegten Gasthof mit guter Küche und freundlichen Gastgebern, aber ohne modernen Schnickschnack, im beschaulichen Andrian. St.-Urban-Platz 4, 39010 Andrian; Tel. 04 71/ 51 02 88, www.schwarzeradler-andrian.net

Hotel Schloss Wehrburg. In diesen historischen Mauern (13. Jh.) könnte man sich glatt als Burgherr fühlen. Toller Ausblick von den Turmzimmern! Frühstück bei Sonnenschein im Schlosshof, Freibad. Prissian 7, 39010 Tisens, Tel. 04 73/ 92 09 34, www.wehrburg.com

EINKAUFEN

Kellerei Nals Margreid. Breite Palette an Weinen, durchwegs sehr gute Qualität mit ein paar Spitzengewächsen. Heiligenbergerweg 2, 39010 Nals, Tel. 04 71/67 86 26, www.kellerei.it

Passend zum Terlaner Spargel: ein Sauvignon

Schlosskellerei Schwanburg. Schwanburgstraße 16, 39010 Nals, Tel. 04 71/67 86 22

AKTIVITÄTEN

Wandern. Vor allem die Mittelgebirgsterrasse von Tisens ist ein sehr schönes Wanderrevier – auch für Familien – mit vielen markierten Wegen. www.nals.info

INFORMATION

Tourismusverein Nals. Rathausplatz 1/A, 39010 Nals, Tel. 04 71/67 86 19, www.nals.info

Tourismusverein Terlan. Dr.-Weiser-Platz 2, 39018 Terlan, Tel. 04 71/25 71 65, www.terlan.info

Im Keller der Schwanburg lagert so manch feiner Tropfen.

BOZEN – UNTERLAND

Vorangehende Doppelseite: Bozen liegt am Zusammenfluss von Etsch und Eisack.
Mitte: Reinswald, eines der schmucken kleinen Dörfer im Sarntal
Unten: Am Kirchtag in Sarnthein

16 Sarntal

Bauernwelt hinter der Sarner Schlucht

Während Bozen sich gerne in Weltläufigkeit übt, hielten es die Sarner mehr mit der Tradition. Das hat seinen Grund in ihrer über Jahrhunderte hinweg recht isolierten Lage: am Talausgang eine wilde Klamm, am andern Ende ein hoher Pass ohne Straße. Tempi passati. Denn die Moderne rückt an, unaufhaltsam, wenn vielleicht auch ein wenig später als anderswo, und zur alten Tracht passt neuerdings auch das schicke iPhone.

Das Sarntal, hört man oft, sei eine kleine Welt für sich, und die Sarner auch recht eigenwillige Leute. Ganz unbegründet ist diese Meinung nicht, kommen sich an der Talfer Stadt und Land doch sehr nahe – und dann auch wieder nicht. Die Sarner Schlucht trennt hier zwei ganz unterschiedliche Lebensweisen: die städtische und eine bäuerlich geprägte. Hans Kiene schrieb, dass sich im Wesen des Sarners »Rauheit und beißender Mutterwitz, Bosheit und kindliche Naivität, Unnahbarkeit mit stolzer Betonung der eigenen Herkunft verbinden.«

Ja, der Sarntaler ist bekannt für seinen Witz und seine Schlagfertigkeit, dazu stark in der Tradition verwurzelt haben sich Mundart, Brauchtum und die traditionelle Tracht, der man in den Dörfern nicht nur an Feiertagen begegnet, weitgehend erhalten. So ist der uralte, wohl im germanischen Mythos der Wintersonnwende wurzelnde Brauch des »Klöckelns«, der in den drei ersten Donnerstagnächten im Advent mit großem Lärm geübt wird, noch sehr lebendig.

Sehr beliebt: Kartenspielen im Wirtshaus

Der Sarner Toni

Ein landauf, landab bekanntes Original war der Sarner Toni, Gastwirt an der Straße ins Sarntal. Er erhob den Wegzoll, damals zwei Kreuzer pro Person. Bei ihm soll allerlei Prominenz eingekehrt sein. Wie es heißt, war auch Sissi einmal zu Gast beim Sarner Toni. Als sie ihm huldvoll fünf Gulden Trinkgeld zustecken wollte, lehnte er mit den Worten ab: »Kaaft's enk gscheider a Tüechl, den Hals zuzuluckn!« Das Dekolleté der Dame war dem Toni wohl etwas zu offenherzig.

Die Straße nach Bozen verschwindet mehr und mehr im Berg. So bekommt der Reisende von der wildromantischen Kulisse der Sarner Klamm nur mehr wenig mit; auch der hochaufragende Porphyrzahn des Johanniskofels (658 m) zeigt sich nur ganz kurz zwischen zwei Tunnelportalen.

Sarnthein

Rund 10 km lang ist die Mündungsschlucht der Talfer. Dann öffnet sich der Graben zu einem weiten Tal, das zunehmend alpine Züge annimmt, in Bau und Vegetation. Hauptort ist Sarnthein, ein hübscher Flecken von ganz eigenwilligem Charme. Weder Dorf noch Städtchen, flächenmäßig ist die Gemeinde jedenfalls die größte Südtirols. Einige

AUTORENTIPP!

AUENER HOF

Das Wortspiel liegt nahe: Wer auf so hohem Niveau (topografisch: 1622 m) kocht, muss auch kulinarische Höhen erklimmen. Im Fall von mancher Berghütte trifft eher das Gegenteil zu, doch was Heinrich Schneider im Auener Hof auf den Teller zaubert, ist absolute Spitze. Das Menü Terra beispielsweise gibt's wahlweise mit vier bis zwölf Gängen – lauter Köstlichkeiten. Wie wär's mit Stockfisch-Gnocchi im Staudensellerie-Minzsaft samt Heutasche? Oder Rehrücken mit aromatischen Blüten, Buchweizen und Püree von gebackenen Kartoffelschalen? Eine wichtige Rolle in Schneiders Küche spielen übrigens heimische Wildkräuter – und Fantasie! Und damit der Genuss garantiert nicht zu kurz kommt, mietet man gleich eines der acht Zimmer … und genießt dazu im Turm-Whirlpool ganz entspannt den sensationellen Dolomitenblick. Zum Verlieben!

Auener Hof. Mo–Sa 19–21 Uhr, So 12–14 Uhr, Mi Ruhetag, Auen 21, 39058 Sarnthein, Tel. 04 71/62 30 55, info@auenerhof.it, www.auenerhof.it

Oben: Ziegen an den Steilflanken des Großalmtals
Mitte: Bauernhöfe im hinteren Sarntal
Unten: Südtiroler Idylle am Durnholzer See

Häuser im historischen Ortskern, den die Hauptstraße umgeht, muten durchaus städtisch an; am ostseitigen Hang thront das stattliche, von seinem mächtigen Turm beherrschte Schloss Reinegg des 15. Jahrhunderts.

Die wuchtige Pfarrkirche (1850) erntet bei Kunstfreunden wenig Anerkennung – Sayn-Wittgenstein bezeichnete sie sogar als »einen leider ziemlich häßlichen modernen Bau« –, ganz im Gegensatz zu St. Cyprian, das hervorragende Fresken der Bozner Schule (um 1400) bewahrt.

Durnholzer See

Ein paar Kilometer hinter Sarnthein, beim Weiler Astfeld, lohnt sich ein Abstecher zum Durnholzer See (1545 m). Das seichte Gewässer (maximale Tiefe 13 m) liegt in einer weiten, teilweise bewaldeten Talmulde. Entstanden ist es vermutlich durch einen prähistorischen Bergsturz.

Der See ist Ausgangspunkt schöner Alm- und Gipfelwanderungen. Wer hoch hinaus will, steuert mit Vorteil zunächst den Weiler Reinswald an (Zufahrt) und lässt sich mit der Gondelbahn bis zur Pichlberghütte (2130 m) hinauf tragen. Da sind die Gipfel rund um die Kassianspitze (2581 m) dann nur noch etwa zwei Gehstunden entfernt.

Penser Joch

Einen noch höher gelegenen Startpunkt für Wanderungen bietet das Penser Joch (2215 m). Erbaut wurde die Passstraße ins Eisacktal bzw. nach Sterzing aus strategischen Gründen in den 1930er-Jahren. Heute dient sie vor allem dem Tourismus, auch jenem, der sich auf zwei Rädern bewegt: Drahtige Rennradler kämpfen mit der Steigung, während es die »PS-Sportler« krachen lassen.

Infos und Adressen

ESSEN UND TRINKEN

Pfarrgasthof Durnholz. Die passende Einkehr zur Südtirol-Idylle Durnholz mit Wurzeln bis zurück ins 13. Jahrhundert. In den alten Stuben, wo bis 1970 tatsächlich noch der Pfarrer bewirten ließ, genießt man bodenständige Südtiroler Kost.
Tel. 04 71/62 51 42.

ÜBERNACHTEN

Hotel-Gasthof Bad Schörgau. Ein Haus mit langer Tradition, das den Anschluss an die Moderne stilvoll geschafft hat. Dazu eine vorzügliche Küche, die ebenfalls gekonnt zwischen Einst und Jetzt variiert. Angenehmes Spa. Bad Schörgau, Putzen, 39058 Sarnthein; Tel. 04 71/62 30 28, www.bad-schoergau.com

EINKAUFEN

Federkielstickerei Thaler. Hier wird das jahrhundertealte, selten gewordene Handwerk noch gepflegt. Und die Produktpalette umfasst nicht nur Trachtenzubehör – eine Fundgrube! Rohrerstraße 41, Sarnthein, Tel. 04 71/62 32 58, www.federkielstickerei.com

Sarner Kirchtag. Eines der größten Volksfeste Südtirols findet am ersten September-Wochenende in Sarnthein statt (Sa–Mo). Bauernmarkt in Sarnthein jeweils am Sa von April–Okt. (8–13 Uhr).

Wohltuend – ein Latschenbad im Hotel-Gasthof Bad Schörgau

AKTIVITÄTEN

Sarntaler Hufeisentour. Siebentägige Wanderrunde durch die Sarntaler Alpen; die Route verläuft hufeisenförmig über den Ost- und Westkamm des Gebirges, kreuzt am Pass die Penser-Joch-Straße. Übernachtung in Schutzhütten. Trittsicherheit und eine gute Kondition sind wichtig. Flyer zur Tour unter www.sarntal.com

INFORMATION

Tourismusverein Sarntal. Kirchturm 9, 39058 Sarnthein, Tel. 04 71/62 30 91, www.sarntal.com

Eine urige Einkehr: der Pfarrgasthof in Durnholz

17 Bozen

Landeshauptstadt mit Flair

In seiner Geschichte fast immer im Schatten Merans stehend, ist Bozen heute nicht nur die mit riesigem Abstand größte Stadt Südtirols, sie ist auch das kulturelle sowie das politische Zentrum des Landes. Das hat dem Gemeinwesen eine Dynamik verliehen, die sich auch am Siedlungsbild ablesen lässt. Rund um den historischen Kern wird viel gebaut, ist Wachstum angesagt, entsteht Neues. Bozen – eine Stadt mit Zukunft.

Mitte: Das Denkmal des Minnesängers Walther von der Vogelweide und der Bozner Dom, beides Blickfang am Waltherplatz
Unten: Gemüseverkäufer auf dem Obstmarkt

Wie kurz ein Jahrhundert sein kann und wie viel sich in dieser Zeitspanne verändert, da und dort, das lässt ich an manchem Südtiroler Ferienort ablesen. Und an Bozen. Vor dem Ausbruch des Ersten Weltkrieges war es eine Kleinstadt, Handwerk und Gewerbe dominierten, der Handel florierte und alles zusammen ernährte die 13 000 Einwohner. Mit dem Faschismus kamen zigtausend Einwanderer aus dem Süden Italiens: Mussolinis Rassenpolitik. Heute leben gut 100 000 Menschen im Talbecken am Zusammenfluss von Etsch und Eisack, fast drei Viertel italienischer Abstammung. Bozen hat sich zur modernen Handelsstadt gewandelt, die Spuren der Zwangs-Industrialisierung sind weitgehend getilgt, dafür besitzt die Stadt zwei neue Wahrzeichen: das Museion an der »Nahtstelle« zwischen Alt und Neu, deutsch und italiano, und den grandiosen Salewa-Cube an der Autobahn. Dass beide kompromisslos in die Zukunft weisen, die berühmteste Sehenswürdigkeit Bozens, Ötzi, der Mann aus dem Eis, dagegen über 5000 Jahre alt ist, kann man als Beleg für die Vielschichtigkeit eines Gemeinwesens verstehen, in dem zwei große Sprachgruppen mit- und nebeneinander leben. Pragmatisch, aber nicht ganz konfliktfrei. So steht das Siegesdenkmal, dieses in Stein gegossene Symbol der Uneinsicht immer noch an der Talfer, als wolle es jenen unsichtbaren Limes entlang des Flusses für alle Ewigkeit zementieren. Mit der Inschrift möchte sich heute aber niemand mehr identifizieren, egal ob sein Großvater im Vinschgau oder auf Sizilien lebte: »Von hier aus brachten wir den Anderen Sprache, Gesetze und Kultur.«

Noch ganz lebendig ist das gotische und barocke Erbe in der Altstadt links der Talfer, das Publikum hier sehr gemischt: italienisch, tirolerisch und – natürlich! – germanisch. Der »Kaffee nach deutscher Art« ist allerdings ziemlich aus der Mode, im Trend sind Caffè und Latte macchiato. Und die Eindrücke, die ein Spaziergang durch das Geviert des historischen Bozens vermittelt, sind eindeutig vielfältiger, bunter als früher. Das liegt auch an der Trend-Mode, die in den Schaufenstern der Lauben ausliegt und die von jungen Italienerinnen mit angeborener Grazie getragen wird. Noch farbenfroher ist der Obstmarkt, und fast an jeder Ecke lockt ein Wirtshausschild zur Einkehr. Da verwundert es nicht weiter, dass Bozen in der Liste der attraktivsten Städte Italiens stets auf einem der vordersten Plätze landet.

Burgen-Hopping

Von Adligen, kleinen Grafen und Bösewichten muss es früher im Etschtal nur so gewimmelt haben – bei der Vielzahl von Burgen. Und auch rund um die Landeshauptstadt – vor allem am Eingang ins Sarntal – steht ein festes Gemäuer (oder seine Ruine) neben dem andern. Ein Juwel unter den Südtiroler Schlössern ist Runkelstein, das einen schroffen Felsen direkt über der Talfer krönt. Fast scheint es, als wäre die Burg mit ihrem Unter-

AUTORENTIPP!

MUSEION

Das 2008 eröffnete Museion steht am Nordrand der Altstadt, öffnet sich nach beiden Seiten und ist über einen elegant geschwungenen Steg mit dem rechten Talferufer verbunden: das Museum für moderne und zeitgenössische Kunst als Verbindung zwischen der (deutschen) Altstadt und dem (italienischen) Bozen. Geplant wurde der Bau vom Berliner Architekturbüro KSV (Krüger, Schuberth, Vandreike), und wer das Museion betritt, dann hinaufsteigt ins oberste Geschoss, kann den konzeptionellen Grundgedanken leicht nachvollziehen. Die beiden Stirnseiten des 54 m langen und 25 m hohen, silbern glänzenden Kubus sind große Schaufenster. Auf insgesamt vier lichtdurchfluteten Etagen mit einer Gesamtfläche von 2100 m² werden wechselnde Ausstellungen gezeigt. Nachts dient die Fassade als Projektionsfläche, die es ermöglicht, zeitgenössische Medienkunst auf eine ganz ungewöhnliche Art zu erleben.

Museion. Di–So 10–18 Uhr, Do–22 Uhr, Dantestraße, Tel. 04 71/22 34 11, www.museion.it

Ein Spaziergang durch das historische Bozen

Die Altstadt ist und bleibt das Ziel fast aller Bozen-Besucher, die hier auf engstem Raum durch die Jahrhunderte spazieren. Gotische Kirchenbauten und barocke Wohnhäuser dominieren; der motorisierte Verkehr ist – wenigstens teilweise – ausgesperrt, das Gedränge unter den Lauben und am Obstmarkt trotzdem beachtlich. Und auch vor dem Archäologiemuseum, in das sich früher nur wenige Touristen verirrten, staut es sich: Alle wollen die berühmteste Mumie der Alpen sehen, den 5300 Jahre alten Ötzi

Ausgangspunkt für den Spaziergang ist der weite Waltherplatz, benannt nach dem Südtiroler (?) Minnesänger Walther von der Vogelweide, dessen Denkmal hier steht.

Ⓐ **Dom** – Die dreischiffige Hallenkirche mit ihrem reich gegliederten Umgangschor wurde um 1295 begonnen, aber erst Anfang des 16. Jahrhunderts vollendet – mit dem filigranen Turmabschluss im Stil ausklingender Gotik. Der durchbrochene Helm erinnert stark an süddeutsche Münster; kein Wunder, der letzte Baumeister, Hans Lutz Schussenried, war Schwabe. Lombardische Steinmetze erneuerten 1499 das Hauptportal des Gotteshauses und versahen es mit einer Vorhalle, die auf zwei säulentragenden Löwen ruht. Der reiche plastische Schmuck des Leitacher Törls bezieht sich auf ein altes Privileg zum Weinausschank. Von Hans Lutz stammt auch die aus Sandstein gemeißelte Kanzel (1514), ein Prunkstück der Ausstattung.

Schloss Maretsch im Talferboden

Ⓑ **Dominikanerkirche** – Die ehemalige Klosterkirche erhielt in spätgotischer Zeit das reiche Sterngewölbe; im Langhaus sind Fresken der Bozner Schule (um 1400) erhalten. Vollständig ausgemalt ist die an den Chor angebaute Johanneskapelle; drei Künstler schufen die vorzüglichen, stark von Giotto beeinflussten Fresken (1330–1340).

Ⓒ **Obstmarkt** – Schon Goethe war von dem Markttreiben beeindruckt, und den iPhone-Nutzern des frühen 21. Jahrhunderts geht's nicht anders: ein lebhaftes Kommen und Gehen, schon fast italienisches Flair dazu.

Ⓓ **Lauben** – Hier schlägt das merkantile Herz des alten Bozen – in neuem Gewand. Denn längst hat sich die (junge) Mode dieser Einkaufsoase bemächtigt. Geblieben ist der historische Rahmen – unter den jahrhundertealten Lauben lässt es sich auch bei Regenwetter gut shoppen. Sehenswert: das Merkantilgebäude von 1716 (Museum) – italienischer Barock! – und das gotische alte Rathaus.

Ⓔ **Bindergasse** – Typische Bozner Altstadtgasse mit mehreren Wirtshäusern (darunter das Batzenhäusl). Im ehemaligen landesfürstlichen Amtssitz (1512) ist heute das Naturmuseum untergebracht; es thematisiert den Lebensraum Südtirol, auch geologische Aspekte wie die Entstehung der Dolomiten.

F Franziskanerkloster – Die Klosterkirche, im Zweiten Weltkrieg schwer beschädigt, dann aber sachgerecht restauriert, ist ein schönes Beispiel für die Bettelordensgotik, vor allem der prächtige, außen durch Strebepfeiler gegliederte Chor (Mitte 14. Jh.). Der in der zweiten Hälfte des 15. Jahrhunderts eingewölbte Kreuzgang bewahrt vorzügliche, z.T. erst in jüngerer Zeit aufgedeckte Fresken von verschiedenen Künstlern. Schönster Schmuck der Annakapelle ist der gotische Flügelaltar von Hans Klocker (um 1500), sehenswert auch der Kreuzgang.

G Kirche St. Georg des Deutschen Ordens – Ein zierlicher, hochgotischer Bau. Das Altarbild stammt von Martin Knoller (um 1780).

H St. Johann im Dorf – Von Giotto beeinflusste Künstler schmückten den Innenraum des romanisch-gotischen Baus.

I Schloss Maretsch – Die malerische Anlage liegt mitten in den Weinbergen am Nordrand der Altstadt, sie stammt im Kern aus dem 13. Jahrhundert (heute Kongresszentrum).

K Südtiroler Archäologiemuseum – Es ist der absolute Hit unter den Bozner Museen: die letzte Heimstatt des Urzeitmenschen Ötzi.

L Stadtmuseum – Seine reichen Sammlungen spiegeln die Geschichte des Landes über mehr als ein Jahrtausend wider.

M Museion – siehe Autorentipp.

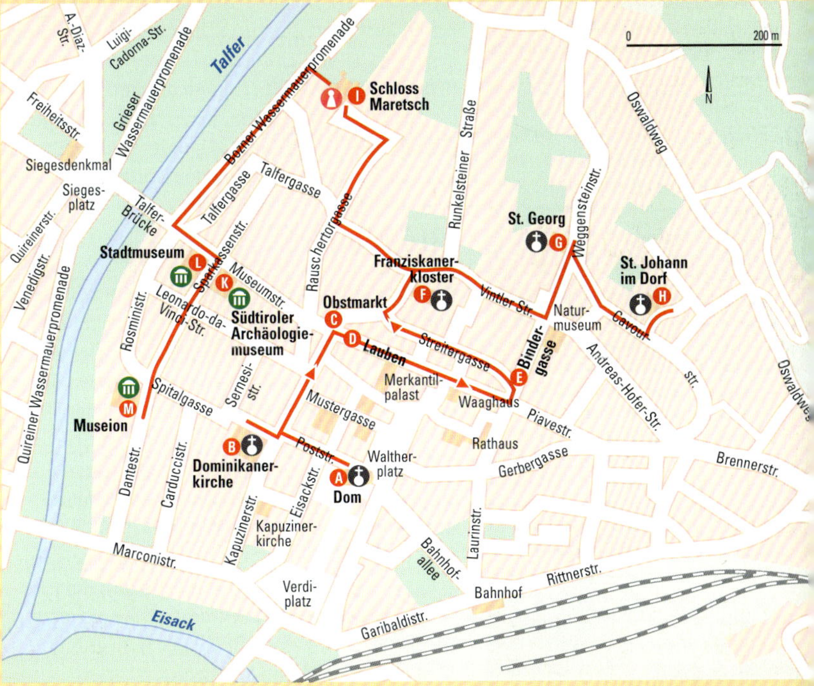

AUTORENTIPP!

MICHAEL PACHERS ALTAR IN GRIES

Das bedeutendste sakrale Kunstwerk Bozens findet sich in Gries, nur wenige Gehminuten vom Benediktinerkloster Muri-Gries: der (leider nicht vollständig erhaltene) Altar des Bruneckers Michael Pacher in der alten Pfarrkirche, entstanden 1471–1475 und ohne Gegenstück in ganz Tirol. Der Schrein zeigt die gekrönte Maria, flankiert von den Heiligen Erasmus und Michael, umgeben von musizierenden Engeln. Die 15 Gemälde auf der Rückseite des Schreins mit Darstellungen aus dem Leben Jesu werden einem süddeutschen Meister zugeschrieben (um 1480). Einen Besuch verdient auch das Kloster in Gries, das aus einer Burganlage hervorging und vier Jahrhunderte lang von Augustinern bewohnt wurde. 1845 bezogen die aus Muri in der Schweiz vertriebenen Benediktiner den verwaisten Komplex mit der wuchtigen Kirche in oberitalienischem Spätbarock (Deckengemälde von Martin Knoller, 1773). Sie führten die Tradition des Weinbaus fort – mit Erfolg. Vor allem die Lagrein-Weine erfreuen sich größter Beliebtheit.

grund verwachsen. Die simple Erklärung: Sie wurde zur Gänze aus dem rötlichen Porphyr erbaut, dem in der Bozner Gegend vorherrschenden Gestein. Das besitzt die nicht zu verachtende Eigenschaft, sich bei Sonneneinstrahlung rasch aufzuheizen, die Wärme dann aber lange zu speichern – sehr praktisch in kalten Winternächten. Zu Zeiten der Rittersleut' kannte man den Komfort zentral beheizter Räume ja noch nicht …

Runkelstein wurde in der ersten Hälfte des 13. Jahrhunderts erbaut, in den Kämpfen mit Meinhard II., Graf von Tirol (1274), schwer beschädigt. Im Jahr 1385 kauften die Brüder Franz und Niklaus Vintler, reiche Kaufleute mit besten Beziehungen zum Hochadel, das Schloss und erweiterten es. Dabei ließen sie mehrere Räumlichkeiten ausmalen. Der gut erhaltene profane Freskenzyklus ist von einzigartiger kulturhistorischer Bedeutung; um 1400 enstanden, zeigt er Szenen aus dem höfischen Leben, Bilder aus Rittersagen (König Artus' Tafelrunde), dazu die Geschichte der aus dem Pustertal stammenden Vintler.

Alte Mauern

Runkelstein ist nur die erste von einem halben Dutzend Burgen, die links oder rechts über der Mündungsschlucht der Talfer hocken, überwiegend dem Verfall preisgegeben. So ist etwa die mächtige Anlage der Burg Rafenstein längst Ruine, das kleine Schloss Ried, im Talgrund gelegen und ursprünglich eine Wasserburg, dagegen noch gut erhalten (privat). Die aus dem Vinschgau stammenden Herren von Wangen erbauten Anfang des 13. Jahrhunderts die Feste Wangen-Bellermont, nachdem sie sich zunächst auf dem Johanniskofel niedergelassen hatten. Sie residierten allerdings meistens auf Ried oder Runkelstein, wohl wegen der Nähe zu Bozen.

Eine richtige Bilderbuchburg thront auf einem Felsen über der Mündung des Eggentals: Schloss Karneid. Die meisten bekommen sie nur noch für einen kurzen Moment zu Gesicht, weil die Straße hier in lange Tunnels verlegt ist. Wer mehr sehen möchte, nimmt an einer Führung der Gemeinde Karneid teil.

Die drei Sommerfrischen

Auf Porphyr stehen alle Bozner Burgen und aus dem vulkanischen Gestein sind auch die Berge rundum (mit Ausnahme des Mendelkamms) aufgebaut: der Salten, der Ritten und der Kohlerer Berg, die drei klassischen Sommerfrischen Bozens. Im Sommer machen 1000 m Höhenunterschied, Kessel- oder Hanglage den Unterschied zwischen erdrückender Hitze und erfrischendem Luftzug aus. Das haben die wohlhabenden Bozner bald einmal gemerkt und sich ihre Sommersitze im Grünen gebaut. Der aufkommende Tourismus verstärkte diesen Trend noch, denn die Gäste liebten nicht nur die Natur, sondern auch die (relative) Nähe der Stadt. Um die Reise ins Sommerparadies zu erleichtern, wurden Bahnen gebaut: 1904 nahm die Kohlerer Seilbahn als weltweit erste Anlage dieser Art den Betrieb auf, drei Jahre später folgte die Zahnradbahn auf den Ritten. Sie musste in den 1960er-Jahren einer Seilschwebebahn weichen. Immer noch in Betrieb ist jener Abschnitt des »Bahnls«, das Maria Himmelfahrt mit Klobenstein verbindet. Das einst autofreie Naherholungsgebiet der Stadt ist mittlerweile durch Straßen bestens erschlossen; diesem »Fortschritt« steht allerdings der Verlust jenes unvergleichlichen Flairs gegenüber, das den Ritten einst auszeichnete. Auch die Erdpyramiden hinter Klobenstein – eine der berühmten Sehenswürdigkeiten des Mittelgebirgsplateaus – sind ganz bequem erreichbar.

AUTORENTIPP!

LÄDT EIN ZUM FLANIEREN

Bozen hat – wie Meran – seine Promenaden, beiderseits der Talfer und an den letzten Ausläufern der Sarntaler Berge. Unstrittig die schönste ist jene von Guntschna, gleichermaßen berühmt für ihre mediterrane Parkflora wie für den fantastischen Blick zum bizarren Felsmassiv des Rosengartens. Eröffnet wurde sie 1903, zu einer Zeit, als Gries – damals eine eigenständige Gemeinde – ein bekannter Kurort war, geschätzt seines milden Klimas wegen. Die Guntschna-Promenade beginnt in der Nähe der alten Grieser Pfarrkiche und lässt sich leicht mit einer der Talferpromenaden zu einem ausgedehnten Spaziergang verbinden. Bis 1966 konnte man sogar mit einer Standseilbahn zur Promenade hinauffahren. Ihre Bergstation befand sich bei dem ehemaligen (inzwischen abgerissenen) Reichrieglerhof (486 m). Das Bähnchen – so heißt es zumindest – soll so langsam unterwegs gewesen sein, dass die Fahrgäste Himbeeren und Brombeeren von den wild wuchernden Sträuchern zupfen konnten. Gute alte Zeit!

Infos und Adressen

ESSEN UND TRINKEN

Banco 11. Ideal für den kleinen Happen zwischendurch, gutes Weinsortiment, Obstplatz 11, Tel. 04 71/192 28 45.

Batzenhäusl. Im ältesten Gasthaus Bozens, einst Schankhaus des Deutschen Ordens Künstlertreff im Fin-de-Siècle, setzt man ganz auf Tradition. Süffig: das hauseigene Batzenbräu, drinnen oder im Biergarten. Andreas-Hofer-Straße 30, Tel. 04 71/05 09 50, www.batzen.it

Föhrnerhof. Natürlich hat der Hof eine Zufahrt (Richtung Glaning); schöner ist es aber, von Gries über den mit 9 bezeichneten Weg hinaufzusteigen (40 Min.). Mit prächtiger Aussicht schmecken die Speckknödel, die Schlutzer oder die Marende gleich doppelt gut. Dazu ein Magdalener, Marke Eigenbau – die junge Karin Brachetti ist nämlich Winzerin, und keine schlechte! Do–So, Ende Mai–Mitte Sept. geschl., Tel. 04 71/28 71 81, www.roterhahn.it

Gelateria Avalon. Der Inhaber hebt öfters mal ab in esoterische Höhen, seine so gewonnenen Kreationen sind aber einfach: Klasse! Di Ruhetag. Freiheitsstraße 44, Tel. 04 71/26 04 34

Haselburg. Tafeln in historischen Mauern, hoch über der Landeshauptstadt – ein Genuss. Die Speisekarte folgt den Jahreszeiten, neben Südtiroler Gerichten finden sich auch internationale Klassiker. Sonntag abends und Mo geschl., Tel. 04 71/40 21 30, www.haselburg.it

Zur Kaiserkron. In dem Barockpalais mitten in der Altstadt wird erstklassige Küche geboten, seit Robert Wieser hier das Zepter schwingt. Alte Südtiroler Rezepte, kreativ abgewandelt, sowie feine Fischgerichte. Elegantes Ambiente, So Ruhetag. Musterplatz 2, Tel. 04 71/98 02 14, www.kaiserkron.bz

Zum Signaterhof. Bei den Boznern gilt das Gasthaus als ein sicherer Tipp, wenn man traditionelle Südtiroler Küche liebt. Sonntag abends und Mo geschl., Signat bei Bozen, Tel. 04 71/36 53 53, www.signaterhof.it

ÜBERNACHTEN

Figl. Mitten in Bozens Altstadt gelegenes Haus mit traditionellem Flair. Ordentliches Essen, freundliche Gastgeber. Kornplatz 9, Tel. 04 71/97 84 12, www.figl.net

Gasthof Kohlern. Früher ließen sich die Hotelgäste mit der ältesten Seilbahn weltweit hinauftragen zur Sommerfrische Bauernkohlern (1190 m); heute hat das restaurierte Jugendstilhotel in prächtiger Lage auch eine Straßenzufahrt. Im Sommer wird bei Schönwetter im Garten serviert. Außenpool mit Panoramablick, Sauna. Kohlern 11, Tel. 04 71/32 99 78, www.kohlern.com

Jugendherberge Bozen. Zentral gelegene, preisgünstige und saubere Unterkunft. Rittnerstraße 23, Tel. 04 71/30 08 65, www.bozen.jugendherberge.it

Parkhotel Holzner. Wer gerne Abstand hält zum Gewusel der Stadt (und der Sommerhitze), kann auf den nahen Ritten ausweichen. Eine feine Adresse ist das Hotel der Familie Holzner: familienfreundlich, mit Vier-Sterne-Komfort. Das Ambiente des alpinen Jugendstilhauses sucht seinesgleichen. Attraktiver Wellness-Bereich, weitläufiges Wandergebiet. Dorf 18, 39054 Ritten, Tel. 04 71/34 52 31, www.parkhotel-holzner.com

Parkhotel Laurin. Hier trifft sich die Südtiroler Prominenz. Moderner Komfort und Jugendstil-Ambiente, auch im feinen Restaurant. Schöner Park mit Pool. Laurinstraße 4, Tel. 04 71/31 10 00, www.laurin.it

EINKAUFEN

Franziskanerbäckerei. Eine der ältesten Bäckereien in Bozen, täglich rund 100 verschiedene Brote und Brötchen, ofenfrisch! Franziskanergasse 3, Tel. 04 71/97 64 43.

Klosterkellerei Muri Gries. Gries wird urkundlich erstmals 1185 genannt, um 1200 stand hier bereits eine Burg. Das Weinkeltern beherrschen die Benediktiner seit jeher. Heute wird hinter alten Mauern modern produziert. Berühmt ist die Klosterkellerei vor allem für ihren Lagrein (rot und rosé). Grieser Platz 21, Tel. 04 71/28 22 87, www.muri-gries.com

Weingut Schwarhof. Seit 1979 wird auf den Rebflächen (11 ha) nach biologischen Grundsätzen gearbeitet. Hervorragende Rotweine, darunter ein fantastischer Lagrein (Gran Lareyn). St. Justina 3, Tel. 04 71/36 51 25, www.loacker.net

Weingut Waldgries. Mitten im Rotweinparadies St. Magdalena liegt der uralte Ansitz (12. Jh.) der Familie Plattner. Spitzenweine sind Magdalener und Lagrein Mirell. Kleines Weinmuseum. St. Justina 2, Tel. 04 71/32 36 03, www.waldgries.it

AKTIVITÄTEN

Burg Karneid. Führungen April–Juni, Sept. und Okt.; Infos und Anmeldung Tel. 04 71/36 13 00

Merkantilmuseum. Der Besuch vermittelt eine Zeitreise durch die Geschichte der Handelsstadt Bozen! Mo–Sa 10–12.30 Uhr, Lauben 39, Tel. 04 71/94 57 02

Naturmuseum Südtirol. Di–So 10–18 Uhr, Bindergasse 1, Tel. 04 71/41 29 64, www.naturmuseum.it

Pfarrkirche Gries. Das Gotteshaus birgt den berühmten Pacher-Altar, nur ein paar Gehminuten hinter dem Benediktinerkloster von Muri-Gries, Mo–Fr 10.30–12, 14.30–16 Uhr (Juli/Aug. 10.30–12 Uhr).

Salewa-Kletterwand. Sensationell ist nicht nur der Neubau im Industrieviertel nahe der Autobahnausfahrt Bozen-Süd, sondern auch die Kletterhalle mit 175 Routen in- und outdoor. Zuschauen, wie sich die Mädels und Jungs nach oben arbeiten, kann man vom »Biwak« aus (Café). Und eine Luis-Trenker-Stube erinnert an den berühmten Grödner. Mo–So 9–23 Uhr, Autobahnausfahrt Bozen-Süd, Waltraud-Gebert-Deeg-Straße, Tel. 04 71/18 86 867, www.salewa-cube.com

Schloss Runkelstein. Es werden auch Führungen angeboten; Di–So 10–18 Uhr. Schlossschänke im Burghof. St. Anton 15, Kaiser-Franz-Josef-Weg, Tel. 04 71/32 98 08, www.runkelstein.info

Südtiroler Archäologiemuseum. Di–So 10–18 Uhr, Juli, Aug. und Dez. auch Mo, Museumsstraße 43, Tel. 04 71/32 01 00, www.iceman.it

Stadtmuseum. Das Museum birgt die reichsten kunst- und kulturgeschichtliche Sammlungen ihrer Art in Südtirol. Sparkassenstraße 14, Tel. 04 71/99 79 60, www.museen-suedtirol.it

INFORMATION

Verkehrsamt der Stadt Bozen. Waltherplatz 8, 39100 Bozen; Tel. 04 71/30 70 00, www.bolzano-bozen.it

Die berühmten Fresken in Schloss Runkelstein

18 Messner Mountain Museum Firmian

Berg und Mensch

Schloss Sigmundskron war schon immer ein veritabler Hingucker: 1000 Jahre alte Mauern über dem Zusammenfluss von Etsch und Eisack. Seit ein paar Jahren ist das Leben zurück in der malerischen Ruine mit ihren gewaltigen Mauern und mächtigen Turmrondellen: das MMM – Messner Mountain Museum – hat hier seinen Platz (einen von fünf in Südtirol und den Dolomiten).

Mitte: Eine riesige Gebetsmühle im Nordrondell des Schlosses
Unten: Ferne Welten werden lebendig im Mountain Museum.

Sigmundskron ist ein ganz besonderer Platz, Blickfang auf jeder Reise durch die Bozner Landschaft, historisch bedeutsam. Und seit ein paar Jahren sind auf dem Schloss die Berge der Welt zuhause: im Messner Mountain Museum.

Formigar – Sigmundskron

Die mächtige Anlage erhebt sich beherrschend auf einem weit gegen den Bozner Talkessel vorspringenden, bereits in prähistorischer Zeit bewohnten Porphyrrücken. Um 945 n. Chr. taucht in den Urkunden erstmals ein befestigter Platz auf, später diente die Burg Formigar den Bischöfen von Trient als Stützpunkt. Von dieser alten Feste sind neben einigen Grundmauern die Kapellenruine (Freskenreste, 11. Jh.) und ein Viereckturm der unteren Vorburg erhalten. 1473 kaufte Erzherzog Sigmund »der Münzreiche« die Burg und ließ sie als Bollwerk gegen die im Etschtal vordringenden Venezianer großzügig ausbauen. Weil ihm das Geld ausging, musste er Sigmundskron allerdings bald verpfänden. In der Folgezeit verfiel die Anlage mehr und mehr, auch einige Besitzerwechsel än-

Alt und neu: moderner Anbau von Werner Tscholl

derten nichts daran. 1957 machte Sigmundskron noch einmal Schlagzeilen: Aus Protest gegen die Nichteinhaltung der Pariser Verträge (»Los von Trient!«) durch die italienische Regierung versammelten sich in der Burg 30 000 Südtiroler, angeführt vom Landeshauptmann Silvius Magnago. Eine Ausstellung im Weißen Turm zeichnet die Geschichte von Sigmundskron nach.

Messner Mountain Museum

Nach dem Erwerb von Sigmundskron durch das Land Südtirol und einer minimalen Sanierung entstanden bald erste Pläne für eine Revitalisierung der alten Mauern. Den Ideenwettbewerb gewann – obwohl in Südtirol nicht unumstritten – Reinhold Messner, vielleicht auch dank einer Zähigkeit, die er sich beim Bergsteigen erworben hatte. Hier sollte das Herzstück des MMM entstehen, unter dem Motto »Berg und Mensch«. Die bauliche Umsetzung übernahm Werner Tscholl, ein renommierter Südtiroler Architekt (»Wir haben ein Material vorgefunden – die alten Steinmauern – und wir antworten mit einem Material: Stahl.«).

Rundgang

Der Rundgang durch Schloss und Museum führt zuerst zum nordseitigen Rondell, wo man den Religionsstiftern aus den Bergen und ihren Schülern

AUTORENTIPP!

MESSNER MOUNTAIN MAGIC

Die Idee wirkt recht ausgefallen, aber das kommt heutzutage ja gut an: eine Kosmetiklinie des großen Abenteurers Reinhold Messner.
Eau de Parfum – Manaslu: »Ein bezauberndes Gefühl umhüllt den Mann, welcher die Frische und die Reinheit der Bergluft liebt. Die Aromen von Kiefer, Wachholder, Edelweiß und dem Extrakt von Goldmelisse, einer typischen Pflanze vom Kräuterschlössl, verleihen diesem Parfum eine herbe Note, welche ein Gefühl von Freiheit und Potenz erweckt.« (Originalwerbung)
Genau das Richtige für echte Männer! Produziert wird die hochalpine Kosmetiklinie im Vinschgau, im Kräuterschlössl der Familie Gluderer, selbstverständlich nach strengen Bio-Regeln. Die Produktpalette umfasst verschiedene Lebensmittel (u.a. Tee, Gewürze, Kräutersalze, Honig) und mehrere Kosmetiklinien. Das Kräuterschlössl und seinen großen Garten kann man auch besichtigen (Führungen).

Kräuterschlössl. Schanzenstraße 50, 39021 Goldrain/Latsch, Tel. 04 73/74 23 67, www.kraeutergold.it

Oben: Reinhold Messner
Mitte und unten: Bergsteigerausrüstung, nicht mehr ganz aktuell: ein Schuh von Reinhold Messners Bruder Günther, Hochgebirgsbekleidung von Walter Bonatti
Rechts: Blick über den Weißen Turm und das Rondell Nord ins Etschtal

begegnet, dann – vorbei an fernöstlichen Fabelwesen und einem mächtigen Bergkristall – zum Palas. Im Innern sind auf mehreren Etagen die Entstehung der Alpen und die Geschichte der Erstbesteigungen thematisiert, vom Mont Blanc (1786) bis heute.

Im Rondell Ost kreisen Installationen und Exponate um legendäre »Schlüsselstellen« an Eiger, Matterhorn, in den Dolomiten, am Cerro Torre und El Capitan. Reinhold Messner: »Mir geht es um die Hoffnungslosigkeit, Ängste, Wiedergeburtsgefühle, die wir beim Bergsteigen erleben. (...) Es geht um die Erfahrung nach innen, die Eroberung jener weißen Flecken in uns, die beim Blick in die Tiefe, in der Todeszone der Achttausender oder beim sich Verlieren in der Natur aufbrechen.«

Diese Erfahrungen hat der Südtiroler ja öfters gemacht, vor allem im Himalaja. Die Achttausender und die Seven Summits (die höchsten Gipfel jedes Kontinents) werden im westseitigen Rondell vorgestellt. Den Abschluss der Runde macht der Torturm (Ein- und Ausgang): Mensch und Berg, Wüste, Mythen und – Fragen. Reinhold Messner hat das große Museumsprojekt (das mit »Ripa« auf Schloss Bruneck 2011 abgeschlossen war) als seinen 15. Achttausender bezeichnet. Die anderen 14 bestieg er zwischen 1970 und 1985.

Im Anschluss an den Rundgang bietet die Sonderausstellung ein zusätzliches Highlight. Und wer von dem vielen Treppauf und -ab müde gelaufen ist, findet im Café/Restaurant Stärkung.

Messner Mountain Museum Firmian. 1. So im März–3. So im Nov., Fr–Mi 10–18 Uhr, Einlass bis 17 Uhr, jährliche Wechselausstellungen, Schloss Sigmundskron, Tel. 04 71/63 12 64, www.messner-mountain-museum.it

Mitte: Die Burgkapelle von Hocheppan
Unten: Eine Knödelesserin in der Burgkapelle: die älteste Darstellung des Südtiroler Leibgerichts.

19 Eppan
Schlösser, Weinberge, Ansitze

Der Kontrast könnte kaum größer sein: Hier die quirlige Landeshauptstadt, dort eine bäuerlich geprägte Hügellandschaft, in der die Natur den Gang des Lebens übers Jahr stets mitbestimmte. So ist es bis heute geblieben, und das macht den besonderen Reiz dieses »Adelsparadieses« über der Etsch aus. Die schönste Zeit für einen Besuch hier: Frühling und Herbst.

Wenn das Wort vom Überetsch als »Südtiroler Adelsparadies« irgendwo zutrifft, dann in Eppan und St. Pauls. Weinberge, soweit das Auge reicht, dazwischen malerische Dörfer und Ansitze, denen man ihren Wohlstand ansieht. Das Leben geht seinen Gang, eher gemütlich, Bozen ist zwar nahe, aber doch auch wieder recht weit weg. Das Dampf-, später Elektrobähnchen, einst unterwegs von der Landeshauptstadt nach Kaltern, bimmelt zwar nicht mehr, dafür staut sich der Autoverkehr umso öfter. Manch einer wünscht sich deshalb die Eisenbahn zurück, und entsprechende Überlegungen sind auch schon ein Stück weit gediehen.

St. Pauls und der »Dom auf dem Lande«

So kommen die meisten über die Straße, herauf vom Etschtalboden, und als erste Einstimmung gibt's im Herbst ein Bild, das so herrlich schön zum Überetsch passt: das Schlösschen Warth mitten in den Rebbergen, umrankt von wildem Wein, dessen Blätter sich rot verfärben. Wenig weiter am »Weg ins Paradies« muss man sich entscheiden: rechts nach St. Pauls, geradeaus nach St. Michael. St. Pauls ist mit seinem eng gebauten Orts-

Der »Dom auf dem Lande«: die Kirche von St. Pauls

kern und den Häusern aus dem 16./17. Jahrhundert ein Weindorf wie aus dem Bilderbuch. Mit einem Wahrzeichen, das man nicht übersehen kann: dem mächtigen, etwa 80 m hohen Turm der Pfarrkirche. Der »Dom auf dem Lande«, eines der größten Gotteshäuser Südtirols, entstand in mehreren Etappen zwischen 1461 und 1532; jüngeren Datums ist lediglich der Turmabschluss mit Dreieckgiebeln, Oktogon und hoher Zwiebelhaube (1633–1647). Im Jahr 1490 wurde der dreischiffige Umgangschor geweiht; aus dem ersten Viertel des 16. Jahrhunderts datieren die Fassade (nach Plänen des Augsburgers Jakob Zwiesel) und das Langhaus, dessen Kreuzrippengewölbe allerdings erst um 1550 durch Andrea Crivelli und Lorenz della Bolla im Stil ausklingender Gotik ausgeführt wurde.

Hocheppan

Nicht ganz so hoch wie der St. Paulser Kirchturm, aber ebenso markant, ist der Bergfried der Burg Hocheppan. Er gehört zu einem der bedeutendsten mittelalterlichen Schlösser des Landes. Das »Castro de Epan« taucht erstmals in einer Urkunde von 1211 auf. Die Eppaner gehörten damals zu den einflussreichsten Familien Südtirols, machten aus ihren Ambitionen auch keinen Hehl. Schließ-

AUTORENTIPP!

FÜRSTLICHES AMBIENTE: SCHLOSS ENGLAR

Wer möchte nicht einmal in fürstlichem Ambiente sein Haupt zur Ruhe betten oder im Schatten jahrhundertealter Mauern den Tag verträumen? Im Schloss Englar (15. Jh.), einem lupenreinen gotischen Bau, unverkennbar mit seinem ungewöhnlich steilen Walmdach, ist das möglich. Seit 400 Jahren im Besitz der Grafen Khuen-Belasi, wurde aus dem Ansitz vor bald zwei Jahrzehnten ein Garnihotel: eine Oase der Ruhe, fern von Hektik, stilvoll das Ambiente. Die elf Zimmer sind geschmackvoll eingerichtet, teilweise mit historischem Mobiliar. Im großen Garten versteckt sich ein schöner Pool.
Im Rittersaal finden übers Jahr kulturelle Veranstaltungen statt: Liederabende, Kammerkonzerte, aber auch Autorenlesungen. Ein ganz berühmter Literat weilte um die Wende vom 19. zum 20. Jahrhundert wiederholt auf Schloss Englar: Rainer Maria Rilke.

Schloss Englar. Hotelbetrieb April–Okt., Pigenò 42, 39057 St. Michael/Eppan; Tel. 04 71/66 26 28, www.schloss-englar.it

AUTORENTIPP!

DIE EPPANER BURGENRUNDE

Sie ist der absolute Klassiker unter den vielen Wandermöglichkeiten rund um Eppan: drei Schlösser, viel Aussicht und zwei urige Einkehrmöglichkeiten in historischem Ambiente. Da verwundert es wenig, dass zwischen Schloss Korb (Anfahrt von St. Pauls 2 km), Hocheppan (628 m) und Boymont an Schönwettertagen recht viel Volk unterwegs ist. Die zweistündige Runde vermittelt prächtige Ausblicke ins Etschtal und auf die Dolomiten im Osten, mit Schlern und Rosengarten als Blickfang. Durchwegs gute, teilweise auch asphaltierte Wege; im Graben des Wieserbachs helfen solide Eisenstiegen über eine Steilstufe. Schloss Boymont stammt aus dem 13. Jahrhundert; auffallend ist der regelmäßige Grundriss (45 x 41 m), aber auch das Fehlen eines Burggrabens. Beachtenswert sind die schönen romanischen Triforienfenster; vom fünfgeschossigen Bergfried (Plattform) genießt man einen bezaubernden Rundblick; wer mag, kann sich ans Zählen der Burgen und Kirchtürme rundum machen: allein 14 Schlösser sollen es sein!

Schloss Korb in den Weinbergen

Wein- und Schneeberge: der Kreithof vor dem Rosengarten

lich unterlagen sie aber den ebenso machthungrigen Grafen von Tirol; um 1300 soll das Geschlecht bereits ausgestorben gewesen sein.

Die mächtige, auch im Verfall noch eindrucksvolle Anlage geht im Kern auf das erste Drittel des 12. Jahrhunderts zurück. Sie umfasste ursprünglich nur den inneren Bering mit dem fünfeckigen, ungewöhnlich hohen Bergfried, dem Palas, einem turmartigen Wohntrakt an der Ostmauer und der Kapelle, wurde später dann – vor allem im 16. Jahrhundert – erheblich erweitert, u.a. um die Vorburg an der Nordseite.

Kulturhistorisch bedeutsam ist die Kapelle, vor allem durch ihre gut erhaltenen Fresken: »Die Altarwand ist mit ihren drei Apsisen ganz von der monumentalen Strenge byzantinisch beeinflusster Hochromanik erfüllt; besonders die thronende Herrschergestalt Mariä erinnert in der Starrheit des Ausdrucks an Ikonen. Hier ist der Einfluß der Kreuzzüge deutlich spürbar.« (Reclams 1965)

Der renommierte Kunstführer unterschlägt allerdings ein reizvolles Detail, die sogenannte »Knödelmuttergottes« an der Südseite der Kapelle. Maria (liegend dargestellt) wendet sich einer kleinen Gestalt zu, die einen Knödel isst – die älteste Darstellung des Tiroler Nationalgerichts!

Weindorf Girlan

In Girlan, das etwas abseits der »Weinstraße« inmitten ausgedehnter Rebberge liegt, dreht sich (fast) alles um den Wein. Berühmte Gewächse wie der »Girlaner« und der bereits 1194 in einer Urkunde als »vinum Shrechpuhlense« erwähnte »Schreckbichler« reifen in den zahlreichen Kellereien. Dass es ausgerechnet hier, an der Straße nach Schreckbichl, einen Bauernhof mit dem Namen Ohnewein geben soll, erstaunt angesichts all der Rebstöcke rundum schon ein wenig. Es handelt sich aber um einen Obst- und Weinbauern, trotz des recht ungewöhnlichen Namens!

Eis im Sommer

Wer im Sommer in Südtirol unterwegs ist, wird immer mal wieder in Versuchung geraten, sich eine süß-kühle Schleckerei einzuverleiben. Eine ganz andere Begegnung mit gefrorenem Wasser vermitteln die Eislöcher oberhalb von St. Michael. Es handelt sich um ein sehr seltenes Naturphänomen. In der unmittelbaren Nachbarschaft von Reben und Edelkastanien stößt man am Fuß des Gandberges auf eine für alpine Höhenlagen typische Flora. Ursache für diese klimatisch-botanische Kuriosität ist ein natürliches Tunnelsystem von beträchtlicher Vertikalausdehnung, das zu thermisch bedingter Luftzirkulation und starker Auskühlung durch Kondensation führt. An den Austrittsöffnungen kann man sogar in den Sommermonaten Eisbildungen beobachten; die Lufttemperatur liegt bis zu 25 °C unter jener der Umgebung.

Ein markierter Lehrpfad führt von St. Michael über den Kalvarienberg (Gletscherschliffe) und den Gasthof Steinegger zu den Eppaner Eislöchern. Und hinterher ein Eis im Stroblhof …

Oben: Schloss Moos-Schulthaus kann besichtigt werden.
Mitte: In der Kellereigenossenschaft St. Michael
Unten: Herzlich willkommen! Cafè in St. Pauls

St. Michael

Das Weindorf ist Verwaltungszentrum der Großgemeinde Eppan, die den nördlichen Teil des Überetsch mit rund 10 000 Einwohnern umfasst. Eppan ist die Nummer eins unter den Südtiroler Weinanbaugebieten. Beachtlich ist auch die »Dichte« an Edelsitzen, Gutshöfen, Schlössern und Gasthäusern. So führt jeder Ausflug in das hügelige, gegen den Fuß des Mendelkamms ansteigende Umland fast zwangsläufig zu einem schattigen Gastgarten, mit Blick auf Berge und alte Mauern. Auf den kleinen Wanderungen lässt sich der »Überetscher Stil« – eine Verbindung gotisch-nordischer Bauelemente wie Erker und Zinnengiebel mit solchen der lombardischen Renaissance – gleich vor Ort studieren. Zwei treffliche Beispiele im Ortsteil Pigenò: Schloss Englar mit seinem hohen Walmdach und Schloss Gandegg mit den vier Rundtürmen.

Montiggler Seen

Bei einem Spaziergang rund um die Montiggler Seen wird man nicht unbedingt an eiszeitliche Gletscher denken, bei den beiden Gewässern handelt es sich aber um Toteismulden des Etschgletschers. Der modellierte die Hügellandschaft des Überetsch; vor rund 20 000 Jahren war das Eis hier etwa anderthalb Kilometer dick! Klimawandel – aber ja! Beide Seen bieten gute Bademöglichkeiten bei sehr angenehmen Wassertemperaturen, zusammen mit dem weitläufigen Montiggler Wald bilden sie ein beliebtes Ausflugsgebiet. Ein Tipp: Im März lohnt sich eine kleine Wanderung ins Frühlingstal. Das heißt tatsächlich so und gleicht im Frühling einem weißen Teppich: Märzenbecher en masse. Markierte Waldwege führen von Montiggl bzw. den Montiggler Seen und von Kaltern ins Frühlingstal.

Oben: Rund um Girlan reifen feine Südtiroler Gewächse.
Mitte: Ein Mann vom Fach: Hans Terzer, der Kellermeister der Kellereigenossenschaft St. Michael
Unten: An den Montiggler Seen

Infos und Adressen

ESSEN UND TRINKEN

Landgasthof Bad Turmbach. Traditionelle Südtiroler Küche mit Spezialitäten wie frische Forellen, dazu ein Weißer aus eigenem Anbau. Turmbachweg 4, Tel. 04 71/66 23 39, www.turmbach.com

ÜBERNACHTEN

Stroblhof. Oberhalb von St. Michael gelegen, ist der Stroblhof ein ideales Hotel für Familien. Großer Garten mit Swimmingpool, Wellnessbereich und Action für die Kleinen. Regional-mediterran inspirierte Küche; vorzügliche Eigenbauweine. Pigenòerstraße 25, 39057 St. Michael/Eppan, Tel. 04 71/66 22 50, www.stroblhof.it

EINKAUFEN

Kellerei Schreckbichl. Die Kellerei steht für absolute Qualität. Weinstraße 8, Girlan, Tel. 04 71/664 246, www.colterenzio.it

Kellerei St. Michael/Eppan. Vor allem für Liebhaber feiner Weißweine ist die Kellerei ein sicherer Tipp. Elegant: Sanct-Valentin-Linie. Umfahrungsstraße 17/19, Eppan, Tel. 04 71/66 44 66, www.stmichael.it

Metzgerei Windegger. Seit über 100 Jahren stehen hier auch bei Einheimischen Kaminwurzen, Brühwurst, Schinken Speck hoch im Kurs. St. Michael, Tel. 04 71/66 21 53, www.windegger.info

AKTIVITÄTEN

Wandern und Radeln. Rund 450 km markierte Wege, dazu viele Bikertrails. Rennradler nehmen die Pass- und Gipfelstraße zum Mendelpass und weiter zum Penegal vor (20 km, 1320 m Höhenunterschied).

Schloss Moos-Schulthaus. Nur ein paar Schritte von Englar, kann besichtigt werden (Führungen Di–Sa um 10, 11, 16 und 17 Uhr).

INFORMATION

Tourismusverein Eppan. Rathausplatz 1, 39057 Eppan, Tel. 04 71/662 206, www.eppan.com

Bekannt für ihre vorzüglichen Weine: die Kellerei Schreckbichl

Mitte: Das Weinrevier Überetsch und Unterland lädt ein zu schönen Radltouren.
Unten: Blick vom Weingut Manincor auf den Kalterer See

20 Südtiroler Weinstraße
Genussroute zwischen Etsch und Mendelkamm

Vom Geist, der den Wein beseelt, ist oft die Rede, wenn's um eine der zahlreichen Weinstraßen in den klassischen Rebanbaugebieten Europas geht. Wer auf der Südtiroler Route unterwegs ist, tut allerdings gut daran, intensiver auf die Landschaft und das mediterran angehauchte Ambiente der Dörfer zu gucken als ins Weinglas. Sonst besteht womöglich die Gefahr, dass man die Tour vorzeitig abbrechen muss.

Das wäre wirklich schade, gibt es unterwegs doch viel zu sehen und zu entdecken. Wie wär's mit einem Besuch des Messner Mountain Museum Firmian (siehe Highlight 18)? Oder mit einem Abstecher nach Girlan, das sich mitten in den Weinbergen versteckt? Oberhalb von Eppan liegen die Eislöcher, ein seltenes Naturphänomen (siehe Highlight 19), über die Mendelstraße oder via Stroblhof leicht erreichbar. Im Sommer locken die Montiggler Seen (489 m, siehe Highlight 19), nur ein paar Kilometer von der »Weinstraße«, zu einem erfrischenden Bad, von Kaltern bzw. vom Kreither Sattel aus führt ein schattiger Weg hinauf zur Leuchtenburg (576 m; 40 Min.), die vom Porphyrrücken des Mitterberges weit übers Land schaut. Wer sich für die Geschichte des Südtiroler Weinbaus interessiert, wird den kleinen Bummel durch Kaltern mit einem Besuch des Weinmuseums verbinden (siehe Highlight 21), Eisenbahnfreaks lassen sich mit der Standseilbahn hinauf zum Mendelpass befördern, genießen dabei fantastische Tiefblicke aufs Überetsch, den Kalterer See und das Etschtal. Am Eingang nach Tramin,

Mit dem Radl auf der Weinstraße

3 Std., leichte Radwanderung mit nur mäßigen Steigungen

Die Radroute verläuft bis Kaltern abseits der Straßen, ist vom Stadtrand Bozens identisch mit der Trasse der aufgelassenen Überetscher Bahn. Vom Bahnhof Bozen fährt man zunächst mit dem Eisack auf dem schönen Radweg gut 4 km weit talauswärts, wechselt dann ans Etschufer. 1 km flussaufwärts, am Fuß des Burghügels von Sigmundskron, führt eine hölzerne Bogenbrücke über den Fluss. Die alte Bahntrasse umrundet die ausgedehnte Festungsanlage halb und steigt dann oberhalb von Frangart sanft an. Mischwälder, spä-

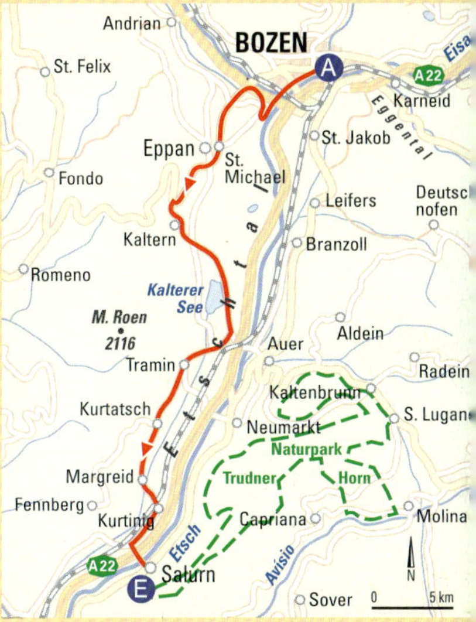

Ländliche Idylle: Margreid an der Weinstraße

ter Rebberge säumen die Route. Bis zum ehemaligen Bahnhof von Eppan ist ein Höhenunterschied von etwa 180 m zu überwinden. Dahinter geht's in nur leichtem Auf und Ab weiter, vorbei am Christl im Loch (beliebte Einkehr). Unterhalb von Kaltern, beim ehemaligen Bahnhof (heute mehrere Weinkellereien), endet der Radweg. An die historische Eisenbahn erinnert die hier aufgestellte Dampflok. Sie verkehrte lediglich 13 Jahre; bereits 1911 wurde die Linie auf Elektrobetrieb umgestellt.

Ab Kaltern bewegt man sich auf asphaltierten Nebenstraßen; das Verkehrsaufkommen ist vergleichsweise gering. Weitere Stationen an der Route sind Kreith am Ostufer des Kalterer Sees, dann die Verzweigung am Südfuß des Mitterberges, Tramin, Kurtatsch, Margreid und Kurtinig. In Salurn endet die Tour. Ganz abseits des motorisierten Verkehrs kann man auf dem Etschdamm (beschilderter Radweg) nach Bozen zurückfahren (weitere 30 km ohne nennenswerte Steigung).

AUTORENTIPP!

WEINGUT MANINCOR

Die Kunst, einen guten Wein zu kreieren, hat viel mit Tradition, Erfahrung und Gefühl für die Natur zu tun. Biodynamisch heißt das Zauberwort: mit, statt gegen die Natur arbeiten, von der Vielfalt des Lebens in jedem Quadratmeter Boden profitieren, und dieser Vielfalt nicht mit Chemie zu Leibe rücken. Im Weingut Manincor, das seit dem 17. Jahrhundert im Besitz der Grafen Goëss-Enzenberg ist, lebt man diese Devise. Zwischen den Rebstöcken werden Getreide und Blumen gepflanzt, weiden bretonische Schafe; die Verarbeitung der Trauben folgt modernsten önologischen Erkenntnissen.
Das Ergebnis: absolute Südtiroler Spitzenweine, darunter der rote »Cassiano« und der Weißburgunder »Réserve della Contessa«. Und dass Manincor seinen neuen Keller samt Degustationsraum gleich unterirdisch angelegt hat, ist ein weiteres Steinchen in einem sehr sympathischen Mosaik. Es kommt halt auf die inneren Werte an, und beim Wein ganz besonders.

Weingut Manincor. St. Josef am See 4, 39052 Kaltern; Tel. 04 71/ 96 02 30, www.manincor.com

Der Kalterer See, umgeben von Weinbergen, am Horizont die Dolomiten

der Heimat des Gewürztraminers, zieht der neue, spektakuläre Bau der Genossenschaftskellerei den Blick auf sich. Geplant hat ihn der aus dem Vinschgau stammende Architekt Werner Tscholl, der unter anderem auch das MMM Firmian und die Skulpturen am Timmelsjoch gestaltete.

Hinter Kurtatsch (siehe Highlight 22) senkt sich die Weinstraße zur breiten Sohle des Etschtals. Margreid, noch ein Weindorf in hübscher Lage am Ausgang des Fenner Grabens, bleibt rechts. Mitten im Talboden, der früher immer wieder von Überschwemmungen heimgesucht wurde, liegt Kurtinig, ein kleiner Flecken mit gerade mal 500 Einwohnern und eine stille Insel inmitten der Obst- und Weingärten. In Salurn, nur ein paar Kilometer von der Grenze zur Nachbarprovinz Trentino, endet die »Südtiroler Weinstraße«. Über dem Ort erhebt sich auf einem schroffen Felsen das bleiche Gemäuer der Haderburg, die im Kern aus dem 13. Jahrhundert stammt. Ein bequemer Fahrweg (»Weg der Visionen«) führt von Salurn hinauf zu der Feste (Einkehr).

Infos und Adressen

ESSEN UND TRINKEN

Christl im Loch. Abseits vom Verkehr (aber direkt am Radweg Bozen–Kaltern) liegt mitten in den Weinbergen die beliebte Jausenstation. Gute Marenden, reiche Auswahl an Kuchen. Mitte März–Mitte Nov., So Ruhetag, Unterplanitzing 43, Tel. 04 71/963 294.

ÜBERNACHTEN

Parc Hotel am See. Luxus in herrlicher Lage am Kalterer See, dazu tafeln mit Seeblick und ein großzügiger Wellnessbereich. Klughammer, 39052 Kaltern, Tel. 04 71/96 00 00, www.parchotel.cc

Seehotel Ambach. An der ruhigen Seite des Kalterer Sees liegt das Hotel Ambach, mit direktem Zugang zum Wasser. Der Bau besticht durch seine schlicht-moderne Eleganz. Angenehme Atmosphäre, Südtiroler Küche mit mediterranen Akzenten. Klughammer 3, 39052 Kaltern, Tel. 04 71/960 098, www.seehotel-ambach.com

Wein, Kunst und Kultur begegnen sich im Ansitz Löwengang von Alois Lageder.

EINKAUFEN

Weingut Peter Zemmer. Eine gute Auswahl qualitativ hochwertiger Weine bietet der Betrieb von Peter Zemmer. Weinstraße 24, Kurtinig, Tel. 04 71/81 71 43, www.peterzemmer.com

AKTIVITÄTEN

Wandern. Das Südtiroler Unterland ist ein ideales Wandergebiet, auch für ältere Menschen, am schönsten im Frühling, zur Zeit der Apfelblüte, und im Herbst zur Weinlese bei meist strahlendem Sonnenschein! Das dichte, gut markierte Wegnetz bietet für jede/n das Passende, vom ausgedehnten Spaziergang bis zur anstrengenden Gipfeltour am Mendelkamm. www.naturerlebnisfueralle.it

Michael Graf Goëss-Enzenberg im Keller des Weinguts Manincor

Fennberg-Klettersteig. Etwas für Sportliche, die es ins steile Felsgelände zieht, ist der Klettersteig unmittelbar an der Grenze zum Trentino. Aufstieg etwa 3.30 Std., nur mit entsprechender Ausrüstung (Klettersteigset, Helm).

INFORMATION

Ferienregion Südtirols Süden. Pillhofstraße 1, 39057 Frangart; Tel. 04 71/633 488, www.suedtirols-sueden.info

Mitte: Am Kalterer See
Unten: Was für eine Auswahl bester Weine! Im Weingut Manincor

21 Kaltern und sein See
Weinland Südtirol

Kaltern, das stattliche Dorf unterm Mendelkamm, gilt als Synonym für das Weinland Südtirol, und so ist es nur logisch, wenn hier das Weinmuseum seine Heimstatt gefunden hat. Dass der »Kalterer« einst einen nicht gerade guten Ruf hatte, ist schon längst Geschichte. Heute räumen die hiesigen Winzer überall in Italien und Europa Preise für ihre hervorragenden Gewächse ab.

»Der also muss es sein – aus Südtirol der Josephswein.« Wer im Nachkriegsdeutschland aufgewachsen ist, kennt diesen Vers bestimmt, und er weiß garantiert auch, dass die Südtiroler Weinproduzenten damals keinen besseren Ruf hatten als die germanischen Weinbeißer. Das hat sich gründlich geändert, vor allem auf der Seite der Weinbauern: Massenware, vielleicht sogar verschnitten – unmöglich. Qualität wird verlangt und auch geboten, Südtiroler Weine sammeln heute Auszeichnungen en masse, da und dort wird auch nach streng biologischen Grundsätzen angebaut. Alte autochthone Sorten werden wieder belebt, Cuvées kreiert und sogar der gute alte Grauvernatsch kommt als feiner Roter daher.

Weinmuseum

»Hauptstadt« des Südtiroler Weinanbaus ist Kaltern, obwohl das benachbarte Eppan eine noch etwas größere Anbaufläche aufweist. Da ist es fast selbstverständlich, dass man mitten im Ort auch dem Südtiroler Weinmuseum begegnet. Ein Besuch lohnt sich nicht nur für passionierte Weinliebhaber, präsentiert das Museum doch eine gro-

Verkaufsraum der Kellereigenossenschaft Kaltern

ße Sammlung historischer Gerätschaften, dazu wird die Arbeit im Weinberg anschaulich thematisiert, auch im Wandel der Zeit. Kurios: Ein Gemälde zeigt den kleinwüchsigen Perkeo aus Salurn, der um 1716 an den Hof des pfälzischen Kurfürsten Karl III. Philipp kam, wo er als Mundschenk diente. Er soll dabei dem Wein kräftig zugesprochen haben – kein Wunder, war er doch für den fürstlichen Weinkeller zuständig. Und das Große Fass hatte ein Volumen von über 200 000 Liter.

In dem ans Museum angrenzenden Garten kann man die verschiedenen Methoden der Rebpflege kennenlernen, dazu auch einige Sorten, die heute kaum oder gar nicht mehr angebaut werden wie die Bozner Seidentraube, das Gschlafene oder die Weiße Erdbeertraube.

Noch tiefer in das Thema eintauchen können Interessierte auf dem Weingut Liselehof. Werner Morandell hat nicht weniger als 300 verschiedene Rebsorten aus aller Welt angepflanzt, beispielsweise aus China, Afghanistan, Ägypten und dem Libanon. Und natürlich produziert er auch, teilweise nach biologischen Vorgaben und immer mit Blick auf hohe Qualität. Wer das ganz Ausgefallene liebt, probiert den »Hundert-Sorten-Wein«, rot

AUTORENTIPP!

WEINWEG

So richtig eintauchen in die Welt des Weins kann man auf diesem Rundweg, der auf eine Initiative von »wein.kaltern« zurückgeht. Ausgehend vom Marktplatz in Kaltern führt er in einer Achterschleife durch die Rebberge rund um das Weindorf, nach Norden bis Oberplanitzing, südwärts zum Kalterer See. Alle Weinlagen, in Kaltern »Riegel« genannt, sind markiert und auch benannt: Prunar, Klein, Ölleiten, Puntara, Paluisch, Salt usw. Da merkt der Wanderer bald einmal, wie vielfältig diese Lagenlandschaft ist. Natürlich gibt's unterwegs auch mehrere Einkehrmöglichkeiten, vom Buschenschank bis zum feinen Restaurant wie beispielsweise Castel Ringberg oberhalb des Kalterer Sees. Der Weinweg folgt bereits bestehenden Pfaden, er ist gut 15 km lang, die Steigungen halten sich in Grenzen. Besonders schön ist die Wanderung im Herbst, wenn die Weinlese beginnt und die Sommerhitze sich verabschiedet hat. Und über dem Mendelkamm spannt sich ein makellos blauer Himmel. Weitere Informationen bietet der wein.wegweiser, erhältlich im Weinhaus Punkt am Marktplatz in Kaltern.

AUTORENTIPP!

ST. PETER BEI ALTENBURG

Einen besonders schönen Tiefblick auf den Kalterer See und seine Weinberge bietet der Kirchenhügel von St. Peter (589 m), dazu auch einen Blick weit zurück in die Vergangenheit. Das Gotteshaus, längst Ruine, gilt als ältestes Südtirols; es wird ins 6. Jh. datiert. Der Platz dürfte bereits sehr viel früher eine Kultstätte gewesen sein, vermutlich ab 1500 v. Chr. Dafür sprechen die Schalensteine (in das Porphyrgestein gemeißelte Vertiefungen) und eine Tumba (Felsenwanne), bei der es sich möglicherweise um ein Grab handelte, das später als Taufbecken benutzt worden ist.

Vom Weiler Altenburg (5 km ab Kaltern) führt ein bequemer Weg hinüber zum Kirchenhügel (10 min.); eine solide Holzbrücke überspannt dabei den tiefen Graben am Ansatzpunkt der Rastenbachklamm. Alternativ kann man auch vom Kalterer See durch die malerische Schlucht nach St. Peter aufsteigen. Der ziemlich steile, mit Holzgeländern versehene Weg verlangt einen sicheren Tritt.

Altenburg ob Kaltern

Einladung zum Entspannen. Am Kalterer See

oder weiß. Die Führung durch das Rebenmuseum ist spannend, eine Verkostung macht deutlich, wie unterschiedlich Weine schmecken können (Kardatscherweg 6).

Kalterer See

Noch berühmter als das Dorf Kaltern ist sein See, 1,5 km² groß und im Sommer bis zu 28 °C warm – alpenweiter Rekord! Das macht den einzigen größeren Badesee Südtirols natürlich zu einem beliebten Ziel für alle Wasserratten und Sonnenanbeter. Andere, ebenfalls regelmäßige Besucher sind verschiedene Vogelarten (insgesamt an die 100!), die gerne im dicken Schilfgürtel an der Südseite brüten. Auch viele Zugvögel machen am Kalterer See Station, darunter Kraniche, Kormorane und Weißstörche.

Das seichte Gewässer (maximale Tiefe knapp 6 m), ein Relikt der Würm-Eiszeit, liegt übrigens ein paar Meter tiefer als der Etschlauf bei Auer. Das führte immer wieder zu Überschwemmungen, weshalb man sich bereits im 18. Jahrhundert zum Bau eines Abzuggrabens (Großer Graben) entschloss, der später verlängert wurde und heute bei

San Michele, jenseits der Provinzgrenze zwischen Südtirol und dem Trentino, in die Etsch mündet.

Mendelbahn

Wie sich die Zeiten doch ändern. Anfang des 20. Jahrhunderts, als der Kaiser Franz Joseph in Wien regierte und das Trentino noch zu Österreich gehörte, konnte man mit der Bahn von Bozen über den Mendelpass ins Nonstal und weiter nach Trient reisen: Von der Südtiroler Landeshauptstadt ging's zunächst durchs Überetsch nach Kaltern, dann mit der Standseilbahn hinauf zum Mendelpass (1363 m). Eine Lokalbahn führte hinunter nach Dermulo, wo man umstieg und mit der Nonstallinie schließlich Trient erreichte. Das alles dauerte seine Zeit, doch im Vergleich mit der Kutschenzeit war man wesentlich schneller unterwegs – dank des technischen Fortschritts.

Und heute? Geblieben ist die Nonstallinie, die sogar 2003 über Malè hinaus noch ein Stück weit verlängert wurde (im autoverrückten Italien ein veritables Wunder), und die Standseilbahn zum Mendelpass. Ihr drohte zeitweise ebenfalls der Abbruch, in den 1980er-Jahren wurde sie sogar vorübergehend stillgelegt. Mittlerweile total saniert, verkehren propere neue Wagen auf der bis zu 64 % steilen Strecke, die einen Höhenunterschied von fast 900 m überwindet. Geplant wurde die Bahn übrigens von einem Schweizer, dem Ingenieur Emil Strub (1858–1909). In Südtirol leitete er auch den Bau des Bozner Stadtbähnchens auf den Virgl (453 m), das 1903 (vier Jahre vor der Mendelbahn) eröffnet wurde.

Der Mendelpass selbst war um die Jahrhundertwende eine beliebte Sommerfrische; dass die glanzvollen Zeiten des Tourismus hier schon lange vorbei sind, sieht man den (viel zu groß gerate-

Oben: Von Altenburg schaut man hinab auf den Kalterer See.
Mitte: Vor 100 Jahren erbaut: die Mendelbahn
Unten: Tiefblick vom Mendelpass auf Kaltern

Oben: Beliebte Einkehr mit besonderem Flair: der Keller am Keil
Mitte: Herbstumzug in Kaltern
Unten: Gasthof in Kaltern

nen) Hotelkästen links und rechts der Straße allerdings deutlich an.

Penegal

Vom Mendelpass ist es lediglich ein Katzensprung zum Penegal (1737 m). Markant ist die Kuppe im Mendelkamm nicht unbedingt, doch dass da oben nicht nur ein Hotel, sondern auch ein Aussichtsturm steht, hat seinen guten Grund. Das Panorama ist schlicht phänomenal, mit herrlichen Tiefblicken ins Überetsch und auf Bozen gewürzt und in allen vier Himmelsrichtungen bis an die Grenze Südtirols bzw. darüber hinausreichend. Da stehen sie dann (fast) alle, die großen Berge des Landes, am vielgezackten Horizont. Im Norden reihen sich die Gipfel des Alpenhauptkamms aneinander, weißüberzuckert, vom Similaun in den Ötztaler Alpen bis zum Großen Löffler (Zillertaler Alpen). Im Uhrzeigersinn schließen die westlichen Dolomiten an, beginnend mit dem Peitlerkofel. Langkofel, Rosengartenspitze und Cimòn della Pala sind Namen, die jeder Bergsteiger kennt. Schwieriger wird's beim Blick nach Süden, hinein ins Trentino. Ein auch nördlich des Alpenhauptkamms bekanntes Bergmassiv steht am südwestlichen Horizont: die Brenta. Und genau im Westen baut sich der höchste Gipfel des gesamten Panoramas auf, der Monte Cevedale (3757 m).

Vom Mendelpass kommt man über eine teilweise recht steile Straße (5 km) bequem auf den Gipfel. Wer mag, kann auch zu Fuß gehen, der markierte Wanderweg verläuft größtenteils abseits des Asphaltbandes. Ein Tipp für Genießer: oben im Hotel Penegal übernachten und den Sonnenuntergang genießen, ganz entspannt. Und am nächsten Morgen gibt's mit etwas Wetterglück das gleiche Spektakel auf der entgegengesetzten Seite des Panoramas zu bestaunen.

Infos und Adressen

ESSEN UND TRINKEN

Castel Ringberg. Genuss und Ambiente auf höchstem Niveau: traumhaft! St. Josef am See, Tel. 04 71/96 00 10, www.castel-ringberg.it

Luggin Steffelehof. Buschenschank mit urigem Gewölbekeller, schönem Garten und Hofladen. Heppenheimer Straße 19, Kaltern-St. Niklaus, Tel. 04 71/96 36 08, www.luggin-steffelehof.com

Siegi's. Kleines, originelles Lokal sehr gute Weine, Südtiroler Spezialitäten. Oberplanitzing, Tel. 04 71/66 57 21, www.siegis.it

ÜBERNACHTEN

Hotel Penegal. Panoramahotel, Tel. 04 71/20 07 69, www.penegal.com

Schlosshotel Aehrental. Der Ansitz, 1635 erbaut, ist eine echte Oase der Ruhe, mit schönem Garten und Schwimmbad. Gute Küche, Terrasse. Goldgasse 19, 39052 Kaltern, Tel. 04 71/96 22 22, www.schlosshotel.it

Robert Scherer malte den Weinkeller der Ersten & Neuen Kellerei aus.

Einen Besuch wert: das Weinmuseum in Kaltern

EINKAUFEN

Erste & Neue Kellerei. Weitgefächertes, qualitativ hochstehendes Sortiment aus einer der größten Genossenschaften Südtirols.Kellereistraße 5, Kaltern, Tel. 04 71/96 31 22, www.erste-neue.it

Weingut Niklas. Weinbau auf hohem Niveau mit bestem Ergebnis: hervorragende Gewächse, rot und weiß. Brunnenweg 31A, Kaltern-St. Niklaus, Tel. 04 71/96 34 34, www.niklaserhof.it

AKTIVITÄTEN

Abenteuerpark Kaltern. Großer Hochseilgarten mit fast 100 Stationen im Wald bei der Sportzone St. Anton. Tel. 347/801 09 60, www.abenteuerpark.it

Südtiroler Weinmuseum. Anfang April–Mitte Nov. Di–Sa 10–17 Uhr, So 10–12 Uhr, Goldgasse 1, Kaltern. Tel. 04 71/96 31 68

Weingut Liselehof. Führungen Di 16 Uhr, Do 11 Uhr; Tel. 04 71/96 50 60, www.liselehof.com

INFORMATION

Tourismusverein Kaltern am See. Marktplatz 8, 39052 Kaltern, Tel. 04 71/96 31 69, www.kaltern.com

Mitte: Der Kirchturm von Tramin ist einer der höchsten Südtirols.
Unten: Die fantastischen Fresken von St. Jakob in Kastelaz

22 Tramin und Kurtatsch

Rebberge unterm Mendelkamm

Südlich vom Kalterer See, zur Trentiner Grenze hin, werden die Rebstöcke nicht weniger, die Touristen schon. Was einem in Kaltern mitunter zuviel werden kann, ist hier auf ein sehr bekömmliches Maß reduziert, Wein und Marende schmecken dabei rund um Tramin und Kurtatsch genau so gut. Auch im Frühjahr, wenn im Etschtal die Apfelbäume blühen, droben auf den Höhen des Mendelkamms aber noch Schnee liegt.

Der Auftritt kommt überraschend – und will nicht so recht zu dem eher behäbigen Bild des Weindorfs passen. Eine liegende Weintraube am Straßenrand, künstlerisch stilisiert: der neue, 2010 eingeweihte Sitz der Kellereigenossenschaft Tramin, entworfen von dem Südtiroler Architekten Werner Tscholl. »Dick nach Tramin steht mein Gedank«, dichtete einst der heimwehgeplagte Oswald von Wolkenstein und meinte damit den edlen Gewürztraminer: strohgelb, aromatisch und körperreich.

Tramin

Durch den Rathausplatz, den der spitze Turm der Pfarrkirche um sagenhafte 93 Meter überragt, weht dann doch das Flair eines typischen Südtiroler Weindorfs: Geschäftigkeit, aber ohne Hektik, alte Mauern, Wirtshäuser mit ein paar Tischen und Stühlen draußen, schattenspendende Bäume. Kunstfreunde werfen einen Blick in das stattliche Gotteshaus, dessen Chor aus gotischer Zeit stammt (um 1400), im Gegensatz zum Schiff, das Anfang des 20. Jahrhunderts neu errichtet wurde.

Der Weinkeller im Neubau der Kellereigenossenschaft Tramin

Beim Hochaltarbild handelt es sich um eine feine Arbeit von Martin Knoller (Ende 18. Jh.); die spätgotischen Chorfresken zeigen u.a. die Zwölf Apostel und Marienszenen.

Was für ein Kontrast zu den Wandmalereien von St. Jakob in Kastelaz! Das Kirchlein, über dem Dorf an einem bereits in prähistorischer Zeit befestigten Hügel stehend, bewahrt in der Apsis romanische Fresken aus dem ersten Viertel des 13. Jahrhunderts. Interessanter als die sakralen Motive sind hier die Darstellungen in der Sockelzone: gar grausliche, kämpfende Fabelwesen!

Der Mendelkamm

Da passt es ganz gut, dass in der Nähe das Höllental mündet. Seinen Namen hat der wilde Graben, der knapp unter dem Monte Roèn (2116 m) ansetzt, nicht ganz zufällig, sorgten Wasser- und Geröllmassen nach Unwettern doch immer wieder für Verheerungen im Ort.

Die Ursache liegt im Profil des Mendelkamms, der nach Westen, gegen das Nonstal, ganz sanft abdacht, zum Etschtal hin aber extrem steil abstürzt. Wer den Monte Roèn von Tramin besteigen will,

AUTORENTIPP!

TURMHOTEL SCHWARZ ADLER
Sonja und Manfred Pomella führen ihr Haus auf charmante, umsichtige Weise, und in der Küche ist Claudio Marcomin für die feinen, mediterran inspirierten Kreationen verantwortlich. Im Sommer wird bei schönem Wetter draußen serviert, ab und zu auch mal gegrillt. Die meisten Zimmer haben Balkon oder Terrasse; für den besonderen Urlaub gerade richtig ist das luxuriöse Obere Turmzimmer. Da fühlt man sich dann dem siebten Himmel schon ziemlich nahe, etwa beim Blick übers Etschtal auf die bewaldeten Höhenzüge des Naturparks Trudner Horn.
Entspannen können sich die Gäste tagsüber im großzügigen Wellnessbereich oder im Freibad direkt vor dem Haus. Für Golfer und Weinliebhaber gibt es spezielle Angebote, eines auch für den Jahreswechsel: Silvester im Süden, in Kurtatsch, vielleicht sogar bei (fast) frühlingshaften Temperaturen …

Turmhotel Schwarz Adler. Kirchgasse 2, 39040 Kurtatsch,
Tel. 04 71/880 600, www.turmhotel.it

Oben und unten: Im Castel Turmhof in Entiklar ist die Kellerei Tiefenbrunner zuhause.

wird wohl spätestens auf der Überetscher Hütte (1773 m), immer noch eine Stunde unter dem Gipfel, dringend eine Stärkung benötigen – falls er überhaupt so weit kommt.

Kurtatsch und Fennberg

Ein paar Kilometer weiter südlich, im Dorf Kurtatsch, geht's ebenfalls bergauf, zur Mittelgebirgsterrasse des Fennbergs. Und der wartet mit einer Überraschung auf: einem der höchstgelegenen Weinberge in den gesamten Alpen! Von den Felswänden der Rappenkoflwand gegen kalte Nordwinde geschützt, gedeiht hier ein Weißwein (Müller-Thurgau) der Kellerei Tiefenbrunner, der die Experten (aber nicht nur sie!) verzückt. Benannt ist der »Feldmarschall« nach Franz Fenner von Fennberg (1759–1824), der sich als Offizier in den Kämpfen gegen die Franzosen auszeichnete. Er kommandierte das Tiroler Scharfschützenkorps, aus dem später die Tiroler Kaiserjäger hervorgingen, eine Kerntruppe der k. u. k. Monarchie.
Das Mittelgebirgsplateau von Fennberg ist von Kurtatsch aus über eine gute, wenn auch kurvenreiche Bergstraße erreichbar. Sie bietet freie Sicht übers Etschtal; zur Rechten baut sich der felsdurchsetzte Mendelkamm auf. Beachtlich hoch sind auch jene fünf Bäume, die hinter Fennhals in einer Reihe an der Straße stehen. Bei den fast 40 m hohen Baumriesen handelt es sich um Mammutbäume; sie sollen 1898 anlässlich des 50-jährigen Thronjubiläums von Kaiser Franz Joseph aus Amerika importiert worden sein.

Der Fennberg ist Ausgangspunkt für schöne Waldspaziergänge und auch größere Wanderungen, etwa auf den Corno di Tres (1812 m; 2 Std.). Und da Bewegung bekanntlich hungrig macht, trifft es sich bestens, dass in Unterfennberg auch zwei Gasthäuser stehen.

Infos und Adressen

ESSEN UND TRINKEN

Gasthaus zur Rose. In den historischen Stuben der »Rose« lässt es sich fein tafeln. Hier stimmt alles: das Ambiente, der Service und vor allem die Kochkunst von Arno Baldo – eine kulinarische Fusion zwischen Südtirol und mediterranem Italia. Endergasse 2, Kurtatsch, Tel. 04 71/88 01 16, www.baldoarno.com

EINKAUFEN

Elena Walch. Das Weingut ist eine Institution, und natürlich überzeugt die Qualität, rot wie weiß. Andreas-Hofer-Straße 1, Tramin, Tel. 04 71/86 01 72, www.elenawalch.com

Kellerei Kurtatsch. Alteingesessene Genossenschaft, bietet Spitzengewächse (Freienfeld, Merlot), aber auch gute, preisgünstige Weine. Weinstraße 23, Kurtatsch, Tel. 04 71/88 01 15, www.kellerei-kurtatsch.it

Arno Baldo kocht in der »Rose« auf hohem Niveau.

Das »Paradeis« von Alois Lageder in Margreid

Kellerei Tiefenbrunner. Im Castel Turmhof, einem alten Ansitz mit schönem Garten, kommen zünftige Brettljausen (Marenden), kombiniert mit besten Weinen, auf den Tisch. Tiefenbrunner, Schlossweg 4, Entiklar-Kurtatsch, Tel. 04 71/88 01 22, www.tiefenbrunner.com

Weinschenke Paradeis. Am alten Dorfplatz von Margreid kann man die fantastischen Weine von Alois Lageder verkosten, dazu mittags auch essen. Mo–Sa 10–20 Uhr, Do bis 23 Uhr, Tel. 04 71/80 95 80, www.aloislageder.eu

AKTIVITÄTEN

Museum Zeitreise Mensch. Eine höchst interessante Zeitreise, von der Steinzeit bis heute. Ostern–Allerheiligen jeweils Fr 10 Uhr Führung, sonst auf Anmeldung, Tel. 04 71/88 02 67

INFORMATION

Tourismusverein Südtiroler Unterland. Hauptmann-Schweiggl-Platz 8, 39040 Kurtatsch, Tel. 04 71/88 01 00, www.suedtiroler-unterland.it

Tourismusverein Tramin. Mindelheimer Straße 10A, 39040 Tramin; Tel. 04 71/86 01 31, www.tramin.com

23 Vom Etschtal zum Trudner Horn

Burgen, Weinberge, Wälder und Felsen

Mitte: Die Andreas-Hofer-Gasse in Neumarkt mit ihren Lauben
Unten: Blick von der Castelfeder aufs Etschtal

Manche Landstriche geben ihre Geheimnisse erst auf den zweiten Blick frei. So etwa Castelfeder, das bereits vor Urzeiten bewohnt war, oder die Madrutwand, die sich bei näherem Hinsehen als enge »Verwandte« berühmter Dolomitengipfel erweist. In den riesigen Waldflächen des Naturparks Trudner Horn verstecken sich Hochmoore wie das Lange Moos, gewaltige, ungangbare Gräben ziehen hinaus zum Etschtal.

Südlich von Auer, dessen italienischer Name in Kreuzworträtseln sehr beliebt ist (Ora), gleich jenseits des Schwarzenbachs, liegt der felsige Porphyrrücken von Castelfeder, geologisch ein Ausläufer des Mitterberges, von dem ihn heute der Etschlauf trennt. Botanisch-zoologisch ist Castelfeder durch das Nebeneinander extrem trockener und feuchtsumpfiger Standorte hochinteressant. Während man an den sonnendurchglühten Trockenhängen Berberitzen, Brombeeren, Weißdorn, Heckenrosen, Mannaesche und Perückenbaum, verschiedenen Hauswurzarten, dem Mauerpfeffer und der Wolfsmilch begegnet, gedeihen in den feuchten Senken, wo sich sogar zwei kleine Tümpel halten, Seggen, Fieberklee, Seerosen und Schwertlilien. Richtig geheimnisumwittert ist die Siedlungsgeschichte von Castelfeder: rund 160 prähistorische Wohngruben, Überreste einer römischen Straßenstation, langobardisches Mauerwerk, Fundamente einer frühmittelalterlichen Burg wurden ausgegraben – und damit zahlreiche Rätsel. Wen wird es da wundern, dass der Hügel bei den

Mazzon gilt als Blauburgunder-Paradies.

Einheimischen als Rabenkofel bekannt ist und – zumindest in der Vergangenheit – mit allerlei Spuk und gespenstischen Ereignissen in Verbindung gebracht wurde.

Neumarkt

Das malerische kleine Städtchen mit seinen altertümlichen Lauben und den erkergeschmückten Häusern ist gewissermaßen auf Wasser gebaut. Damit sind nicht die vor der Etschregulierung immer wieder auftretenden Überschwemmungen gemeint, sondern die Funktion des Alpenflusses als Transportweg. Schon 1181 wird ein Platz urkundlich genannt, an dem man die Flöße für ihre Reise nach Verona zusammenbaute. Ein Dokument aus dem Jahr 1189 bestätigt dann die Gründung eines »neuen Marktes« durch den Bischof von Trient neben der älteren Siedlung Vill. Dort steht noch heute die schönste Kirche von Neumarkt: Unsere Liebe Frau. Ältester Teil des Gotteshauses, das zu den Hauptwerken der Tiroler Gotik gehört, ist der von Meister Konrad aus Neumarkt gestaltete Chor (1412). Langhaus und Turm wurden 1461 begonnen, aber erst Anfang des 16. Jahrhunderts vollendet. Im Innern der dreischiffigen Halle tragen Rundpfeiler ein feinverzweigtes

AUTORENTIPP!

GASTHAUS KÜRBISHOF

Sogar für die meisten Südtiroler liegt Altrei (1222 m) »hinter den sieben Bergen«. Das hat aber auch seine Vorteile, vor allem für jene, die weder Wellness noch Funparks brauchen, um sich prima zu fühlen, denen Ruhe wichtiger ist als Action. Ein Wohlfühlklima herrscht auch im Gasthaus Kürbishof in Altrei. Das liegt nicht nur an den freundlichen Gastgebern, sondern ebenso am anheimelnden Ambiente und der regional ausgerichteten Küche – Gewürze und Kräuter stammen aus dem eigenen Garten –, die nach der Wanderung im Naturpark Trudner Horn gleich doppelt gut schmeckt. Etwas ganz Besonderes: die Variation vom Altreier Kaffee als Nachspeise – lassen Sie sich überraschen!

Das Haus entstand aus dem Um- und Ausbau einer alten Scheune von 1772; die beiden Bauernstuben stammen aus dem 16./17. Jahrhundert, die drei Doppelzimmer sind geschmackvoll eingerichtet.

Gasthaus Kürbishof. Ganzjährig geöffnet, Di Ruhetag, Guggal 23, 39040 Altrei, Tel. 04 71/88 21 40, www.kuerbishof.it

Oben: Geheimnisumwittert: Castelfeder
Mitte: Franz Haas in seinem Rebberg
Unten: Das Unterland ist ein beliebtes Radlrevier.

Netzgewölbe mit viereckigen und schildförmigen Rundsteinen.

Naturpark Trudner Horn

Ein bisschen fristet er ein Dornröschendasein, der südlichste Naturpark Südtirols. Wanderkolonnen wie drüben in den Dolomiten wird man hier nicht begegnen, das hochalpine Ambiente fehlt ebenso wie bizarre Felszacken, und wer auf die absurde Idee gekommen ist, den höchsten Punkt – einen abgeflachten Waldrücken – als »Horn« zu bezeichnen, weiß ich nicht.

Das seit 1980 bestehende, knapp 70 km^2 große Schutzgebiet kann aber trotzdem mit einigen Sensationen aufwarten. Es beherbergt die artenreichste Flora und Fauna aller Südtiroler Parks, was darauf zurückzuführen ist, dass es am Etschtalboden fußt, mit seinen Gipfeln aber bis über Mittelgebirgshöhen hinausreicht.

Einzigartig sind die verschiedenen Waldgesellschaften des Parks, vom Flaumeichen-Hopfenbuchen-Buschwald über Trockenrasen, auf denen der duftende Diptam blüht, Föhrenwälder, Buchen- und Tannenwälder bis zu den blumenreichen Lärchenwiesen. Im Kammbereich liegen mehrere größere Hochmoore, so am Gampen, am Schwarz- und Weißsee sowie am Langen Moos. In diesen ganz speziellen Lebensräumen gedeihen Rausch- und Moosbeeren, locken Sonnentau und Fettkraut Insekten an, um ihre karge Nährstoffration etwas aufzubessern.

Wissenswertes über den Park vermittelt das Naturparkhaus in der restaurierten, elektrisch betriebenen Mühle in Truden. Im Amphibienteich tummeln sich einige der für die Moorlandschaft typischen Tierarten.

Infos und Adressen

SEHENSWÜRDIGKEITEN

St. Stephan in Pinzon. Kunstfreunde steuern den kleinen, bukolisch zwischen den Weinpergeln gelegenen Weiler an, um den prächtigen Flügelaltar zu besichtigen. Er stammt vom Brixner Hans Klocker (spätes 15. Jh.) und gehört zu den schönsten Schnitzaltären des Landes.

ESSEN UND TRINKEN

Johnson & Dipoli. Unter den Neumarkter Lauben lässt es sich gut sitzen. Kleine Speisekarte, vorzügliche Weine. Andreas-Hofer-Straße 3, Neumarkt, Tel. 04 71/82 03 23.

ÜBERNACHTEN

Goldener Löwe. Das Haus stammt im Kern aus dem 14. Jh., es wurde 1997 renoviert. Auf der Speisekarte stehen vor allem Südtiroler Gerichte, der Keller hütet gute Blauburgunder – was sonst? Kirchplatz 11, 39040 Montan, Tel. 04 71/81 98 44, www.goldenerloewe.it

EINKAUFEN

Weingut Franz Haas. Die Palette der Weine, mit denen Franz Haas Preise einheimst, ist beachtlich. Besonders begehrt sind seine Blauburgunder. Villnerstraße 6, Montan, Tel. 04 71/81 22 80, www.franz-haas.it

Vincenzo de Gasperi (Enzo) ist Hausherr im »Johnson & Dipoli«.

Enzos Reich unter den Lauben von Neumarkt

AKTIVITÄTEN

Radweg San Lugano–Montan. Auf der Trasse der ehemaligen Schmalspurbahn Auer–Predazzo vom San-Lugano-Sattel (1097 m) hinab nach Montan (496 m). Gehzeit etwa 3.30 Std. Schneller geht's natürlich mit dem Rad.

Museum für Alltagskultur. Allerlei aus der »guten alten Zeit«. Di nach Ostern–Allerheiligen Di–Fr 16–18 Uhr, Di und So 10–12 Uhr, Neumarkt, www.museen-suedtirol.it

INFORMATION

Naturparkhaus. Am Kofl 2, Truden, Tel. 04 71/86 92 47, www.provinz.bz.it/naturparke

24 Bletterbachschlucht

Der Grand Canyon Südtirols

Auch Südtirol hat seinen »Grand Canyon«, natürlich nicht ganz so groß wie das US-Weltwunder, aber ebenfalls sehr beeindruckend. Er versteckt sich tief im Süden Südtirols zwischen bewaldeten Hügeln, und über dem Ansatzpunkt des monumentalen Grabens, der sich bei Auer zur Etsch hin öffnet, thront das Weißhorn, ein »verirrtes Stück Dolomiten« am Rand des Regglberges.

Mitte: Eine Zeitreise der besonderen Art: der Weg in die Bletterbachschlucht
Unten: Feuersalamander

Ab in die Vergangenheit! Der Ausflug in die Bletterbachschlucht ist eine Zeitreise zurück durch die Jahrmillionen, die an einem vorbeiziehen wie im Zeitraffer. Denn die Klamm – eines der großen Naturwunder Südtirols – ist so etwas wie ein aufgeschlagenes Geschichtsbuch, allerdings eines, auf dessen Seiten von Jahrmillionen die Rede ist: Erdgeschichte. An ihren Steilflanken lässt sich das Werden der Dolomiten ablesen; ein geradezu exemplarischer »Aufschluss« (so sagen die Geologen), aufschlussreich aber auch für den Laien, diese Wanderung durch Äonen auf einem Pfad, der, entstanden durch Erosionsarbeit, die Vergänglichkeit selbst der »ewigen« Berge deutlich macht. Unglaubliche 10 Milliarden Tonnen Gestein wurden dabei vom Wasser ins Etschtal transportiert, dann vom zweitlängsten Fluss Italiens zu Sand zerrieben und aus den Alpen heraus befördert in die Adria. In der Bletterbachschlucht wurde in früheren Zeiten auch nach Erzen geschürft; Spuren des (wenig ergiebigen) Bergbaus entdeckt man noch heute etwa auf der Wanderung durch die Klamm beim sogenannnten »Taubenleck«.

Radein liegt hoch über dem Etschtal.

50 Millionen Jahre

Zwischen der Mündung des Bletterbachs in die Etsch und dem Gipfel des Weißhorns, an dessen Westflanke er entspringt, liegen über 2000 Höhenmeter und – geologisch betrachtet – mehr als 50 Mio. Jahre. Das Fundament dieses gewaltigen »Bauwerks« besteht aus Bozner Porphyr, einem rötlichen Gestein vulkanischen Ursprungs (vor 270–225 Mio. Jahren), das im Landschaftsbild rund um Bozen dominiert. Auf dieser Platte liegen übereinander – fast wie bei Omas Torte – Grödner Sandstein, Bellerophon- und Werfener Schichten; der »Zuckerguss« am Weißhorn (2317 m) besteht dann aus Sarldolomit. Handelt es sich beim Grödner Sandstein, der im Bereich der Bletterbachschlucht eine Mächtigkeit von etwa 200 m erreicht, noch um ein festländisches Verwitterungsprodukt, so zeugen die Bellerophonschichten mit ihren Gipseinlagen bereits von – wenn auch nur seichter und sporadischer – Meeresbedeckung. Die Werfener Schichten leiten die alpine Triasfolge ein; mit ihnen beginnt die marine Sedimentation.

AUTORENTI

GASTHAUS KRONE

Tradition wird groß geschrieben in dem stattlichen alten Haus im Zentrum von Aldein, 1000 m über dem Etschtal. Das passt gut zu dem gediegenen Ambiente mit den schönen Stuben samt Kachelöfen, aber auch zur Familie Franzelin. Die führt das 1577 erstmals urkundlich erwähnte Gasthaus Krone seit 1720. So etwas ist auch Verpflichtung, doch der kommt man hier gerne nach. Typische Südtiroler Küche wird gekonnt zelebriert, von der Weinsuppe über die feinen Milzknödel und das leckere Gröstl bis zum Hirschnüsschen mit Bratapfel. Auf der Speisekarte entdeckt man immer wieder besondere Schmankerl, die aus den meisten Gasthausküchen längst verschwunden sind – Grund genug für mehr als nur einen Besuch in der »Krone«. Zumal nur hochwertige Produkte, teilweise vom eigenen Bauernhof, verwendet werden. Gut bestücker Weinkeller. Mo Ruhetag. Der Gasthof verfügt über 12 Doppelzimmer und zwei Suiten.

Gasthof Krone. Dorfplatz 3, 39040 Aldein, Tel. 04 71/88 68 25, www.gasthof-krone.it

Oben: Am Mühlenweg bei Aldein
Mitte: Mehr als ein Naturdenkmal, ein Naturwunder: die Bletterbachschlucht
Unten: Wanderer in der Bletterbachschlucht

In der Bletterbachschlucht kann man die gesamte permo-triasische Schichtfolge, vom Porphyr bis zum Sarldolomit, geradezu beispielhaft, von Geröll- und Schuttablagerung kaum beeinträchtigt, verfolgen. So wird die Bergwanderung zu einer (entspannten) Lernstunde unter freiem Himmel, und so mancher bunte, vom Wasser in Jahrtausenden rund geschliffene Stein (wie alt ist er wohl?) wandert in die Hosentasche eines Junior-Erdkundlers ...

Geoparc Bletterbach

Der Geo-Weg in die Bletterbachschlucht ist bestens ausgeschildert; er startet beim Besucherzentrum und führt bis in den Talschluss unter dem Westabsturz des Weißhorns. Es sind zwei unterschiedlich lange Runden möglich: bis ins Butterloch (2.30 Std.) oder weiter bis in die Gorz (4 Std.). Als alternativer Ausgangspunkt kommt auch Radein (1556 m) in Frage. Gutes Schuhwerk ist wichtig; man bewegt sich abschnittweise im Geröll oder auf felsigem Untergrund.

Viel Interessantes zur Geschichte der Dolomiten präsentiert das moderne Besucherzentrum (Zufahrt von Aldein), u.a. Fossilienfunde aus der Bletterbachschlucht sowie über 200 Mio. Jahre alte Dinosaurierspuren. Auch Führungen werden angeboten, ab Besucherzentrum bzw. Geologiemuseum Radein.

Unmittelbar beim Besucherzentrum startet der neue Waldlehrpfad. Insgesamt zehn Tafeln thematisieren verschiedene Aspekte des Waldes, seine Flora und Fauna. Man erfährt Interessantes u.a. über das Leben der Waldbienen, über Lärchenwiesen, Moose, über Totholz und seine Funktion innerhalb des Biotops (Gehzeit knapp 1 Std., breiter Weg).

Infos und Adressen

SEHENSWÜRDIGKEITEN

Maria Weißenstein. Der mächtige Gebäudekomplex auf dem Regglberg gilt als meistbesuchter Wallfahrtsort Südtirols. Die Wallfahrt geht auf eine Marienerscheinung im Jahr 1553 zurück; die Mitte des 17. Jh. geweihte Kirche wurde später mehrfach erneuert. Anfahrt von Petersberg über eine gute Straße.

ÜBERNACHTEN

Berghotel Zirmerhof. Ein Traditionshaus, in dem seit 1890 Gäste bewirtet werden. Besonders schmackhaft kochte die Großmutter Hanna Perwanger (ihr Kochbuch, 1967 erstmals erschienen, ist legendär!), doch kann die junge Generation ganz gut mithalten. Herrliche Lage, Wellnessbereich, eigener Weinberg, Hofladen. 39040 Radein, Tel. 04 71/88 72 15, www.zirmerhof.com

Haus mit Aussicht: die Villa Berghofer

Golfplatz mit Aussicht: die Petersberger 18-Loch-Anlage

Villa Berghofer. Stilvoll renovierte Villa aus den 1960er-Jahren in herrlich ruhiger Panoramalage. Außenpool am Hang, Kräuter- und Heubäder. Oberradein 54, 39040 Radein, Tel. 04 71/88 71 50, www.berghofer.it

AKTIVITÄTEN

Besucherzentrum Geoparc. Mai–Okt. tgl. 9.30–18 Uhr, Tel. 04 71/88 69 46, www.bletterbach.info

Golfplatz Petersberg. Prächtig gelegene Anlage auf dem Regglberg, mit Aussicht übers Etschtal bis zur Brenta, etwa 5 km von Aldein. 18-Loch-Anlage auf ca. 1200 m Höhe. Unterwinkel 5, Petersberg, Tel. 04 71/61 51 22, www.golfclubpetersberg.it

Mühlenmuseum. Ein markierter Rundweg führt von Aldein in den Graben des Thalbachs, wo man u.a. eine funktionsfähige Venezianersäge besichtigen kann (1 Std.). Lässt sich gut mit einer Wanderung zum idyllischen Göllersee verbinden. Juli/Aug. geführte Mühlenwanderung, 14 Uhr ab Dorfplatz

INFORMATION

Tourismusverein Aldein-Radein-Joch Grimm. Dorf 34, 39040 Aldein, Tel. 04 71/88 68 00, www.aldein-radein.it

STERZING – PUSTERTAL

Vorangehende Doppelseite: Am Pragser Wildsee
Mitte: Die Neustadt mit dem Zwölferturm
Unten: Kunstvoll. Das Wirtshausschild vor dem Eingang zum Hotel Lamm

25 Sterzing
Das Fuggerstädtchen am Brenner

Bei der Fahrt über den Brenner – dem Tor in den Süden Tirols – ist in dem historischen Städtchen an der Mündung des Pfitsch- und des Ridnauntals der erste Zwischenhalt fällig – falls man nicht der Einkaufsversuchung im riesigen Klamotten-Outlet oben am Pass erlegen ist. Aber das wäre schade, bietet der Spaziergang durch das Städtchen doch Gelegenheit, so richtig einzutauchen ins Südtirol-Gefühl.

Die Häuser an der Hauptgasse von Sterzing wurden nach einem verheerenden Brand um die Mitte des 15. Jahrhunderts neu aufgebaut und blieben seither von größeren Veränderungen verschont – zum Glück. Sie zeigen schmale, hohe Fassaden über den Lauben; durch zwei oder sogar drei Geschosse gehende Erker und spitzbogige Portale. Ein Durchgang führt da und dort in einen malerischen Innenhof. Bei schönem Wetter ist meistens viel Volk unterwegs, man sitzt draußen auf der Gasse, genießt etwas Kühles oder Süßes, parliert und guckt.

Rathaus und Zwölferturm

Ungerührt beobachtet der heilige Nepomuk (1739) das lebhafte Treiben. Die Statue steht vor dem gotischen Rathaus, einem stattlichen Bau mit mehrstöckigem Eckerker (1524). Der Ratssaal, in dem heute noch getagt wird, gilt als einer der schönsten Südtirols; er kann Montag bis Freitag besichtigt werden. Im Hof sind ein 1589 bei Mauls gefundener Mithrasstein und ein römischer Meilenstein aufgestellt.

In der Sterzinger Neustadt

Eigentliches Wahrzeichen des Städtchens ist der Zwölferturm, unverkennbar mit seinem Treppengiebel, der den Stadtplatz gegen die Neustadt abgrenzt. Gegenüber, am Eingang in die Altstadt, steht die Spitalkirche zum Heiligen Geist (1380). Letzteren dürften wohl öfters Patienten angerufen haben, denen die ärztliche Kunst vergangener Zeiten nicht mehr weiterhelfen konnte.

Nördlich vom Stadtplatz erstreckt sich die kleine Altstadt, eigentlich nur eine Gasse und architektonisch einfacher gestaltet. Hier lebten früher vor allem Handwerker, die für den Fuhrwerksverkehr wichtig waren (Brennerweg), und die sogenannten »Bremser«. Ihre Aufgabe war es, den schwer beladenen Wagen bei einem Halt in der Steigung einen Bremsklotz unter die Räder zu schieben.

Pfarrkirche

Zu Wohlstand kam Sterzing, dessen Siedlungsgeschichte möglicherweise mit der römische Straßenstation Vipitenum begann, vor allem durch den ergiebigen Silber- und Bleierzabbau im Ridnaun bzw. am Passeirer Schneeberg (siehe Highlight 11). Die Knappen sollen auch schuld daran sein, dass die Pfarrkiche zu Unserer Lieben Frau im Moos nicht im Dorf, sondern – ganz ungewöhn-

AUTORENTIPP!

KLEINE FLAMME

Klein, aber fein! Das Lokal in einem Innenhof der Neustadt mag zwar winzig sein, doch man lasse sich davon nicht täuschen. Burkhard Bacher ist ein Kosmopolit, in den Küchen der Welt zuhause, ob in Japan oder Thailand oder in Frankreich. Sein Herd steht in Südtirol, und da schaut er auch gerne nach Süden, in die Welt mediterraner Köstlichkeiten. Das Ergebnis: eine Reise hinaus in die weite Welt der Kochkunst, zu immer neuen, überraschenden Kreationen. Zwei Beispiele: Thunfischwürfel »In Gedanken an Japan«, Infusion von Frischkäse und Balsamico-Essig, gebratene Mohnbirne und Grüntee-Gelatine; Lammkarree »Orientalischer Pfad« mit Safran-Joghurt, Schüttelbrot-Krokant, Spinat und Sultanin. Und zum Nachtisch vielleicht eine Crème Brûlée mit Guave-Ingwer-Eis? Ein gut sortierter Weinkeller und der herzliche Service runden den Besuch in der Kleinen Flamme ab, wo ganz groß gekocht wird. Mo Ruhetag.
Neustadt 31, Sterzing,
Tel. 04 72/76 60 65,
info@kleineflamme.com,
www.kleineflamme.com

AUTORENTIPP!

PRETZHOF

Dass man in dem Bauernhof hoch über dem Pfitscher Tal prima essen und sogar einkaufen kann, hat sich mittlerweile bis in die Münchner Gegend herumgesprochen. Das verwundert nicht allzu sehr, ist für viele Oberbayern der Süden Tirols fast so etwas wie eine zweite Heimat. In den Stuben oder auf der Terrasse vor dem Pretz lässt man sich ganz besonders gerne nieder; die Speisekarte verspricht Bodenständiges, viele Ingredenzien stammen vom eigenen Hof oder aus der näheren Umgebung, und Ulli Mayr zaubert aus ihnen echte Köstlichkeiten auf der Basis überlieferter Rezepte und nach dem Grundsatz: »heimisch, einfach, kreativ, gesund, frisch«. Im »Hofladele« kann man Hausgemachtes kaufen: Speck, Kaminwurzen, Gamsschinken, Bergkäse von der Draßbergalm, Marmeladen und Säfte, Honig, Bärlauchpesto, Preiselbeerlikör, Schüttelbrot aus dem Ridnauntal usw.

Den Pretzhof erreicht man von Sterzing über die Pfitscher-Tal-Straße; hinter Wiesen rechts beschilderte Abzweigung; 8 km ab Sterzing.

Pretzhof. Mo und Di Ruhetag, Tulfer 259, 39040 Wiesen/Pfitsch, Tel. 04 72/76 44 55, www.pretzhof.com

Ein Haus mit Tradition und Stil: der »Stafler« in Mauls

lich – vor dem Städtchen auf dem freien Feld errichtet wurde. So hatten sie es näher zum Gottesdienst … Der stattliche spätgotische Hallenbau mit seinem seitlich angefügten, gedrungen wirkendem Turm geht im Wesentlichen auf das 15./16. Jahrhundert zurück. Noch vor 1450 entstand der außen durch Strebepfeiler gegliederte Chor, zwischen 1497 und 1525 dann das Langhaus. Als Baumeister werden Hans Feur, Benedikt Weibhauser und Hans Lutz genannt; Thomas Scheiter, ein bekannter Steinmetz seiner Zeit, schuf das reich verzierte Südportal nach Entwürfen von Matthias Stöberl. Es zeigt im Bogenfeld die thronende Madonna, darunter die Wappen des deutschen Königreichs, Österreichs und Tirols und auf dem Sturz eine Inschrift zur Grundsteinlegung durch Maximilian I.

Um die Mitte des 18. Jahrhunderts wurde das Innere der Pfarrkirche – dem Zeitgeist folgend – barockisiert; Johann Adam Mölk, der auch anderswo in Südtirol seine Spuren hinterließ, schuf die farbenfrohen Deckengemälde.

Deutschhaus und Multscher-Altar

Auch der gotische Flügelaltar wurde ein Opfer der Modernisierung; in dem neugotischen Gehäuse stehen fünf Schreinfiguren jenes Altars, der zwischen 1455 und 1458 in der Ulmer Werkstatt des Meisters Hans Multscher enstand. In die Außenwände der Kirche sind zahlreiche alte Grabplatten eingemauert, die fast lückenlos die Entwicklung der Sterzinger Steinmetzschule von 1500 bis ins 18. Jahrhundert dokumentieren. An der Südwand entdeckt man einen römischen Grabstein; er wurde laut der darunter angebrachten Tafel »zu unterst im Grund« gefunden, was die Vermutung untermauert, dass die Pfarrkirche über einem Gräberfeld aus antiker Zeit erbaut wurde.

Neben der Pfarrkirche, nur wenige Schritte entfernt, steht das Deutschhaus. Ursprünglich als Hospiz gegründet, kam es 1254 an den Deutschen Ritterorden. Der Turm der dreiflügeligen Anlage stammt aus dem 14. Jahrhundert; der Ostflügel wurde 1752–1754 barockisiert. Er beherbergt neben dem Stadtmuseum (u.a. interessante historische Wandgemälde) das Multschermuseum. Letzteres präsentiert Fragmente des legendären Fügelaltars. Das große Werk kostete damals 1331 Gulden; es diente bis 1779 als Hochaltar, musste dann aber einem barocken Ungetüm weichen. In der Folge ging einiges unwiderbringlich verloren. Eine geradezu abenteuerliche Odyssee erlebten die Flügelgemälde, die 1940 als ein Geburtstagsgeschenk Mussolinis an Göring nach Deutschland kamen. Durch eine glückliche Fügung überstanden sie alle Kriegswirren.

Obwohl nur mehr in Fragmenten zu bewundern, ist die hohe Kunst Multschers augenfällig. Kein Wunder, dass der Altar des Schwaben die einheimischen Maler und Bildhauer nachhaltig beeinflusste.

Die berühmten, ungewöhnlich detailreichen acht Flügelgemälde zeigen innen das Marienleben, au-

Oben: In der Sterzinger Neustadt
Mitte: Die Uhr am Zwölferturm
Unten: Kleine Konkurrenz zum Südtiroler Bier-Monopolisten

Oben: Ein markantes Profil: der Pflerscher Tribulaun
Mitte: Südtiroler Bergidylle im Pflerschtal
Unten: Eine Bilderbuchburg – Schloss Reifenstein

ßen Passionsszenen. Sie lassen deutlich den Einfluss niederländischer Vorbilder erkennen und stammen möglicherweise von einem Werkstattmitarbeiter Multschers.

Burg Reifenstein

Auf einer felsigen Kuppe mitten im Sterzinger Moos thront Reifenstein, Blickfang von der Brenner-Autobahn aus: eine Bilderbuchburg! Ältester Teil der Anlage ist der fast 24 m hohe Bergfried (um 1140), dem später ein Wohnturm mit trapezförmigem Grundriss angefügt wurde (13. Jh.). 1470 kam Reifenstein an den Deutschen Ritterorden, der die Feste großzügig ausbauen ließ. Damals entstanden die Ringmauer, der Brunnenhof, die mächtige nördliche Vorburg und der Palas, dessen gotische Ausstattung größtenteils erhalten blieb. Ein Prunkstück ist der »Grüne Saal« mit seiner reichen Ornamentmalerei und der fein gearbeiteten Gittertür, die den Raum von der Kapelle trennt.

Pfitscher- und Pflerschtal

Etwas Hochgebirgsluft südlich unter dem Alpenhauptkamm schnuppern? Das geht in den beiden Tälern, die bei Sterzing bzw. bei Gossensass münden. Von Sterzing kann man über eine – zuletzt recht schmale – Straße bis hinauf zum Pfitscher Joch (2251 m) fahren, wo die älteste private Schutzhütte Südtriols steht.

Die Straße ins Pflerschtal endet in Hinterstein, am Südfuß des Pflerscher Tribulaun (3097 m), der zu den markantesten (und brüchigsten) Gipfeln des Stubaier Hauptkamms zählt. Wer mit dem Sessellift zur Ladurner Alm (1724 m) hinauffährt, wird mit einem königlichen Blick auf die stolze Felspyramide belohnt.

Infos und Adressen

SEHENSWÜRDIGKEITEN

Burg Reifenstein. April–Nov., Führungen 10.30, 14, 15 Uhr, Mitte Juli–Mitte Sept. auch 16 Uhr, Sa keine Führungen, www.sterzing.com

Burg Sprechenstein. Als Pendant zu Reifenstein grüßt die Burg Sprechenstein (13./16. Jh.) links des Eisack von einer schroffen Bergkuppe herab. Fußweg etwa 30 Min., keine Besichtigung möglich (privat).

ESSEN UND TRINKEN

Arbor. Hier kommt neben Südtiroler Gerichten auch Mediterranes auf den Tisch, saisonal variierend und kreativ verfeinert. Es werden vor allem Produkte aus der Umgebung verwendet; der Weinkeller kann sich sehen lassen. Mi Ruhetag. Geizkoflerstraße 15, Sterzing, Tel. 04 72/76 42 41, www.arbor.bz.it

Ein sicherer Tipp zum Einkauf: Hofer Market

Leckere Nachspeise beim »Stafler«

ÜBERNACHTEN

Romantik Hotel Stafler. Seit Jahrhunderten werden Gäste im Stafler bewirtet, früher wohl eher einfach. Heute hingegen fehlt es Mauls an der Brennerstraße an nichts: komfortable Zimmer, großer Wellnessbereich und vorzügliche Küche. Die Gourmetstube Einhorn im Hotel bietet Gaumenfreuden auf Spitzenniveau. 39030 Mauls (10 km von Sterzing), Tel. 04 72/77 11 36, www.stafler.com

EINKAUFEN

Hofer Market. Feines aus allen Regionen Italiens, und das zu fairen Preisen: Ideal zum Mitnehmen auf dem Weg nach Hause. Liegt direkt an der Ortsumfahrung von Sterzing. Di–Sa, Brennerstraße, 21, Tel. 04 72/76 51 52, www.hofermarket.it

AKTIVITÄTEN

Stadtmuseum/Multschermuseum. April–Okt. Di–Sa 10–13, 13.30–17 Uhr, Tel. 04 72/76 64 64

INFORMATION

Tourismusverein Sterzing. Stadtplatz 3, 39049 Sterzing, Tel. 04 72/76 53 25, www.sterzing.com

Schloss Wolfsthurn im Ridnauntal beherbergt heute das Südtiroler Jagd- und Fischereimuseum.

26 Ridnauntal

Auf den Berg – in den Berg

Im Ridnaun kann man nicht nur schön wandern, sich verwöhnen lassen oder hohe Berge besteigen, hier gibt's auch Wege in den Berg. Der machte früher manche reich (die Fugger noch ein wenig reicher), lieferte er doch über Jahrhunderte Silber und Erze. Heute fahren Touristen ein und staunen über das riesige Bergwerksgelände rund um den Schneeberg – in Höhen zwischen 2000 und 2800 m.

Wer von Sterzing ins Ridnauntal fährt, hat sie bereits vor sich, die Stubaier Gletscher um Sonklarspitze (3471 m), Wilden Pfaff und Wilden Freiger. Sie speisen den Ridnaunbach, der an Sommertagen manchmal ganz schön anschwellen kann. Dann schwitzen die Eisflächen des Übeltalferners und des Ebenferners, stieben die Gletscherbäche zu Tal: Klimawandel. Wer eine Nacht auf dem hochgelegenen Becherhaus (3191 m) verbringt, hat ausreichend Zeit, sich ein Bild von der aktuellen Situation zu machen. Nachdem man die historischen Aufnahmen im Haus gesehen hat, reicht ein Blick über die Hochgebirgskulisse, um sich der dramatischen Veränderungen bewusst zu werden: Geröllhänge statt Firnflanken, löchriges Eis, Spalten.

Historischer Bergbau

Das Becherhaus – 1894 von der Sektion Hannover des Deutschen Alpenvereins erbaut – hieß übrigens ursprünglich Kaiserin-Elisabeth-Hütte, und eingeweiht wurde es am 16. August, dem Geburtstag des Kaisers. Damals erlebte der Alpinismus sein »golden age«, auch in den Tiroler Bergen.

Bauernwelt Ridnauntal

Bis dato hatten sich vor allem Jäger (und Wilderer) für die Hochregionen interessiert – und die Bergleute. Vielerorts in den Alpen wurde geschürft, wurden Erze, aber auch Gold und Silber zutage gefördert – wie in den Stubaiern. Fast ein Jahrtausend lang – bis 1979, dem Jahr der endgültigen Stilllegung – lieferte der Berg Silber, Blei- und Kupfererze; ab dem 19. Jahrhundert wurde auch nach Zinkblende gegraben. Eine Urkunde aus dem Jahr 1237 berichtet bereits von »argentum bonum de sneberch«, von dem guten Silber des Schneebergs.

Erzabbau im Hochgebirge

Die Erzadern ziehen sich durch den Bergkamm, der das Passeier- vom Ridnauntal trennt. Die Grubeneingänge liegen fast alle im Westen, der Abtransport erfolgte aber von Anfang an ins Ridnaun. Immer aufwendigere Transportanlagen wurden dazu gebaut: Tunnels, Seilbahnen, Schrägaufzüge, zuletzt auch noch eine Erzstraße. Immerhin liegen fast 10 km Distanz zwischen den

AUTORENTIPP!

DIE GILFENKLAMM

Etwas Gänsehaut gefällig, dazu eine Sauerstoffdusche? Beides bietet die Gilfenklamm, und ein besonders schönes Naturschauspiel dazu. Sie wurde bereits vor über 100 Jahren durch einen festen Steg erschlossen und auf den Namen »Franz-Josephs-Klamm« getauft (kleine Tafel) – damals waren die Tiroler halt noch schwer monarchistisch. Heute ist der (erneuerte) Steig ein beliebtes Ausflugsziel für Jung und Alt. Vor allem Kinder haben ihren Spaß an den stiebenden und tosenden Wassern. Der Ratschingsbach schneidet an der Talmündung eine mächtige Marmorader – einmalig in den Alpen. Der weiße Marmor von Ratschings war früher sehr geschätzt; er wurde u.a. beim Bau der Innsbrucker Hofkirche verwendet. Besonders spektakulär ist der rund 15 m hohe Wasserfall im oberen Teil der Schlucht. Hier soll ein spezielles Heilklima herrschen, dank einer extrem hohen Konzentration von aktiven Sauerstoffionen; gute Luft für Asthmatiker und Allergiker! In knapp einer Stunde steigt man von Stange durch die Klamm (Gebühr) hinauf zum Gasthaus Jaufensteg, das an der Straße ins Ratschingser Tal liegt.

Oben: In Maiern befand sich früher eine große Aufbereitungsanlage.
Mitte: Maria Faßnauer überragte spielend jeden Tiroler Mann.
Unten: Im Schaustollen des Bergwerks

Erzgruben am Schneeberg (2355 m) und Maiern (1426 m), dazu ein hoher Übergang, die Schneebergscharte (2700 m). Um einen bequemeren Abtransport des Erzes zu ermöglichen, wurde das Joch bereits 1727 untertunnelt; der Kaindlstollen war 385 Klafter (680 m) lang. Gearbeitet wurde das ganze Jahr über; die Bedingungen für die Knappen waren entsprechend hart, Unfälle an der Tagesordnung, auch Spannungen zwischen den (oft im Ausland angeheuerten) Bergleuten und den Einheimischen blieben nicht aus. In der Blütezeit des Bergbaus waren bis zu 1000 Arbeiter beschäftigt; am Schneeberg, der seinen Namen nicht ganz zufällig trägt, entstand ein großes Dorf. Auch Sterzing profitierte von dem Bergsegen. Dort hatten die Fugger – immer zur Stelle, wenn es etwas zu verdienen gab – ihre Niederlassung.

Erlebnis Bergbau

Der Abbau von Zinkblende bescherte dem Schneeberg eine letzte Blütezeit. 1870 baute man in Maiern eine große Aufbereitungsanlage. Im ehemaligen Arbeiterwohnhaus ist heute ein interessantes Museum eingerichtet, das alle Aspekte des Bergbaus am Schneeberg beleuchtet. Zu sehen ist auch die »größte Frauensperson Tirols«, die aus Ridnaun stammende Maria Faßnauer (1879–1917). Sagenhafte 2,17 Meter groß soll sie gewesen sein – und eine Attraktion auf Jahrmärkten und Festen in halb Europa, auch auf dem Oktoberfest in München. Es werden zudem interessante Führungen angeboten, z.B. das »Abenteuer Schicht«, bei dem der 3,5 km lange Poschhausstollen mit der originalen Grubenbahn befahren wird, oder »Schneeberg Junior« speziell für Kinder (ab 5 Jahren). Anmeldung für alle Führungen unerlässlich! Faszinierend: Das gesamte Bergwerk ist noch intakt, viele Anlageteile werden bei den Führungen genutzt bzw. in Betrieb genommen.

Infos und Adressen

SEHENSWÜRDIGKEITEN

Schloss Wolfsthurn. In dem sehenswerten Spätbarockschloss (1740) mit seinen drei Flügeln, Ecktürmen und Mansardendächern ist das Südtiroler Jagd- und Fischereimuseum untergebracht. Sehenswertes Interieur des 18./19. Jhs. Anfang April–Mitte Nov. Di–Sa 10–17 Uhr, So 13–17 Uhr, Mareit 5, Tel. 04 72/75 81 21

St. Magdalena. An der Geländeschwelle, die das äußere vom inneren Ridnaun trennt, erhebt sich die gotische Knappenkirche. Sie bewahrt einen prächtigen Flügelaltar von Matthias Stöberl (1509). Der Schrein birgt zwei Bergknappen. Mai–Okt. jeweils Mo 16–17 Uhr, Juli/Aug. auch Fr 10–11 Uhr.

ÜBERNACHTEN

Sonklarhof. Es gibt eine Sonklarspitze, benannt nach dem Alpenpionier, und einen Sonklarhof. Der geht auf ein bereits im 16. Jh. bezeugtes »Wirtshaus bei der Hitten« zurück, wurde vor mehr als 100 Jahren ausgebaut – und ist auch heute noch eine gute Adresse für einen Urlaub am Fuß der Stubaier Alpen. Feine Küche, großer Wellnessbereich. Ridnauntal, 39049 Sterzing, Tel. 04 72/65 62 12, www.sonklarhof.it

AKTIVITÄTEN

Bergbaumuseum Ridnaun. Anfang April–Anfang Nov. Di–So 9.30–16.30 (Aug. auch Mo), Tel. 04 72/65 63 64, www.bergbaumuseum.it

Burkardklamm. Malerische Klamm unterhalb des Aglsbodens, von Maiern aus über einen neuen, schön angelegten Steig erreichbar. Vor allem im Frühsommer (Schneeschmelze) ein beeindruckendes Erlebnis. Ab Maiern hin und zurück etwa 1:30 Std. (leicht), am Aglsboden im Sommer Einkehrmöglichkeit.

INFORMATION

Tourismusverein Ratschings. Gasteig, 39040 Ratschings, Tel. 04 72/76 06 08, www.ratschings.info

Im Bergbaumuseum in Maiern

Mitte: Die Brunecker Stadtgasse, Mittelpunkt des Ortes
Unten: Bauernmarkt in der Brunecker Altstadt

27 Bruneck
Klein, aber fein

Genau im Kreuzungspunkt dreier großer Täler – dem Pustertal, dem Tauferer- und dem Gadertal – liegt das Städtchen Bruneck. So gesehen der ideale Platz für Streifzüge im Osten Südtirols: entlang der Rienz, zu den Dreitausendern der Zillertaler Alpen und in die Dolomiten. Das gesamte »Revier« auf einen Blick überschaut man vom Kronplatz aus, einem der schönsten Panoramapunkte des Landes.

Etwas überspitzt ausgedrückt, besteht das historische Städtchen Bruneck gerade mal aus einer Gasse, stilgerecht mit einem Torturm auf jeder Seite – und vielen Geschäften dazwischen. Autos sind hier ausgesperrt, das Gedränge ist zeitweise dennoch recht beachtlich. Über den alten Häusern, von denen viele noch in gotische Zeit zurückreichen, wacht das stattliche Schloss, seit jüngstem Museum, auf der Talseite, vor dem historischen Geviert, lädt eine breite, baumbestandene Promenade ein zum Flanieren oder zu einem Apero. Durch den Graben (hier verlief einst die Stadtmauer) flutete früher der ganze Pustertaler Verkehr; seit der Eröffnung der Umgehungsstraßen ist es deutlich ruhiger geworden. Jenseits der Straße setzt das moderne Rathaus einen optischen Kontrastpunkt zur Altstadt.

Wahrzeichen des Fleckens ist aber immer noch die Rainkirche mit ihrem originellen Zwiebelturm; sie geht im Kern auf die Zeit der Gotik zurück, erhielt ihr heutiges Aussehen allerdings erst im 16./17. Jahrhundert. Noch jünger ist die Pfarrkirche, ein zweitürmiger Bau in neoromanischen Formen mit einer üppigen, höchst durchschnittli-

Schloss Bruneck, heute Sitz des Messner Mountain Museum Ripa

chen Ausstattung. Einzige Ausnahme: ein lebensgroßes, ausdrucksstarkes Kruzifix, das Michael Pacher (1435–1498) zugeschrieben wird. Der Künstler – als Maler wie als Bildhauer gleichermaßen begabt – führte in Bruneck 30 Jahre lang eine hervorragende Altarwerkstatt. Von seinen Arbeiten sind in Südtirol vor allem der Marienaltar in Muri bei Bozen und Teile des Laurentiusaltars in St. Lorenzen erhalten. Ein Fresko am Venezianer Tor der Innicher Stiftskirche zeigt ihn auch als virtuosen Maler.

Messner Mountain Museum Ripa

Über dem Städtchen thront das Schloss, nach 1250 als bischöfliche Residenz errichtet und später mehrfach ausgebaut. Seit 2011 stellt Reinhold Messner hier die Bergvölker Asiens, Südamerikas, Afrikas und Europas vor, ihre Geschichte und Kultur; dokumentiert sind auch die Auswirkungen des modernen Tourismus. Den passenden Rahmen bilden die historischen Mauern, und wer den Bergfried besteigt, stellt fest, dass die Südtrioler – natürlich! – auch ein Bergvolk sind: Dreitausender am Horizont und viele Bauernhöfe rundum, mitten in ihren Rodungsinseln.

AUTORENTIPP!

GASTHOF OBERRAUT

Die Aussicht über den Brunecker Talkessel und bis in die Dolomiten ist bezaubernd, das Ambiente in den beiden Stuben sehr gemütlich, und was die Küche liefert, ist typisch tirolerisch. Auf der Karte stehen Pustertaler Spezialitäten (z.B. Tirtlen) und verschiedene Südtiroler Gerichte, alles liebevoll und gekonnt zubereitet. Die Weinkarte ist gut bestückt, da findet sich zum Ahrntaler Berglamm ebenso das passende Gewächs wie zum Kalbskopf mit Kürbiskernpesto. Aufmerksamer Service. Im Sommer wird auch auf der Terrasse serviert. Und wer sich hinterher nicht mehr ans Steuer setzen möchte, kann auch gleich im Haus übernachten (fünf Doppelzimmer).

Gasthaus Oberraut in Amaten. Do Ruhetag, 2. Junihälfte und letzte Septemberwoche geschlossen. 4 km von Percha, 8 km von Bruneck, Amaten 1, Bruneck, Tel. 04 74/55 99 77, www.gasthaus.it

C. Feichter kocht im »Oberraut«.

AUTORENTIPP!

TIRTLEN NACH OMAS REZEPT
Eine Pustertaler Spezialität sind die Tirtlen, das sind im heißen Öl gebackene Teigtaschen mit unterschiedlicher Füllung.

Zutaten für den Teig: 250 g Roggenmehl, 250 g Weizenmehl, 1 Esslöffel Öl, 2 Eier, etwas Milch
Zutaten für die Füllung: 200 g Topfen, 100 g Kartoffeln gekocht und geraspelt, 2 Esslöffel Schnittlauch, 40 g Zwiebel fein gehackt, Salz
Zubereitung: Aus den Zutaten einen geschmeidigen Teig kneten, dann eine halbe Stunde ruhen lassen. Für die Füllung gehackte Zwiebel in Butter dünsten und erkalten lassen. Mit restlichen Zutaten vermischen und nach Geschmack salzen. Aus dem Teig eine Rolle (Durchmesser 5 cm) formen und in Scheiben schneiden. Mit dem Nudelholz die Scheiben handtellergroß austreiben, Füllung darauf geben, mit einem zweiten Blatt zudecken und Ränder fest andrücken. In heißem Fett schwimmend backen.

Einen guten Appetit wünscht Oma Kostner!

Vom Kronplatz geht der Blick in die Dolomiten.

Kronplatz

Gar keine Frage, der Kronplatz zählt zu den Top-Aussichtspunkten Südtirols, ideal zwischen dem vergletscherten Hauptkamm der Zillertaler Alpen und den Dolomiten gelegen. Da stellt sich höchstens die Frage, was mehr beeindruckt, der weiße Firnkamm im Norden oder die graue, vielgebrochene Zackenlinie am südlichen Horizont. Reichlich Grün zeigt die mächtige Furche des Pustertals, das man fast vom Drausattel bis zur Mühlbacher Klause überschaut. Nicht zu übersehen ist allerdings auch, dass der Kronplatz vor allem ein Skiberg geworden ist, mit 32 Aufstiegshilfen (die stündlich 70 000 Personen befördern können) und 120 km Piste (alle künstlich beschneit). So etwas tut keiner Landschaft gut, hält aber offensichtlich den Tourismus in Schwung. Fast wünscht man sich da die »gute alte Zeit« zurück, als die Alpenvereinssektion Bruneck auf dem Gipfelplateau ihre Hütte erbaute (1895) und Paul Grohmann, der große Dolomitenpionier, schrieb: »Es besteht für mich kein Zweifel, daß die Rundschau vom Kronplatz eine der schönsten der Dolomiten ist, und kein Gipfel, den ich kenne, vereinigt die beiden Gegensätze Marmolada und Zillertaler Ferner in solcher Weise mit der schönsten Talaussicht, die man sich denken kann.«

Grohmann stieg natürlich zu Fuß auf den Kronplatz; heute dauert die »Bergfahrt« nur noch ein paar Minuten: per Seilbahn von Reischach aus. Sportlich Ambitionierte können es auch den Heroen des Giro d'Italia gleichtun und mit dem Rennrad von der Furkel über die alte Militärstraße den Gipfel ansteuern. Ähnlich wie bei der legendären Route zur Alpe d'Huez sind die Serpentinen nach Radsportgrößen benannt: Fausto Coppi, Gino Bartali, Eddy Merckx usw. Die dürften allerdings etwas schneller unterwegs gewesen sein als die meisten Hobbyradler von heute ...

St. Lorenzen

Westliche Nachbargemeinde von Bruneck ist St. Lorenzen, und hier betritt man uralten Kulturboden. Der Sonnenburger Hügel trägt nicht nur die Überreste eines Benediktinerinnenklosters (heute Schlosshotel), sondern auch neun Urzeitstationen, und an der Pustertaler Straße ist 1938/39 die Römersiedlung Sebatum freigelegt worden. Das Museo Mansio Sebatum in St. Lorenzen informiert über das antike Erbe; ein archäologischer Lehrpfad führt zu weiteren Fundstellen von der Jungsteinzeit bis ins Mittelalter (Infotafeln; 2 Std.).

Und dann wird man natürlich auch noch der doppeltürmigen Pfarrkirche einen Besuch abstatten. Sie bewahrt in der sogenannten »Traubenmadonna« einen besonderen Schatz. Es handelt sich um ein Frühwerk des Bildhauers Michael Pacher (ca. 1460), ursprünglich Teil eines Flügelaltars.

Pustertaler Sonnenstraße

Statt die oft überlastete Pustertaler Straße zu nehmen, kann man alternativ auch über die »Sonnenstraße« Bruneck anfahren. Hier gilt nomen est

Oben: Einst ein Kloster, heute nobles Hotel: die Sonnenburg bei St. Lorenzen
Unten: Die Krypta des ehemaligen Frauenklosters

Oben, Mitte: Das Freilichtmuseum Dietenheim vermittelt ein lebendiges Bild vom bäuerlichen Leben anno dazumal.
Unten: Kurios: die Erdpyramiden von Platten

omen: viel Sonne und Aussicht auf dem Weg über die Mittelgebirgsterrasse von Terenten und Pfalzen. Etwas unterhalb der Route liegt der Issinger Weiher, im Sommer ein beliebter Badeplatz. Oberhalb von Terenten drehten sich früher die hölzernen Mühlräder, angetrieben von der Kraft des Wassers, wurde das Korn von mächtigen Mahlsteinen zerrieben. Ein halbes Dutzend davon steht im Graben des Terner Bachs; in den Sommermonaten wird jeweils montags eine Mühle in Betrieb genommen (Besichtigung 10–14 Uhr). Ganz in der Nähe entdeckt man ein paar Erdpyramiden, vom Wasser aus dem Moränenschutt modelliert.

Südtiroler Landesmuseum für Volkskunde

In Dietenheim bei Bruneck wird die Vergangenheit lebendig: Das Volkskundemuseum vermittelt ein umfassendes Bild vom bäuerlich geprägten Leben vergangener Tage. Auf dem Gelände des Ansitzes Mair am Hof stehen alte Gebäude aus verschiedenen Südtiroler Tälern, original eingerichtet, und es wird traditionelles Handwerk vorgeführt.

Erdpyramiden von Platten

Bizarre Art-natur kann man hoch über Percha besichtigen: Erdpyramiden. Im wilden Graben des Litschbachs, der in Wielenbach öfters für schwere Schäden sorgte, stehen ein paar Dutzend dieser eigenartigen Gebilde. Sie sind ein Erbe der Eiszeitgletscher, entstanden durch Erosion. Wo ein Stein oder Felsblock die Auswaschung des Moränenschuttes behindert, wächst ein Turm, der nach und nach höher und schlanker wird – bis er schließlich seine »Mütze« verliert: Sehenswürdigkeiten mit Verfallsdatum. – Zufahrt von Percha über Oberwielenbach (1378 m), etwa 8 km, dann markierter Zugang.

Infos und Adressen

ÜBERNACHTEN

Gasthof Saalerwirt. Weit weg von lärmender Betriebsamkeit, hoch über dem untersten Gadertal, liegt der Saalerwirt, seit vier Jahrhunderten Gasthaus. Ein gemütliches dazu, und was die Küche hervorzaubert, schmeckt prima. Ganz in der Nähe, an einem kleinen Teich, befindet sich der Wellnessbereich (Sauna, Aromadampfbad). Saalen 4, 39030 St. Lorenzen, Tel. 04 74/40 31 47, www.saalerwirt.com

Tanzer. Das kleine Genießerhotel hat zu Recht einen guten Ruf: angenehmes Ambiente, individuell eingerichtete Zimmer, ein kleiner Wellnessbereich und – natürlich! – die Südtiroler Köstlichkeiten von Hans Baumgartner, gelegentlich fantasievoll abgewandelt. Dorfstraße 1, 39030 Issing/Pfalzen, Tel. 04 74/56 53 66, www.tanzer.it

EINKAUFEN

Acherer. Blumen oder Patisserie? Beides gibt's beim Acherer in der Stadtgasse 88. Die süßen Versuchungen sind eine echte Wucht, auch die Brunecker Schlossbergspitzen. Via Centrale 8, Tel. 04 74/41 00 30, www.acherer.com

Bernardi. Südtiroler Fleischspezialitäten vom Feinsten in der Stadtmetzgerei, dazu auch gute Weine. Stadtgasse 36, Tel. 04 74/555 472, www.bernardi-karl.it

Karl Bernardi: Feiner Speck und tolle Weine

AKTIVITÄTEN

Messner Mountain Museum Ripa. 2. So im Mai–1. Nov. 10–18 Uhr, 26. Dez.–25. April 12–18 Uhr (Di geschl.), www.messner-mountain-museum.it

Volkskundemuseum. Ostermontag–Ende Okt. Di–Sa 10–17, So 14–18 Uhr, Juli/Aug. Di–Sa 10–18 Uhr, So 14–18 Uhr (Aug. auch Mo).

INFORMATION

Bruneck Kronplatz Tourismus. Rathausplatz 7, 39031 Bruneck, Tel. 04 74/55 57 22, www.bruneck.com

Süße Versuchungen beim Acherer

Mitte: Ein Wahrzeichen: das mächtige Schloss Taufers
Unten: Die Burgkapelle von Schloss Taufers

28 Sand in Taufers
Burgen, Berge, Wasserfälle

Drei Täler und drei Flüsse kommen im weiten Talkessel von Sand zusammen: die Ahr, der Rein- und der Mühlwalder Bach. Die haben im Laufe der Jahrtausende viel Geschiebe (Sand) von den Bergen herab mitgebracht und den Talgrund planiert, auf dem heute der Flecken Sand liegt, überragt und bewacht von einer der schönsten Burgen des Landes: Schloss Taufers.

Die Berge rundum mögen viel höher sein, trotzdem: Sand in Taufers wird optisch von seiner mächtigen Burg beherrscht. Sie erhebt sich auf einem schroffen Felsen über der Talenge hinter dem Dorf – ein klassisches Südtirolbild mit den firnbedeckten Dreitausendern des Zillertaler Hauptkamms als dekorativem Hintergrund. Mächtig waren sie einst, die Herren von Taufers, und das hängt auch mit jenen Saumpfaden zusammen, die über hohe Pässe die Talschaften dies- und jenseits der Zillertaler Alpen verbinden. Wer sie nutzte, musste am Schloss Taufers vorbei und das hieß: Wegzoll bezahlen.

Schloss Taufers

Die Edlen von Taufers, deren Aufstieg zu einer der einflussreichsten Südtiroler Familien im späten 11. Jahrhundert begann, hatten ihren Stammsitz auf einem nur schwer zugänglichen Höhenrücken über dem Eingang ins Reintal. Später errichteten sie die stattliche Festung bei Sand in Taufers, die mit ihren (längst verfallenen) Sperrmauern den Durchgang ins Ahrntal abriegelte. Die ältesten Teile der Anlage – Bergfried und flankierender

Die Lobiser Schupfen im Reintal

Wohnturm (»Breiter Turm«) – gehen auf spätromanische Zeit zurück; um 1500 wurde das Schloss umgebaut und vergrößert. Nur im Rahmen der Führungen werden die verschiedenen Räumlichkeiten gezeigt, darunter die Bibliothek, die Rüstkammer und der Gerichtssaal. Das Interieur stammt größtenteils aus dem 16./17. Jahrhundert, aus der gleichen Epoche auch die kunstvoll geschnitzten Holzdecken.
Ein sehr geteiltes Echo fanden (und finden) die modernen Fresken (1967) von Lydia Roppolt; das Urteil reicht von »hilfloser Zustimmung bis zu scharfer Ablehnung« (Josef Rampold). Über die hohe Qualität der erst 1956 freigelegten Apsisfresken in der Burgkapelle, die dem Brunecker Michael Pacher zugeschrieben werden, sind sich Fachleute und Laien dagegen einig.

Neumelans und Sand

Der Ort Sand breitet sich an der Mündung der Ahrklamm aus; sein Name deutet darauf hin, dass

AUTORENTIPP!

REINTAL
Ein Seitenarm des Tauferer Tals führt direkt hinein in die Hochgebirgswelt des Reintals, und diesen Abstecher sollte man sich wirklich gönnen: eine halbstündige Bergfahrt – vielleicht im SAD-Linienbus – zum Dörfchen Rein (1596 m), dessen spitzer Kirchturm weit übers Tal schaut. Viel höher noch ist der mächtige Klotz des Hochgalls (3436 m), wie die meisten Gipfel der Rieserfernergruppe aus Tonalit (Granit) aufgebaut. Ihre dem Reintal zugewandte Flanke ist stark vergletschert. Allerdings hat der Klimawandel dem Rieserferner (Ferner = Gletscher) schwer zugesetzt.
Rein liegt innerhalb des 315 km² großen Naturparks Rieserferner-Ahrn, der die Rieserferner- und die Durrekgruppe sowie Teile des inneren Ahrntals umfasst. Ein Dorado für Naturfreunde mit schönsten Tourenmöglichkeiten.
Naturparkhaus in Sand in Taufers. Schon gewusst, dass in der Rieserfernergruppe Afrika und Europa aufeinandertreffen? Hier erfährt man das und noch viel mehr! Mai–Oktober Di–Sa 9.30–12.30, 14.30–18 Uhr, Juli/Aug. auch So.

Oben und unten: Ein beliebtes Ausflugsziel, auch an heißen Sommertagen: die Reiner Wasserfälle bei Sand in Taufers

es vor der Regulierung des Wildbachs hier immer wieder zu Überschwemmungen und Murabgängen kam. Das erklärt wohl auch, weshalb die Pfarre Taufers außerhalb des Ortes am Fuß der markanten Pursteinwand steht. Der stattliche Bau aus massigen Granitquadern gilt manchen als »schönste gotische Kirche in den Südtiroler Tälern« (Oberhollenzer), 1527 von Valentin Winkler vollendet. Der Kirchenraum beeindruckt durch das reiche Netzgewölbe mit runden und viereckigen Schlusssteinen.

Ein Unikum in der Südtiroler Häuserlandschaft ist der Ansitz Neumelans am südlichen Ortsrand. Der kompakte Baukörper mit seinem hohen Walmdach zeigt vier unten quadratische, oben runde Ecktürmchen und zwei polygonale, über drei Geschosse reichende Erker. Erstaunlich ist – bei Berücksichtigung der damaligen Technik – die kurze Bauzeit: ganze zwölf Monate, und das in den 1580er-Jahren! Neumelans ist in Privatbesitz, kann deshalb nicht besichtigt werden.

Reiner Wasserfälle

Allen zugänglich sind dagegen die prächtigen Wasserfälle an der Mündung des Reintals, allerdings nur per pedes, am schönsten über den »Franziskusweg«, der bei den Häusern von Winkel (großer Parkplatz) beginnt. In anderthalb Stunden steigt man im Wald auf zur obersten Wasserkaskade, geleitet von rot-weißen Markierungen und dem letzten Buchstaben des hebräischen Alphabets, dem »tau« (T). In mehreren, künstlerisch ansprechenden Stationen wird der Sonnengesang des Franz von Assisi thematisiert. Das Tal ist heute Naturschutzgebiet, und die Wasserfälle rauschen wie eh und je. Am eindrucksvollsten natürlich im späten Frühling, wenn droben in der Rieserfernergruppe der Schnee schmilzt.

Infos und Adressen

SEHENSWÜRDIGKEITEN

Schloss Taufers. Wer das Schloss von innen sehen will, kann im Sommer an Führungen teilnehmen. Tgl. etwa jede Stunde von 10–16.30 Uhr. www.burgeninstitut.com

ESSEN UND TRINKEN

Zum Turm. Feine, regional ausgerichtete Küche, angereichert um die eine oder andere »exotische« Spezialität; gediegenes Ambiente. Bayergasse 12, Sand in Taufers, Tel. 04 74/67 81 43, www.zumturm.org

Kofler zwischen den Wänden. Beliebte Einkehr in – wie der Name schon vermuten lässt – hochromantischer Lage. Gute Südtiroler Küche. Nur schade, dass man seit ein paar Jahren mit dem Auto bis vor die Haustüre fahren kann.
Tel. 04 74/69 10 05

ÜBERNACHTEN

Naturhotel Moosmair. Hier wird einer besonderen Philosophie nachgelebt, die auf der Verbundenheit von Mensch und Natur basiert. Sie war auch Leitgedanke beim Umbau des alten Gasthauses. Einmalig ist die Terrassenlage in Ahornach (1334 m) mit Fernblick bis zu den Dolomiten. Einmalig auch: die fantasievolle Kräuterküche des Restaurants Arcana, Ein paar Beispiele: Leimkraut-Zucchini-Carpaccio, Neunerlei-Kräutersuppe, Bergheu-Käseknödel, Latschenkieferrisotto, Dreierlei Alpenblütensorbets. Ahornach 44, 39032 Sand in Taufers, Tel. 04 74/67 80 46, www.moosmair.com

Ahrntaler Spezialität: Pressknödel mit Graukäse

AKTIVITÄTEN

Naturbadeteich. Neben dem Wasser- und Wellnesskomplex Cascade in der Sportzone von Sand gibt es einen Naturbadeteich für jene, die mit all den modernen Wohlfühlangeboten wenig anfangen können: zurück zu den Wurzeln!
Tel. 04 74/67 82 57

INFORMATION

Tourismusverein Sand in Taufers. Josef-Jungmann-Straße 8, 39032 Sand in Taufers, 04 7467 80 76 www.taufers.com

Alle zwei Jahre findet in Sand in Taufers das Käsefestival statt

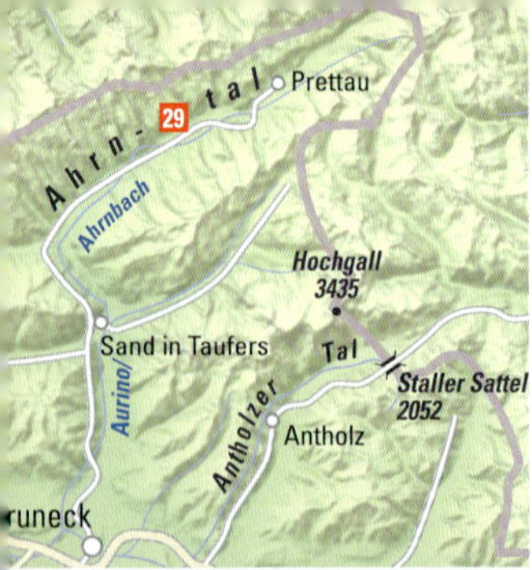

Mitte: Der Klausberg bei Steinhaus ist ein beliebtes Skigebiet.
Unten: In der Jägerhütte zuhinterst im Ahrntal (Trinkstein)

29 Ahrntal

Unterm Zillertaler Hauptkamm

Das Hochtal unter dem Zillertaler Hauptkamm ist eine Welt für sich. Ein Landeskenner hat sie als »streng, ernst, aber auch als großartig« bezeichnet (P. Tschurtschenthaler), und da kann man ihm nur beipflichten. Den Talschluss um die Birnlücke dominiert die Dreiherrnspitze, ein mächtiger Berg, drunten im Tal rauscht die Ahr. Ein beträchtlicher Teil des Ahrntals steht heute unter Naturschutz.

Was für ein Kontrast: da die Tauferer Talmulde, nach Süden, zur Sonne hin, weit offen, dann – hinter der bewaldeten Klamm von Sand – ein ausgeprägt alpines Tal, umrahmt von teilweise vergletscherten Dreitausendern und fast schnurgerade bis zur Birnlücke (2667 m) ansteigend. Die Ahrntaler haben ihren eigenen Dialekt, auch ihre eigene Geschichte. In der spielte früher der Bergbau eine Rolle, auch der Handel (und Schmuggel) mit Nordtirol. Als der Bergbau nicht mehr konkurrenzfähig war und deshalb eingestellt werden musste, führte man hier (als Konjunkturprogramm) das Spitzenklöppeln ein, sogar eine Schule für das Kunsthandwerk wurde gegründet. Es hat sich bis heute gehalten, als Nebenverdienst, und in so mancher Stube hängen die kleinen weißen Vorhänge. Recht weit verbreitet im Tal ist auch die Holzschnitzerei, vor allem Masken sind sehr beliebt, auch beim anreisenden Publikum.

Altes Bauen – neues Bauen

Wer durch das schöne Hochtal fährt, sieht sich allerdings auch mit weniger Geschmackvollem konfrontiert. Mancher Hotelneubau, vor allem in

Beliebt im Winter: Pferdeschlittenfahrten im innersten Ahrntal

St. Johann und Steinhaus, ist entschieden zu groß geraten und protzt in opulentem Alpenbarock. Zu einiger Berühmtheit hat es ein privates Anwesen gebracht, das zwischen Steinhaus und St. Jakob in der Wiese steht, mauerumzäunt und videoüberwacht: das »Weiße Haus« (Volksmund) mit seinen beiden Ecktürmen.

Bausubstanz, die sich bestens in die Landschaft einfügt, entdeckt man dagegen auf Streifzügen an der Sonnseite des Tals: alte Bauernhöfe, die seit Jahrhunderten Wind und Wetter trotzen, in Würde gealtert sind.

Ob man das irgenwann auch vom geplanten Neubau der Schwarzensteinhütte (2922 m) sagen wird, ist eher fraglich. Der Entwurf des Architekturbüros Stifter+Bachmann (Pfalzen) als Sieger eines Wettbewerbs stößt mancherorts auf heftige Ablehnung – schade, passt sich der schlanke Baukörper doch gut in die hochalpine Kulisse ein.

Bergbau im Ahrntal

Im hinteren Ahrntal wurde mehr als ein halbes Jahrtausend lang nach Kupfer geschürft. Im

AUTORENTIPP!

SPEIKBODEN

Westlich über dem Talriegel am Eingang zum Ahrntal erhebt sich der Speikboden (2527 m), ein mächtiger Bergstock mit ausladenden Graten. Im Winter wird hier fleißig gewedelt, im Sommer sind Ausflügler und Wanderer unterwegs. Damit sich letztere nicht überanstrengen, übernehmen die Speikboden-Lifte den Transport von der Talstation über die Michlreiser Alm bis zur neuen Sonklarhütte (2400 m). Auf einem schön angelegten Wanderweg überschreitet man dann den Speikboden und steigt – ständig mit freier Sicht – gegen den Kleinen Nock ab. Drunten auf der Michlreiser Alm endet die wenig anstrengende, knapp zweistündige Unternehmung. Grandios: das Panorama vom Speikbodengipfel, von der Presanella bis zur Pala reichend. Blickfang ist der firnüberzuckerte Hauptkamm der Zillertaler Alpen, den man in seiner ganzen Länge überblickt, vom Hochfeiler bis über den Rauhkofel hinaus.

Wandergebiet Speikboden. Im Sommer sind die Liftanlagen von 8.30–12, 13–17 Uhr in Betrieb. Für Frühaufsteher jeweils am Di erste Fahrt um 6 Uhr!

Winterspaß am Speikboden

Oben: Holz, im Pustertal ein reichlich vorhandener Rohstoff
Mitte: Im Bergbaumuseum von Steinhaus
Unten: Am historischen Weg zum Krimmler Tauern

Schaubergwerk bei Prettau können Besucher mit der reaktivierten Stollenbahn einfahren in den Berg – für Ängstliche eher ein etwas beklemmendes Erlebnis. Richtig durchatmen kann man hier übrigens auch, im Klimastollen nämlich. Hohe Luftfeuchtigkeit und eine gleichbleibende Temperatur sorgen für gute Luft, frei von Allergenen und Schwebstoffen.

Auf eigene Faust erkunden Wanderer das recht weitläufige Bergwerksgelände auf dem markierten Lehrpfad am Knappenberg (etwa 3 Std. Gehzeit, Infotafeln). Hinterher empfiehlt sich ein Besuch im Kornkasten Steinhaus, der ebenfalls zum Südtiroler Bergbaumuseum gehört und eine Fülle interessanter Exponate zum Kupferbergbau im Ahrntal präsentiert.

Vetta d'Italia?

Ein einst rege begangener (und in Teilen noch gut erhaltener) Saumpfad führt vom innersten Ahrntal über den Krimmler Tauern (2633 m) ins Krimmler Achental jenseits des Alpenhauptkamms, von Tirol nach Salzburg. Ganz in der Nähe des Jochs erhebt sich im Zillertaler Hauptkamm der Glockenkarkopf (2912 m). Den bestieg Ettore Tolomei im Jahr 1904 in Begleitung eines Einheimischen. Er deklarierte seine Tour hinterher als Erstbesteigung (ein Schwindel) und den Gipfel als nördlichsten Punkt Italiens, unter der Bezeichnung Vetta d'Italia (Spitze Italiens). Das zu einer Zeit, als sogar das Trentino noch zur k. u. k. Monarchie gehörte! Der in Südtirol unrühmlich bekannte faschistische Senator sollte später (fast) Recht bekommen; Südtirol gehörte nach dem Ersten Weltkrieg zu Italien. Nur: Auch heute ist die Vetta d'Italia nicht die nördlichste Spitze Italiens, sondern das benachbarte, etwas niedrigere Westliche Zwillingsköpfl (2837 m).

Infos und Adressen

SEHENSWÜRDIGKEITEN

Heiliggeist-Kirchlein. Zierlicher, im Kern gotischer Bau, der um die Mitte des 16. Jhs. in seine heutige Form gebracht wurde. Sehenswert ist der hochgotische Freskenschmuck. Von Kasern spaziert man in etwa 20 Min. zu dem hübsch gelegenen Gotteshaus, das von einem mächtigen Felsklotz »bewacht« wird.

ESSEN UND TRINKEN

Adleralm. Echte Südtiroler Kost zu ganz zivilen Preisen gibt's in der Adleralm. Freundlicher Service, hübsche Terrasse. 40 Min. von dem großen Parkplatz in Kasern. Tel. 335/24 26 13

ÜBERNACHTEN

Ahrntaler Alpenhof. Gut geführtes Haus der gehobenen Mittelklasse. Schöne Zimmer, gute Küche. Und wenn's mal regnet, vertreibt man sich die Zeit im Hallenbad oder in der Sauna. Ahrnerstraße 37, 39030 Luttach, Tel. 04 74/67 11 28, www.ahrntaler-alpenhof.com

AKTIVITÄTEN

Mineralienmuseum Kirchler. In drei Schauräumen werden an die 1000 Mineralien aus den Zillertaler Alpen und den Hohen Tauern präsentiert. Die besondere Attraktion: das »Bergkristallgwindl« aus dem Prettauer Bergwerk. Mit Museumsladen; April–Okt. 9.30–12, 15–18 Uhr, im Winter von 15–18 Uhr, St. Johann, Tel. 04 74/65 21 45, www.mineralienmuseum.com

Ein schönes Stück aus dem Mineralienmuseum

INFORMATION

Tourismusverband Tauferer Ahrntal. Ahrnerstraße 95, 39030 Steinhaus; Tel. 04 74/65 20 81, www.ahrntal.com

Der (schwer getroffene) Herrgott im Heiliggeistkirchl

Mitte: Der Antholzer See liegt am Fuß der Rieserfernergruppe.
Unten: Am Staller Sattel, Übergang ins Osttiroler Defereggental

30 Antholzer Tal

Ein See, ein Pass und viele Berge

Sportbegeisterten ist das Tal unter den Dreitausendern der Rieserfernergruppe durch seine internationalen Biathlon-Wettbewerbe bekannt. Im Sommer, wenn die Wiesen blühen und auf den Almen die Kuhglocken bimmeln, ist das Tal ein Dorado für Wanderer und Biker. Letztere pedalen hinauf zum Staller Sattel, während Ausflügler die Ufer des tiefgrünen Antholzer Sees bevölkern.

Der See, fast vollständig von hochstämmigem Wald umrahmt, ist das Wahrzeichen des Tals und sein schönster Schmuck. Mit einer Fläche von 44 Hektar ist er das drittgrößte natürliche Gewässer Südtirols und im Sommer natürlich ein überaus beliebtes Ausflugsziel mit schön angelegtem Uferweg (Lehrpfad mit Infotafeln). Unmittelbar am Abfluss des stimmungsvollen Gewässers liegt das große Biathlon-Zentrum; im Tal wurden bereits fünfmal Weltmeisterschaften in dieser nordischen Disziplin ausgetragen, zuletzt 2007.

Vor vielen, vielen Jahren

Imposante Kulisse des Antholzer Sees sind die Südabstürze des Rieserfernermassivs mit dem Hochgall (3436 m) als höchstem Gipfel. Im Gemsbichljoch (2791 m), einer markanten Scharte am Hauptkamm des Gebirges, steht die im Sommer bewirtschaftete Rieserfernerhütte. Ganz in der Nähe entdeckte der Hüttenwirt 1992 diverse Kleiderreste. Die Sensation: Eine Untersuchung im Labor der ETH Zürich ergab, dass die Fundstücke rund 2700 Jahre alt sind (heute im Südtiroler Archäologiemuseum)! Als noch viel älter erwiesen sich jene Artefakte, die ein steinzeitlicher Rastplatz oben am Staller Sattel preisgab. Hier waren Jäger und Sammler bereits vor rund 8500 Jahren, also lange vor Ötzi, unterwegs. Nicht ganz neu war auch jener Einbaum, den Forscher im nahen Obersee entdeckten. Das Boot dürfte einem Fischer des Erzbischofs von Brixen gehört haben, damals (vor einem Jahrtausend) Grundbesitzer am Staller Sattel.

Spuren prähistorischer Siedler kamen auch ganz unten im Antholzer Tal zutage; auf dem sogenannten Kirchenacker wurde ein eisenzeitliches Gräberfeld freigelegt (800–500 v. Chr.), am nahen Galgenbühel die Reste eines Dorfes aus der gleichen Epoche.

Wie das Wegnetz im mittleren Pustertal damals ausgesehen hat, weiß niemand mehr; ein interessantes Straßenbauwerk aus dem 19. Jahrhundert wurde erst jüngst saniert: die alte Rasner Brücke über den Antholzer Bach von 1847. Bauleiter war übrigens der aus Fiera di Primiero stammende Alois Negrelli, einer der großen Straßen- und Eisenbahnpioniere der k. u. k. Monarchie – und Ingenieur des Suezkanals!

Rasner Möser

Von der weiten Welt zurück ins kleine Antholzer Tal. Gleich hinter Oberrasen liegt rechts des Antholzer Bachs ein interessantes Biotop: die Rasner Möser. Es handelt sich um den Rest eines ausgedehnten Moorgebietes, das seinen Ursprung in einem nacheiszeitlichen, durch Murabgänge entstandenen See hatte. Das 23 ha große Revier steht seit 1975 unter Schutz; es beherbergt eine interessante Fauna und Flora. Ein Lehrpfad führt in das Biotop (Infotafeln).

Infos und Adressen

ESSEN UND TRINKEN

Huberalm. Beliebte Einkehr unweit vom Antholzer See an der Talstraße. Südtiroler Spezialitäten; Mitte Mai–Anfang Nov. (Mi Ruhetag, außer 2. Julihälfte und Aug.), Tel. 04 74/49 23 43, www.huberalm.com

ÜBERNACHTEN

Ansitz Heufler. Wohnen in historischem Ambiente – eine reizvolle Aussicht. Möglich ist's in Oberrasen, im Ansitz Heufler (spätes 16. Jh.). Das Schlosshotel mit seinen acht Zimmern atmet den Hauch längst vergangener Zeiten, als man noch hoch zu Ross unterwegs war. Gutbürgerliche Küche, schöner Biergarten. Oberrasen 37, 39030 Rasen/Antholz, Tel. 04 74/49 62 18, www.ansitz-heufler.it

Eggerhöfe. Urlaub auf dem Bauernhof – in einem modernen Niedrigenergiehaus. Wie passt das zusammen? Im Antholzer Tal, am Hang oberhalb von Antholz-Mittertal, steht beides nebeneinander, ein uraltes Bauernhaus und ein moderner Bau mit vier Appartements. Und in der Hofschänke gibt's Südtiroler Köstlichkeiten. Eggerhöfe 42, 39030 Antholz-Mittertal, Tel. 04 74/49 30 30, www.eggerhoefe.it

INFORMATION

Tourismusverein Antholzer Tal. Mittertal 81, 39030 Antholz, Tel. 04 74/49 21 16, www.antholz.com

Südlich über dem Pragser Wildsee erhebt sich der Seekofel (2810 m).

31 Pragser Wildsee und Plätzwiese

Südtirols schönster Bergsee

Die berühmtesten Dolomitzinnen stehen nicht in den Pragsern, und bei den Kletterern löst das überwiegend brüchige Gestein keine Begeisterung aus. Ihr Juwel schlechthin ist der Pragser Wildsee, rund 30 ha groß und damit das größte natürliche Gewässer der Dolomiten. Zum Baden ist der See allerdings zu kühl; auch im Sommer steigt die Wassertemperatur nur bis auf 14 °C.

Umrahmt von licht bewaldeten Steilufern, liegt der bis zu 36 m tiefe See am Nordfuß des Seekofels (2810 m), dessen Steilabstürze sich im Wasser spiegeln. Aufgestaut wurde er in prähistorischer Zeit durch einen Bergsturz, der vom Herrstein abging; heute staut sich an Schönwettertagen das Autoblech auf der Anfahrt, selbst die großen Parkplätze sind dem überwältigendem Ansturm kaum gewachsen.

Am Pragser Wildsee

Wer die Poesie dieses Bergwinkels spüren will, tut gut daran, zumindest den Wochenenden auszuweichen. Oder er macht eine große Wanderung, hinauf in die Pragser Dolomiten und kommt erst wieder hinunter ins Tal, wenn die Ausflügler längst ihr Eis und ihren Kaiserschmarren verzehrt haben, und nur noch ein paar wenige Besucher auf den Uferwegen unterwegs sind. Da liegt der See, an dessen (unterirdischem) Abfluss das große, Ende des 19. Jahrhunderts erbaute Hotel steht, schon im Schatten. Hier waren im Mai 1945 weit über 100 prominente KZ-Häftlinge untergebracht,

Auf den Dürrenstein

4 Std., leichte Bergtour, markiert, nur zum Gipfel hin etwas felsig (Drahtseil)

Anfahrt: Zur Plätzwiese kommt man von der Pustertaler Straße via Schmieden und den Gasthof Brückele. Bergfahrt ab Brückele nur bis 10 Uhr (Maut) gestattet, alternativ Shuttlebus zur Plätzwiese.

Vom Parkplatz Plätzwiese (1975 m), wo auch der SAD-Bus wendet, folgt man zunächst der alten Militärstraße, die sich als schöner Höhenweg entpuppt, bis zum Berggasthof Plätzwiese. Hier geht links der Gipfelweg ab (Markierungsnummer 40). Er führt über die Wiesen bergan, stößt bald auf den »Dolomiten-Höhenweg 3«, verlässt ihn aber gleich wieder (Wegweiser). Der ordentlich trassierte Pfad steigt diagonal (Brunnen) über die zunehmend steiniger werdende Südflanke des »dürren Steins« an; die letzten Bäume bleiben zurück, dafür weitet sich die Aussicht zunehmend. Neben der Hohen Gaisl und dem Cristallomassiv treten jetzt auch mehr und mehr Gipfel der Sextener Dolomiten ins Blickfeld, angeführt von den berühmten Drei Zinnen. Ziemlich genau im Westen zeigt sich der Seekofel mit seinem charakteristischen Profil. Über eine weite Schleife und mehrere Kehren nähert sich der Weg dem Grat. Am Kamm entlang geht's weiter bergan zum Vorgipfel, dann über eine harmlose Felsstufe (Drahtseil) abwärts und zuletzt zum höchsten Punkt des Dürrensteins (2839 m) mit großem Kreuz und fantastischem Panorama. Das entschädigt für den etwas monotonen Anstieg: »Die Aussicht zählt zu den schönsten in den Dolomiten. In langer Reihe die Zentralalpen vom Ankogel bis zu den Zillertaler Alpen im Nordwesten. Teile der Stubaier und Ötztaler Alpen. Viele Dolomitengipfel, dazu prächtige Talblicke ins Pustertal und Höhlensteintal.« (Hermann Delago)

Blickfang der Region Plätzwiese: die Drei Zinnen

Der Abstieg zur Plätzwiese erfolgt über den Anstiegsweg.

AUTORENTIPP!

NIEDERDORF UND SEIN MUSEUM

Im Hochpustertal, nur ein paar Kilometer von Prags, liegt Niederdorf. Urkundlich 994 erstmals genannt, entwickelte sich der Flecken bald zu einer wichtigen Rast- und Zollstätte am Weg nach Venedig. Eine legendäre Gestalt aus der Frühzeit des Dolomitentourismus ist Frau Emma, eigentlich Emma Hellenstainer (1817–1904), die den »Schwarzen Adler« (heute Hotel »Emma«) zu einem über die Landesgrenzen hinaus bekannten Haus machte. Einer verbürgten Anekdote zufolge hat sogar einmal ein Brief aus dem fernen Amerika, adressiert an »Frau Emma in Europa, Autriche«, die für ihre Kochkünste berühmte Wirtin problemlos erreicht.
Allerlei Interessantes zur Entwicklung des Tourismus der Region, von den bescheidenen Anfängen im 18. Jahrhundert bis in die Gegenwart, präsentiert das Fremdenverkehrsmuseum Hochpustertal im Haus Wassermann. Ganz entscheidend für den Aufschwung war die Eröffnung der Pustertalbahn im Jahr 1871.

Haus Wassermann. Museum geöffnet Mai/Juni Fr und So 16–19 Uhr, Samstag 9–12, 16–19 Uhr; Juli–Sept. Di–So 16–19 Uhr)

Almfrieden auf der Plätzwiese; am Horizont das Cristallomassiv

welche die SS aus Dachau als Geiseln verschleppt hatte. Am 4. Mai 1945 wurden sie von der US-Armee befreit.

Gipfel und Geschichte auf der Plätzwiese

Gerne besucht wird in den Pragser Dolomiten auch die Plätzwiese, eine ausgedehnte Hochalm zwischen dem Dürrenstein (2839 m) und der Hohen Gaisl (3146 m). Während an sommerlichen Schönwettertagen schon mal mehr als 100 Leute den »dürren Stein« ansteuern (und an seiner kahlen Sonnenflanke ordentlich schwitzen), darf die Hohe Gaisl für sich in Anspruch nehmen, der wohl einsamste Dreitausender der Dolomiten zu sein. In ihren Flanken tummeln sich Gämsen – aber keine Bergsteiger.

Im Bereich der Plätzwiese sind leichte Wanderungen möglich; ein beliebtes Gipfelziel ist der Strudelkopf (2308 m; 3 Std.). Die Ruine der alten Festung Plätzwiese – gleich neben der Dürrensteinhütte (2040 m) – erinnert daran, dass die Front hier im Ersten Weltkrieg ganz nahe war. Sie verlief vom Monte Piana quer über das Cristallomassiv zu den Tofane. Gleich bei Kriegsausbruch 1915 wurde die Festung in Trümmer geschossen.

Infos und Adressen

SEHENSWÜRDIGKEITEN

Pfarrkirche. Stattlicher Bau aus dem 18. Jh. mit über 70 m hohem Turm. Sehenswerte Deckengemälde von J. P. Altmutter sowie zwei Altarbilder des bedeutenden Barockmalers Martin Knoller. Neben der Kirche die zierliche spätgotische Annakapelle.

Mooskirche. Weit außerhalb des Dorfes, am Moosweg, steht auf freiem Feld das spätgotische, der heiligen Magdalena geweihte Gotteshaus.

ÜBERNACHTEN

Hotel Emma. Natürlich erinnert der Name des Hauses, das mitten in Niederdorf liegt, an die legendäre Emma Hellenstainer. Gutbürgerliches Hotel, angenehme Atmosphäre. Frau-Emma-Straße 5, 39039 Niederdorf, Tel. 04 74/74 51 22, www.hotel-emma.it

EINKAUFEN

Alpe Pragas. Leute, die gerne genussvoll frühstücken, sollten nicht an Stefan Grubers Geschäft vorbeifahren. Denn hier gibt es eine verführerische Auswahl feinster Fruchtaufstriche zu kaufen, von der Erdbeere bis zur Zwetschge. Außerprags 38, Tel. 04 74/74 94 00, www.alpepragas.com

Ein Haus mit Geschichte

AKTIVITÄTEN

Wandern und Biken ist angesagt im Pustertal. Ein Tipp: der Pustertaler Radweg, von Mühlbach bis Innichen fast 60 km, größtenteils asphaltiert. Für die Rückfahrt kann man die Bahn nehmen.

INFORMATION

Tourismusverein Niederdorf. Bahnhofstraße 3, 39039 Niederdorf, Tel. 04 74/74 51 36, www.hochpustertal.info

Lauter Köstlichkeiten gibt's bei Stefan Gruber.

Mitte: Das Komponierhäuschen von Gustav Mahler
Unten: Garantiert biologisch: die Brote vom Feichterhof

32 Toblach und sein See
Vergangenheit und Gegenwart

Toblach, direkt an der Wasserscheide zwischen Rienz und Drau gelegen, ist ein Ferienort mit Tradition. Sein ehemaliges Grandhotel war schon im 19. Jahrhundert Treffpunkt des Jetset, und mit den Gustav-Mahler-Konzerten strahlt das Genie eines berühmten Künstlers und Gastes bis in die Gegenwart hinein. Die ist allerdings an Natur und Action mehr interessiert als die erlauchten Herrschaften damals: Wandern, Radeln.

Initialzündung für den touristischen Aufschwung im Pustertal war die Eröffnung der Südbahn im Jahr 1871. Mit einem Mal war Wien nur noch eine Tagesreise entfernt. Im Jahr 1878 öffnete das Hotel Toblach seine Pforten, und schon bald fand die Hautevolee Gefallen an dem Haus. Im Herbst 1887 gab sich der deutsche Thronfolger Friedrich die Ehre, König Albert von Sachsen war hier zu Gast, auch die österreichische Kronprinzessin Erzherzogin Stephanie und der Serbenkönig Milan logierten in dem vornehmen Haus, und die Rothschilds reisten gleich mit dem eigenen Salonwagen an.

Ex-Grandhotel

Nach dem Ausbruch des Ersten Weltkriegs war es aus mit der Herrlichkeit der Belle Époque; der mächtige Bau mit 350 Zimmern diente als Lazarett. Spätere Versuche, an die Glanzzeiten anzuknüpfen, schlugen fehl. Nach zahlreichen Besitzerwechseln ging das ehemalige Hotel ans Land Südtirol, das es sanierte und zum Tagungszentrum umfunktionierte. In dem Gebäude ist auch das Naturparkzentrum Drei Zinnen untergebracht. Es

Toblach und das Haunoldmassiv

informiert in einer großen Ausstellung über die Südtiroler Naturparks Fanes-Sennes-Prags (257 km²) und Drei Zinnen (116 km²), den Dolomitenkrieg und die Anfänge des Alpinismus in der Region.

Das alte Dorf Toblach

Im Gegensatz zu Neu-Toblach, das von mehr oder weniger ansehnlichen Hotelbauten dominiert wird und kein eigentliches Zentrum hat (oder dann den Bahnhof), ist das alte Toblach, an der Mündung des Silvestertals gelegen, ein stattliches Dorf. Im Ortskern stehen ein paar sehenswerte historische Bauten wie die Herbstenburg (um 1500). Die Pfarrkirche (1764–1774), nach dem Urteil des Kunsthistorikers Josef Weingartner »die stattlichste Barockkirche des Pustertals«, entstand nach Plänen der einheimischen Baumeister Schraffl und Mayr, der 76 m hohe, freistehende Turm datiert von 1804. Die Stukkaturen stammen von den Brüdern Singer, die prächtigen Fresken schuf F. A. Zeiller, ein Nordtiroler aus Reutte. Prunkstück der reichen Ausstattung ist der Tabernakelaufbau des Hochaltars, ein Werk von Johann Perger, der als einer der begabtesten Bildhauer seiner Zeit gilt.

AUTORENTIPP!

SCHAUKÄSEREI DREI ZINNEN

Zur Südtiroler Marende gehört neben Schinken, Speck und Schüttelbrot auch ein ordentlicher Hartkäse. Wie der entsteht, wird in der Schaukäserei Drei Zinnen demonstriert. Da erfährt man, wie die Löcher in den Käse kommen, wie lange die Käselaibe bis zur Reifung gelagert werden müssen und vieles mehr (Führungen). Natürlich kann man Spezialitäten wie Innicher Weinkäse, Toblacher Stangenkäse, Kräuterkäse oder Pustertaler Räucherkäse auch kaufen, nebst allerlei typischen Südtiroler Leckereien (Marmelade, feine Yoghurts, knusprige Brote usw.). An die 200 Bauern aus dem Hochpustertal liefern Tag für Tag etwa 30 000 l Milch an.

Schaukäserei Toblach. Nicht zu übersehen: das Haus liegt direkt an der Pustertaler Straße. Dienstag–Sa 8–18 Uhr, So 10–17 Uhr.

Oben: Schluderbach, überragt von der Hohen Gaisl
Unten: Idylle am Toblacher See

Ein kurzer Spaziergang führt von der Pfarrkirche entlang der insgesamt vier Kalvarienbergkapellen ostwärts hinaus zur Lerschachkapelle, einem eigenartigen Rundbau, der wohl aus dem 16. Jahrhundert stammt.

Gustav Mahler

Abseits von Alt- und Neutoblach, in Altschluderbach, verdient neben dem kleinen Wildpark, für den sich vor allem der Nachwuchs interessieren wird, die Gustav-Mahler-Stube mit dem winzigen Komponierhäuschen einen kurzen Besuch. Mahler weilte als Kurgast in den Sommern 1908–1910 in Toblach; hier schrieb er das »Lied von der Erde«, die IX. Symphonie, begann er die Arbeit an seiner X. Symphonie. Seit nunmehr 30 Jahren finden in Toblach die Gustav-Mahler-Festwochen statt, eine Kulturveranstaltung von Bedeutung.

Toblacher See

Ein paar Kilometer südlich vom Toblacher Feld, im vorderen Höhlensteintal, liegt der bloß 4 m tiefe Toblacher See (1251 m). Das rund 15 ha große Gewässer wird schon im Fischereibuch Maximilians I. erwähnt: »ain See auf Toblacher hayd der hat in ime die allerpesten vöhrn (Felchen) das sy gleich swarz seyn.« Gefischt wird hier also seit Jahrhunderten; neu ist dagegen der Naturlehrpfad, der in elf Stationen über naturkundliche Belange informiert. Von besonderem Interesse ist vor allem das verschilfte Südufer des Sees, das Zugvögeln im Frühjahr und im Herbst als Nist- und Rastplatz dient. Bis in die 1960er-Jahre bekamen auch Bahnreisende den See zu Gesicht. Die Schmalspurbahn, die von Toblach nach Cortina d'Ampezzo und weiter ins Cadore führte, verlief am Ostufer des Sees. Geblieben ist nur die Trasse, heute eine beliebte Bikerstrecke.

Infos und Adressen

ESSEN UND TRINKEN

Tilia Restaurant & Lounge. Klein, aber fein. Chris Oberhammer zelebriert im gläsernen Zubau des ehemaligen Grandhotels in Neutoblach seine Kochkunst. Unbedingt reservieren (Sonntagabend und Mo geschl.)! Dolomitenstraße 31b, Toblach, Tel. 335/812 77 83, www.tilia.bz

Winkelkeller. Traditionelle Südtiroler Küche genießt man in den historischen Stuben des Restaurants mitten in Toblach. Die Portionen sind auch für Sportliche ausreichend, die Preise moderat. Graf-Künigl-Straße 8, Tel. 04 74/97 20 22, www.winkelkeller.it

ÜBERNACHTEN

Romantik Hotel Santer. Vier-Sterne-Haus mit sportlichem Touch (u.a. großer Fitnessraum, Nordic Walking, Skilanglauf). Zum umfassenden Wellness-Angebot gehören auch Heubäder. Alemagnastraße 4, 39034 Toblach, Tel. 04 74/97 21 42, www.hotel-santer.com

EINKAUFEN

Feichterhof. Verschiedene Getreide, Brot und Kartoffeln kann man direkt ab Hof kaufen, am Freitagnachmittag jeweils Brot vom Holzofen – alles bio. Zipfangerstraße 1, Tel. 04 74/97 23 24.

Hier komponierte G. Mahler seine IX. Symphonie.

AKTIVITÄTEN

Naturparkzentrum. Mai–Okt. Di–Sa 9.30–13.30, 16–19 Uhr, Juli/Aug. auch So, dazu am Do bis 22 Uhr.

Abenteuerpark Toblach. Großer Hochseilgarten mit 14 verschiedenen Parcours in der Sportzone von Neutoblach, Tel. 340/567 89 60

Radweg Toblach–Cortina d'Ampezzo. Beliebte Radltour auf der Trasse der ehemaligen, 1962 aufgelassenen Schmalspurbahn. Streckenlänge knapp 30 km, moderate Steigungen.

INFORMATION

Tourismusverein Toblach. Dolomitenstraße 3, 39034 Toblach, Tel. 04 74/97 21 32, www.hochpustertal.info

Das weite Toblacher Feld, Wasserscheide zwischen Rienz und Drau

33 Innichen und seine Stiftskirche

Besinnung zwischen alten Mauern

Ein Baudenkmal von überregionaler Bedeutung: die Innicher Stiftskirche

Südtirol mag ein Land der Gotik sein, viele spitze Kirchtürme signalisieren das unübersehbar. Romanische Gotteshäuser wirken im Vergleich erdverbundener, weisen zurück zu den Wurzeln des Glaubens. So entfaltet die Stiftskirche in Innichen – der bedeutendste Sakralbau dieser Epoche in ganz Tirol – eine starke spirituelle Ausstrahlung.

Vom verkehrsberuhigten Hauptplatz in Innichen sind es nur wenige Schritte zur Stiftskirche, vorbei an der Pfarrkirche mit ihrem originellen Rundturm. Wuchtig geerdet wirkt dagegen der viereckige Turm des »Doms«, der 1284 geweiht wurde.

Baugeschichte

Ein erstes Gotteshaus an gleicher Stelle geht auf die Zeit der Slawen-Christianisierung unter dem bayerischen Herzog Tassilio III. zurück: »propter incredulam generationem Sclavanorum«, wie es in der Schenkungsurkunde von 769 ausdrücklich hieß. Das Benediktinerkloster entwickelte sich bald zu einem kulturellen Zentrum. Im Jahr 1143 wurde es in ein Kollegiatsstift umgewandelt, wenig später dann mit dem Bau eines neuen Gotteshauses begonnen. Es wuchs in mehreren Etappen, war um die Mitte des 13. Jahrhunderts bis auf den Frontturm (1326 aufgestockt) und die Vorhalle (1415) vollendet. Im 18. und 19. Jahrhundert erlebte die Kirche brutale Eingriffe; die ursprüngliche Ausstattung wurde größtenteils entsorgt, Fresken übermalt, die romanischen Fensterformen

Alte Türme: die der Pfarrkirche und der Stiftskirche

durch barocke ersetzt, die Krypta eingeebnet. Sogar ein Abriss der Kirche wurde damals erwogen. Erst das säkulare 20. Jahrhundert brachte die Wende; zwölf Jahrhunderte nach der Klostergründung wurde der Bau umfassend renoviert, von allen neueren Zutaten befreit, was ihm »die romanische Klarheit und Geschlossenheit« (Sayn-Wittgenstein) zurückgab.

Kunst am (Kirchen-)Bau

Einzigartig ist der Reichtum an Bauplastiken mit archaisch anmutenden Ornamenten und Tiergestalten in der Krypta, im Kirchenraum und an den drei Portalen. Das Venezianer Tor an der Südseite der Kirche, laut Inschrift von einem Meister Friedrich (um 1250), zeigt im Bogenfeld Christus als Weltenrichter zwischen den Evangelistensymbolen. Das hervorragende gotische Fresko darüber – Kaiser Otto I. zwischen den Kirchenheiligen Candidus und Korbinian – stammt von Michael (und Friedrich?) Pacher (um 1480).

Im Inneren der Kirche ist es zunächst die monumentale Kreuzigungsgruppe, die alle Aufmerksamkeit auf sich zieht. Die drei schlichten, aber ausdrucksstarken Figuren – Christus mit Maria und Johannes zu beiden Seiten – gelten als Hauptwerk

AUTORENTIPP!

DREISCHUSTERHÜTTE

Die echten Dolomiten sind in Innichen auch ganz nah. Der kleine Ausflug zur Dreischusterhütte (1626 m) führt hinein in diese alpine Wunderwelt, ins malerische Innerfeldtal. Die Zufahrt (im Sommer von 9–18 Uhr gesperrt, dann Shuttlebus) zweigt an der Straße nach Innichen ab. Vom Parkplatz im Tal (1490 m) spaziert man in einer halben Stunde zur Sommerwirtschaft. Grandios das Felsmassiv der Dreischusterspitze (3145 m) zur Linken, im Talhintergrund zeigt sich der Schwabenalpenkopf, im Ersten Weltkrieg eine österreichische Bastion der Dolomitenfront. Das gesamte Innerfeldtal liegt innerhalb des 116 km^2 großen Naturparks Drei-Zinnen. Fast schon Parkcharakter hat auch der flache Talboden des Innerfelds mit den rundum aufragenden, kantigen Felszacken. Die Dreischusterhütte, eine beliebte Einkehr, bietet gute Hausmannskost (Knödel mit Gulasch, Kaiserschmarrn, Äpfelkiachlan u.a.).

Dreischusterhütte. Pfingsten–Mitte Okt.. Tel. 04 74/96 66 10, www.drei-schuster-huette.com

Oben: Das Südportal der Stiftskirche mit den Pacher-Fresken
Mitte: Die romanische Kreuzigungsgruppe
Unten: Das Kuppelfresko aus spätromanischer Zeit

der romanischen Plastik in Tirol (Mitte 13. Jh.) und stammen vermutlich vom ursprünglichen Hochaltar. Interessantes Detail: Christus steht auf dem Kopf Adams, und der zeigt deutliche slawische Gesichtszüge. Ein Hinweis auf den Gründungszweck des Klosters?

Ähnliche Bedeutung kommt dem Kuppelfresko zu, das wenig später entstanden sein dürfte (um 1280). Es thematisiert die Schöpfungsgeschichte, beginnend mit der Erschaffung der Gestirne und endet mit der Vertreibung aus dem Paradies. Aus gotischer Zeit stammen die übrigen Fresken, ebenso die im südlichen Querschiff aufgestellte Madonna und drei Reliefs aus einem Marienaltar. Die Barockorgel mit ihren bemalten Flügeln stammt aus dem 17. Jahrhundert.

Ein Pilger und ein Knochen aus dem Abendland

Ungleich älter dürfte jenes geheimnisumwitterte Exponat sein, das in der Vorhalle des Gotteshauses hängt. Der Sage nach handelt es sich um eine Rippe des sagenhaften Riesen Haunold, der in den Bergen hauste. Vermutlich ist es ein Knochen eines Urtiers, den der Jerusalempilger Georg Paprion von seiner Reise im 17. Jahrhundert mitbrachte. Die Reise ins Abendland muss ihn sehr beeindruckt haben, stiftete er doch eine Nachbildung der Grabeskirche in Jerusalem. Sie steht am Ortseingang von Innichen, bildet da zusammen mit der Altöttinger Kapelle (auch eine Stiftung von Paprion) ein malerisches Ensemble.

Dolomythos

Mitten in Innichen kann man einen Abstecher in die Dolomiten unternehmen: im kleinen, originellen Museum Dolomythos (siehe Aktivitäten).

Infos und Adressen

ESSEN UND TRINKEN

Gasthof Jaufen. Hier wird bodenständige Südtiroler Kost geboten, mit bester Aussicht auf die Sextener Dolomiten – was sich bis ins benachbarte Veneto herumgesprochen hat. Jaufenstraße 11, 39038 Winnebach/Innichen, Tel. 04 74/96 67 36, www.kathi.it

ÜBERNACHTEN

Parkhotel Sole Paradiso. Es ist schon ein kleines Paradies, dieses Haus im bewaldeten Talgraben des Sextner Bachs gleich hinter Innichen. Der Jugenstilbau wirkt ein bisschen wie ein großes Schweizer Chalet. Hinter den Mauern verbirgt sich allerdings ein moderner Betrieb mit individuell eingerichteten Zimmern, dazu einem großen Wellnessbereich. Feinste Küche. Sextnerstraße 13, 39038 Innichen, Tel. 04 74/91 31 20, www.sole-paradiso.com

AKTIVITÄTEN

Dolomythos. In der Villa Wachtler können Jung und Alt auf Entdeckungsreise gehen, in die geheimnisvolle Welt der Gesteine und Fossilien, der Saurier und Höhlenbären. Mo–Sa 9–19 Uhr, Rainerstraße 11, Tel. 04 74/91 34 62, www.dolomythos.com

Sommerrodelbahn. Italiens erste und längste Sommerrodelbahn (1750 m) führt von der Bergstation des Haunold-Sessellifts (1493 m) hinab ins Tal. Großer Kinderspielplatz. Ende Mai–Sept., erste Fahrt um 9 Uhr. Die Liftstation ist Ausgangspunkt schöner Höhenwanderungen, z.B. zur Dreischusterhütte (2.15 Std.).

Pustertaler Radweg. Fast durchgehend asphaltierter Radweg zwischen Mühlbach, Innichen und Lienz. Wenig Steigungen, sehr lohnend ist der Abschnitt von Innichen nach Bruneck (34 km). Am Innicher Bahnhof kann man ein Rad mieten,

INFORMATION

Tourismusverein Innichen. Pflegplatz 1, 39038 Innichen, Tel. 04 74/91 31 49, www.hochpustertal.info

Sehr beliebt: der Pustertaler Radweg

Die Pfarrkirche von Sexten

34 Fischleinboden bei Sexten

Ein Missverständnis und ein Landschaftswunder

Das Landschaftswunder Sextens ist seine Uhr, und die ist unter Garantie die größte in ganz Südtirol. Ihre Zeiger sind aus Stein, und jener, der die Mittagsstunde angibt, reicht am höchsten in den Himmel: der Zwölferkofel, imposante 3094 Meter hoch. Von neun bis eins reicht das monumentale »Zifferblatt«, das gleichzeitig ein Tummelplatz der Kletterzunft ist: Dolomiten vertikal.

Wer einen Blick auf die Sextener Sonnenuhr werfen will, kann dies bei einem Spaziergang am Mitterberg oberhalb von Sexten tun. Näher an die steinernen Wunder heran führt ein Ausflug ins Fischleintal, das sich bei Bad Moos zum Sextener Haupttal hin öffnet. Männer mit Angelruten wird man da allerdings kaum zu Gesicht bekommen, trotz des verheißungsvollen Namens. Der hat rein gar nichts mit den Kiemenatmern zu tun, und wer genau hinhört, merkt auch, dass die Einheimischen das »ei« betonen.

Bei der irreführenden Bezeichnung »Fischlein« handelt es sich um die Verballhornung einer lateinischen Bezeichnung. In einer Schenkungsurkunde von Otto I. aus dem Jahr 965 findet sich nämlich die Örtlichkeit viscalina, was mit »zum Fiskus gehörend, tributpflichtig« zu übersetzen wäre. In diesem Fall kommt – was für eine Ironie! – die italienische Übersetzung des Deutschenhassers Ettore Tolomei aus dem frühen 20. Jahrhundert dem ursprünglichen Sinn näher: Val Fiscalina. Kein Fisch weit und breit.

Sensationell: das Sextener Dolomitenpanorama

Aufgetürmt – abgestürzt

Dafür jede Menge Steine, und die sind hier buchstäblich himmelhoch aufgetürmt und von einer faszinierenden Formenvielfalt. Aufschneider gibt's allerdings auch im Reich der Sextener. Der Hochleist ist so einer: vom Fischleinboden aus präsentiert er sich als schlanker, zu einer kecken Spitze zulaufender Felsturm. Am Weg hinauf zur Zsigmondyhütte stiehlt ihm der Zwölfer bald einmal die Schau, verwandelt sich der Hochleist in einen unattraktiven Geröllrücken.

Manchmal kommen Steine auch herunter vom Berg. Wie im Jahr 2007, als nicht weniger als 60 000 m^3 Gestein an der Gipfelwand des Einsers (2698 m) abbrachen und hinab ins Altensteiner Tal donnerten. Zu Schaden kam glücklicherweise niemand, das Gestein riss aber eine gewaltige Schneise in Latschen und Wald. Über dem Fischleintal hing für ein paar Tage eine graue Staubwolke.

Höchster Gipfel der Sextener Dolomiten ist die Dreischusterspitze (3145 m), fast schon ein richti-

AUTORENTIPP!

DER NATURPARK DREI ZINNEN
Das Kerngebiet der Sextener Dolomiten – soweit es zu Südtirol gehört – ist heute ein Naturpark (rund 116 km^2 groß). Er erstreckt sich vom Höhlensteintal im Westen bis zum Kreuzbergpass an der Grenze zum Comélico, von den bewaldeten Talflanken über die Almböden bis zu den felsigen Gipfeln. Höchster Punkt ist die Dreischusterspitze (3145 m), ein mächtiger Bergstock, absolutes Highlight sind die Drei Zinnen (2999 m). Die Schutzvorschriften verhindern weitere Eingriffe in die noch intakte Bergnatur, schließen Besucher aber keineswegs aus. Ein Netz markierter Wege verbindet die Täler; sie führen teilweise über hohe Scharten. Vier im Sommer bewirtschaftete Hütten liegen innerhalb des Parkareals. Sie sind beliebte Wanderziele, dienen aber auch als Stützpunkte bei mehrtägigen Touren. Im Tourismusbüro Sexten liegen Broschüren aus, in denen auf verschiedene Aspekte des Parks (Geologie, Flora und Fauna) eingegangen wird; im Sommer werden auch Parkwanderungen unter kompetenter Leitung angeboten.

Berühmter Dreizack: die Drei Zinnen

AUTORENTIPP!

HOTEL DREI ZINNEN

Neben so manchem Hotelmonster, das mit ausladenden Balkonen, überwältigendem Blumenschmuck und einem oder gleich mehreren Türmen den Mangel an »inneren Werten« überdeckt, sind die »Drei Zinnen« ein echtes Juwel. 1930 durch Clemens Holzmeister, den Architekten des Salzburger Festspielhauses, erbaut, überzeugt das Haus durch kühne Linien und ausgewogene Proportionen. Holzmeister, der auch das Interieur des Hauses entwarf, ließ sich wohl von der ganz großen Architektur der Sextener Dolomitengipfeln inspirieren.

A propos »innere Werte«: Da überzeugen die bestens geführten »Drei Zinnen« ebenso, das Personal ist freundlich und kompetent, die Küche entspricht dem Standard eines Vier-Sterne-Hauses. Der Wellnessbereich ist nicht groß, aber sehr geschmackvoll gestaltet, und vom Außenpool hat man Sichtverbindung mit der grandiosen Sextener Sonnenuhr.

Hotel Drei Zinnen. St.-Josef-Straße 28, 39030 Sexten; Tel. 04 74/71 03 21, info@hotel-drei-zinnen.com, www.hotel-drei-zinnen.com

Die alte Festung Mitterberg; Blick auf die Dreischusterspitze

ges Bergmassiv, das sich mit seinen ausladenden Graten westlich über dem Fischleintal erhebt. Alle Wege hier sind extrem mühsam, zur Spitze hin auch felsig. Aus diesem Grund erhält der »Schuster« nur selten Besuch. Erstbesteiger war im Juli 1869 der Wiener Paul Grohmann, geführt wurde er von Franz Innerkofler und Peter Salcher. Die Route wird mit dem II. Schwierigkeitsgrad der Alpenskala bewertet. Einen Monat später standen die Drei auf dem höchsten Punkt eines ungleich berühmteren Gipfels: der Großen Zinne.

Sexten und der Erste Weltkrieg

Aufgrund seiner Nähe zur Front wurde Sexten im Ersten Weltkrieg weitgehend zerstört, später dann wiederaufgebaut. Längst erinnert im Tal nichts mehr an die Tragödie; droben in den Bergen, rund um die Rotwand, den Elfer und die Oberbachernspitze, begegnet man aber überall noch Spuren des Gebirgskrieges 1915–1917. Eine Sextener Initiative hat sich nun zum Ziel gesetzt, diese Reste zu erhalten, damit Geschichte vor dem Verschwinden zu bewahren. An der Rotwand, die damals ein Brennpunkt der Kämpfe war, entsteht ein Freilichtmuseum, in Sexten soll mit Ausstellungen und einem Dokumentationszentrum die Erinnerung an das, was damals geschah (und sich niemals wiederholen darf!), wach gehalten werden.

Rund um den Einser

6.30 Std., markierte Wege, Ausdauer erforderlich

Ausgangspunkt der beliebten Runde ist der Großparkplatz Fischleinboden. Die Wanderung startet flach, führt auf einer Sandpiste gleich hinein in die große Felskulisse. Erst hinter der Talschlusshütte geht's aufwärts. Der breite, schotterige Weg steigt zunächst an gegen die Mündung des Altensteiner Tals, wo er sich gabelt (Tafeln). Sein linker Ast führt über den Bach und zieht schräg bergan zu einer Geländeschulter. Es folgen ein paar Kehren, dann geht's weniger steil unter den Felsen des Einsers taleinwärts. Nach 2.30 Std. ist die Zsigmondyhütte erreicht. Sie erfreut sich einer prächtigen Lage vor der Felskulisse des inneren Bacherntals mit dem Zwölfer als Blickfang.

Die Dreischusterspitze über dem Fischleintal

Der Weiterweg windet sich über das nur mehr spärlich begrünte Karstgelände bergan gegen das Oberbachernjoch. An der Scharte kommen erstmals die »Drei« ins Blickfeld, doch präsentieren sie sich aus dieser Perspektive als ein Gipfel, weshalb sie manche/r wohl nicht gleich auf Anhieb erkennen wird.

Am Kamm wandert man hinüber zur Büllelejochhütte (2528 m), einer (zu Recht) beliebten Einkehr, dann weiter ins Büllelejoch. Nördlich der Scharte geht's zunächst recht steil und steinig bergab, dann quert der Weg oberhalb der Bödenseen, zuletzt wieder leicht steigend, zum Toblinger Riedl (2405 m), wo die Drei-Zinnen-Hütte steht. Und jetzt zeigt sich – wow! – das berühmteste Alpentrio von seiner schönsten Seite. Ein Bild zum Niemehr-Vergessen!

Der Abstieg führt in einem weiten Bogen an den beiden nördlichen Bödenseen vorbei hinunter ins Altensteiner Tal. Oberhalb der Talschlusshütte stößt man wieder auf den Anstiegsweg. Nun hinunter ins Fischleintal und auf dem Sandsträßchen zurück zum Parkplatz Fischleinboden.

Oben: Der Elfer über dem innersten Bacherntal
Mitte: Unterwegs in den Sextener Dolomiten
Unten: Bergsteigen macht auch starke Männer müde.

Während des Krieges wurde auch die Pfarrkirche von der italienischen Artillerie schwer getroffen.

Der Helm: kein Kopfschutz, sondern ein Berg

Den schönsten Blick über die ganze fantastische Szenerie der Sextener Dolomiten bietet der Helm (2434 m) direkt über Sexten. Das wussten schon die Altvorderen, und so ist es kein Zufall, dass es bereits 1891 zum Bau einer Alpenvereinshütte auf dem westlichen Eckpfeiler des Karnischen Hauptkamms kam. Anfangs des 20. Jahrhunderts bewirtete hier der berühmte Sextener Bergführer Sepp Innerkofler seine Gäste. Nach dem Ersten Weltkrieg wurde sie von den Italienern als Zollhaus genutzt. Die Finanzieri pflegten teilweise eine recht eigenwillige Interpretation ihrer Aufgabe (Schmuggel), besserten auf diese Weise ihr bescheidenes Gehalt auf. Heute ist das Haus eine Halbruine, ein Wiederaufbau wird erwogen, ist aber noch ungewiss.

Jungs und Mädels mit strammen Waden erklimmen den Helm mit dem Mountainbike – gut 1000 Höhenmeter auf einer alten, teilweise sehr holperigen Militärstraße. Es geht aber auch entschieden bequemer: mit der Helm-Seilbahn, die in wenigen Minuten den Höhenunterschied zur Bergstation (2041 m) knapp oberhalb der Waldgrenze überwindet. Von der Terrasse des Helm-Restaurants geht der Blick übers Sextental zu den bizarren Dolomitzacken: Was für eine Schau!

Die gibt's im Sommer auch als Sonnenaufgangserlebnis vom Helm, passendes Wetter vorausgesetzt. In gut einer Stunde steigen die Frühaufsteher hinauf zum Gipfel und warten dann auf den magischen Moment: Licht an! Infos über www.s-dolomiten.com

Infos und Adressen

SEHENSWÜRDIGKEITEN

Friedhof Sexten. Auf dem Friedhof ist der legendäre Bergführer Sepp Innerkofler begraben. Sehenswerter Totentanz in der Rundkapelle am Aufgang zum Friedhof, von Robert Stolz (1924).

ESSEN UND TRINKEN

Kinigerhof. Auf der Sonnenterrasse des Kinigerhofs sitzt es sich gut, und die große Sonnenuhr von Sexten hat man direkt vor sich. Da schmecken dann das Gselchte (Geräuchertes) oder die Spinatnocken gleich doppelt gut. Pfingsten–Mitte Okt., Mo Ruhetag. 1 km vom Ortszentrum Sexten, Tel. 04 74/72 02 40, www.kinigerhof.com

ÜBERNACHTEN

Hotel Dolomitenhof und Chalet Alte Post. Traditionsreiches Haus in schönster Lage im Fischleintal, begründet vor gut einem Jahrhundert von dem berühmten Bergführer Sepp Innerkofler und heute noch in Familienbesitz. Einmalig: das neue »Bergsteiger Badehaus«. Der Tipp: Übernachten in den stilvoll möbilierten Zimmern der Alten Post, die 1907 erbaut wurde. Fischleinstraße 33, 39030 Sexten, Tel. 04 74/71 30 00, www.dolomitenhof.com

EINKAUFEN

Hofkäserei Unteroltl. Feine Käse aus Ziegen-, Schafs- und Kuhmilch, Speck und Würste kann man auf dem Hof bei Sexten kaufen. Natürlich stammt alles aus dem eigenen Betrieb – sogar die Energie (Solarzellen, Wasserkraftwerk). Helmweg 11B, Tel. 04 74/71 06 58.

AKTIVITÄTEN

Robert-Stolz-Museum. Über 160 Arbeiten des bekannten Südtiroler Malers Robert Stolz (1874–1960) und »Rudolf Stolz als Kriegsmaler«. Über die Öffnungszeiten informiert der Tourismusverein Sexten.

INFORMATION

Tourismusverein Sexten. Dolomitenstraße 45, 39030 Sexten, Tel. 04 74/71 03 10, www.hochpustertal.info

Die berühmte Sextener »Sonnenuhr«; rechts die Dreischusterspitze

EISACKTAL – WESTLICHE DOLOMITEN

Vorangehende Doppelseite: Idylle im Villnößtal: St. Johann und die Geislerspitzen
Unten: Klein, aber fein. Die Altstadt Brixens lädt immer zu einem kleinen Bummel.

35 Brixen

Wo der Süden beginnt

Nicht weit vom geografischen Zentrum Südtirols liegt die ehemalige Bischofsstadt Brixen, und das passt irgendwie ganz gut. Denn hier, am Zusammenfluss von Rienz und Eisack, begegnen sich Nord und Süd, alpin und mediterran. Wenn auf den Gipfeln rundum noch der Winterschnee liegt, zieht unten im Tal schon der Frühling ein, beginnt es zu blühen in den Gärten und auf den Feldern.

Oben am Brenner pfeift ein kühler Wind, die Bergkämme links und rechts über der Passhöhe stecken in den Wolken, das Parkhaus des riesigen Outlet-Centers ist fast leer. Hinterm ehemaligen Zollgebäude liegt noch ein Schneehaufen, grauer Rest des letzten Kälteeinbruchs vor ein paar Tagen. Hier ist der Frühling noch nicht angekommen.

Hinab ins Eisacktal

Eine halbe Stunde später. Der erste Blick auf die Geislerspitzen, ganz kurz nur, und dann öffnet sich die weite, grüne Talmulde von Brixen, ostseitig überragt von dem breiten Plosestock. Die Stadt selbst, am Zusammenfluss von Rienz und Eisack gelegen, bietet keine Aussicht auf die »Bleichen Berge«, dafür aber ein paar durchaus markante Zacken im Ortsbild: die Türme des barocken Doms und der Pfarrkirche. Kunstfreunde machen hier auf jeden Fall Station, um dem berühmten Kreuzgang, diesem lebendigen Kompendium der Südtiroler Freskenmalerei, einen Besuch abzustatten. Anschließend geht's in den Dom, wo man sich den Hals nach den riesigen Deckengemälden des Paul

Wuchtig, die Altstadt dominierend: der Brixner Dom

Troger verrenkt: alles über Kopf gemalt – was für eine phänomenale Leistung!

Doch das Schönste bei jedem Brixner Kurzbesuch ist der Bummel durch das historische Geviert der Altstadt. Und wer dabei nicht nur auf barocke Mauern und dekorative Auslagen guckt, sondern sich etwas treiben lässt, auch mal einen Blick auf eine »bewegte« Jeans oder eine blonde Mähne riskiert, spürt sie, die Leichtigkeit des Seins: Der Süden ist nahe. In Brixen stehen Zypressen und Zedern in den Gärten, blüht manchmal schon im Januar der gelbe Winterjasmin, sitzt man zu Ostern längst draußen auf dem Domplatz bei einem Glas »Weißen«. Dieser gedeiht an den Hängen über der Stadt und rund um Neustift, dessen Kloster nicht nur eine Kulturstätte von Rang, sondern auch Anlaufstelle für Weinbeißer ist. Und jene, die nach der Besichtigung von Kirche, Kreuzgang und Bibliothek eine Auszeit benötigen, können im Klosterkeller oder beim Brückenwirt die feinen Rebensäfte probieren.

Alte Mauern

Der Stadtbummel startet am Domplatz, an dem sich Bürgerhäuser und der Klosterkomplex gegen-

AUTORENTIPP!

STIFTSKELLEREI NEUSTIFT

Bei Weinbeißern genießt die Stiftskellerei Neustift einen guten Ruf und das absolut zur Recht. Hier setzt man vor allem auf handwerkliche Sorgfalt, vermeidet gewagte Experimente. So kann sich der Kunde auf eine gleichbleibend hohe Qualität verlassen, auch darauf, dass immer wieder absolute Spitzenjahrgänge im Sortiment sind. Vor allem die Eisacktaler Weißweine (Müller Thurgau, Sylvaner, Kerner, Pinot Grigio und Veltliner) haben viele Liebhaber; die Rotweine stammen aus weiter südlich gelegenen klostereigenen Anbaugebieten (vor allem im Überetsch). Ein Tipp für Freunde kräftiger Rotweine aus dem Barrique: Praepositus Blauburgunder Riserva und Praepositus Lagrein Riserva.

Stiftskellerei Neustift. Eine Weinverkostung ist Mo–Sa 10–19 Uhr möglich. Öffnungszeiten des Klosterladens am Eingang zum Kloster: Mo–Sa 9.15–12, 14–18 Uhr. www.kloster-neustift.it

Er verwaltet die Weingüter: Urban von Klebelsberg

AUTORENTIPP!

DIE PLOSE

Die Plose ist der Hausberg von Brixen, ein wenig profilierter, ausladender Bergstock aus Quarzphyllit, der sich östlich über der Stadt erhebt. Seine isolierte Lage macht ihn zu einem Aussichtspunkt par excellence, die nur mäßig steilen waldfreien Hänge locken im Winter viele Skifahrer an. Im Sommer kann man von Kreuztal (1990 m; Seilbahn ab St. Andrä) aus schöne Wanderungen unternehmen, Mountainbiker mit strammen Wadln erklimmen den Gipfel über die ehemalige Militärstraße. Knapp unter dem höchsten Punkt steht die Plosehütte, am Gipfel (2486 m) genießt man eine fantastische Rundschau, vom Adamello bis zum Großglockner, vom Tribulaun bis zum Monte Pelmo. Schade nur, dass er von einem (längst aufgegeben) militärischen Horchposten verunstaltet wird. Um Platz zu schaffen für den Bau, ließ man die Gipfelkuppe einfach abtragen – nach alten Karten war die Plose früher 2504 Meter hoch!

Der Berg hat übrigens sein eigenes Wasser, das am Südhang sprudelt und seit 1957 gefasst wird; Analysen schreiben ihm einen idealen ph-Wert zu, es ist reich an quelleigenem Sauerstoff.

überstehen. Die hoch aufragende Front der Domkirche mit ihren beiden mächtigen Türmen macht dabei unmissverständlich klar, wer hier früher das Sagen hatte. Brixen war immerhin bis 1964 Bischofssitz, mehr als 1000 Jahre, und die geistlichen Herren übten auch die weltliche Gerichtsbarkeit aus. Im 16. Jahrhundert griffen die Bauernkriege auf Südtirol über; die von Michael Gaismair angeführten Truppen eroberten die Stadt, in der sie viele Sympathisanten hatten, dabei fast kampflos. Der Aufstand brach aber bald zusammen, Gaismairs Vision einer Bauernrepublik blieb ein Traum. Geblieben sind die Zeugnisse der langen, wechselvollen Geschichte, und die fokussieren sich auf das kleine Geviert der Altstadt und den kirchlichen Bezirk. Die von Josef Delai im Stil des lombardischen Barock errichtete Domkirche (1745–1754) mit ihrer klassizistischen Vorhalle (1790) verdankt ihre Raumwirkung in erster Linie dem üppigen Dekor. Beeindruckend sind vor allem die Deckengemälde des Pustertalers Paul Troger; das Riesenfresko im Langhaus, die Anbetung des Lamms darstellend, ist 250 m^2 groß!

Brixner Kreuzgang

Bedeutendste Sehenswürdigkeit des Dombezirks und ein echtes kulturhistorisches Juwel ist der nach 1200 erbaute und in der zweiten Hälfte des 14. Jahrhunderts eingewölbte Kreuzgang. Die romanischen und frühgotischen Fresken gingen dabei größtenteils verloren; die bestehende Bilderfolge zeigt die Entwicklung der gotischen Malerei vom ausgehenden 14. bis zum Anfang des 16. Jahrhunderts. Vor allem Leonhard von Brixen war hier fleißig am Werk, er pflegte einen eher konservativen Stil.

Zum Ensemble des Domplatzes gehört auch die Pfarrkirche St. Michael mit ihrem hohen »Weißen

Turm«. Sie wurde um 1500 an Stelle einer romanischen Kapelle in spätgotischem Stil erbaut und 1757/58 innen barockisiert. Zwischen dem Dom und der Pfarrkirche lag der alte Friedhof, heute eine Grünfläche mit bildstockartiger Totenleuchte von 1483 und einem Gedenkstein, den Oswald von Wolkenstein noch zu Lebzeiten (1408) in einer von ihm gestifteten Kapelle des alten romanischen Doms anbringen ließ und der ihn in voller Rüstung zeigt.

Südwestlich des Domplatzes steht die zur Jahrtausendfeier der Stadt (1901) errichtete Milleniumsäule; dahinter liegt die Bischöfliche Hofburg. Sie umschließt einen großen quadratischen Hof, gegen den sich zwei Flügel in dreigeschossigen Bogengalerien öffnen. Bis 1972 Bischofsresidenz, beherbergt es heute das besuchenswerte Diözesanmuseum mit bedeutenden sakralen Sammlungen und der berühmten Krippensammlung, darunter zwei Großkrippen (um 1800). Rund um den Dom erstreckt sich der seit dem 11. Jahrhundert ummauerte, heute weitgehend autofreie Stadtkern. Hier laden die Lauben zu einem kleinen Bummel ein, bei dem man immer neue architektonische Details entdeckt wie beispielsweise den dreiköpfigen »Wilden Mann«, eine Holzplastik (16. Jh.) an der Fassade des Gasthauses Schwarzer Adler. Die Bürgerhäuser, überwiegend aus dem 16. und 17. Jahrhundert, besitzen vielfach polygonale Erker und Zinnengiebel. Schönstes Beispiel ist das spätgotische Pfaundlerhaus von 1581 mit prächtiger Renaissancefassade.

Wer nach all dem Schauen hungrig geworden ist, wird gerne dem Rat des heiligen Kassian, der Mittelfigur der Domvorhalle, folgen. Der weist nämlich – sagt zumindest der Volksmund – direkt zum Finsterwirt in der Domgasse, einem weitum bekannten Lokal mit historischem Ambiente.

Oben: Einmalig im Land: der Brixner Kreuzgang mit seinem Freskenschmuck
Unten: Milleniumsäule und Dom

Oben: Inmitten von Rebbergen liegt das Kloster Neustift.
Mitte: Der Ziehbrunnen im Klosterhof
Unten: Tod des Dionysius – Darstellung in Schloss Velthurns (16. Jh.)

Das Kloster Neustift

Der anschließende Verdauungsspaziergang führt nach Norden, auf einem der bequemen Wege am Eisack entlang zum Kloster Neustift (etwa 45 Min. von der Altstadt). Das Stift der Augustinerchorherren gehört zu den großen Sehenswürdigkeiten Südtirols. Im Jahr 1142 gegründet, blickt es auf eine bewegte Vergangenheit zurück. Noch vor Ende des 12. Jahrhunderts fiel die erste Klosteranlage einem Brand zum Opfer, während des Bauernkrieges und nach der Säkularisation wurde es geplündert. Einen guten Eindruck von der Bedeutung des Stifts in der Kulturgeschichte vermittelt der Besuch der Stiftsbibliothek, die in einem prachtvollen Rokokoraum untergebracht ist (Giuseppe Sartori, 1776) und kostbare alte Handschriften und Wiegedrucke bewahrt.

Den Eingang zur Klosteranlage markiert die im Volksmund »Engelsburg« genannte Michaelskapelle. Im Hof steht ein Ziehbrunnen (1508), dessen achteckiges Pagodendach im Fries mit Darstellungen der Sieben Weltwunder und einer Ansicht von Neustift vor dem barocken Umbau – als achtes Wunder! – geschmückt ist. Die Klosterkirche von Neustift gilt als schönster Barockbau (1743) des Landes mit kostbarer Ausstattung (u.a. Deckengemälde von Matthias Günther); südlich schließt der Kreuzgang an, auch er mit reichem Freskenschmuck (14./15. Jh.).

Feldthurns

Das Dorf, auf einer Hangterrasse südwestlich von Brixen gelegen, ist bekannt für seine schönen Kastanienhaine. Im 16. Jahrhundert bauten die Brixner Bischöfe hier ihre Sommerresidenz. Prunkstück ist das Fürstenzimmer mit Wandgemälden der sieben Weltwunder, prächtiger Kassettendecke und einem achteckigen Kachelofen.

Infos und Adressen

SEHENSWÜRDIGKEITEN

Hofburg. Mitte März–Ende Okt. Di–So 10–17 Uhr

ESSEN UND TRINKEN

Fink. Im ersten Stock des Altstadthauses wird traditionell, aber gekonnt in gediegenem Rahmen Südtiroler Küche zelebriert. Herzlicher Service! Kleine Lauben 4, Tel. 04 72/83 48 83, www.restaurant-fink.it

Künstlerstübele Finsterwirt. Im Künstlerstübele ist Südtiroler Geschichte allgegenwärtig. Der Finsterwirt ist eine Brixner Institution, entsprechend ambitioniert ist die Küche . Domgasse 3, Tel. 04 72/83 53 43, www.finsterwirt.com

ÜBERNACHTEN

Elephant. Wer im Domkreuzgang das etwas eigenartige Elefantenfresko entdeckt hat, versteht auch, woher das traditionsreiche Hotel seinen Namen hat. Historisches Gebäude, individuell eingerichtete Zimmer, feine Küche mit mediterraner Note. Kleiner ruhiger Park mit Pool. Weißlahnstraße 4, Tel. 04 72/83 65 79, www.hotelelephant.com

EINKAUFEN

Kuenhof. Ganz hervorragende Weine keltert Peter Pliger auf seinem 800 Jahre alten Weingut: Riesling, Sylvaner, Veltliner. Mahr 110, Tel. 0472/85 05 46

Der Käse von Degust reift in einem alten Bunker.

Den Elefanten hatte Erzherzog Maximilian 1551 auf seiner Durchreise in Brixen dabei. So kam die Herberge zu ihrem Namen.

Backstube Profanter. Das Getreide stammt durchwegs aus biologischem Anbau – und das schmeckt man auch. Dinkel und Roggen, mit der hauseigenen Osttiroler Steinmühle verarbeitet, kommen von Eisacktaler Bauern. Ignaz-Seidner-Straße 28, Tel. 04 72/88 55 88

Degust. Das Käseparadies schlechthin! Über 200 Sorten umfasst das Sortiment. Bsackerau 1, 39040 Vahrn (bei Brixen), Tel. 04 72/84 98 73, www.degust.com

AKTIVITÄTEN

Kloster Neustift. Führungen Mo–Sa jeweils um 10, 11, 14, 15, 16 Uhr (mindestens 10 Personen; 11 und 15 Uhr auch bei weniger), Mitte Juli–Mitte Sept. zusätzlich 12 und 13 Uhr

INFORMATION

Tourismusverein Brixen. Regensburger Allee 9, 39042 Brixen, Tel. 04 72/83 64 01, www.brixen.org

36 Villnößtal

Bilderbuchlandschaft unter den Geislerspitzen

Das Bild ziert jeden Dolomiten-Kalender und hat in Bildbänden über die schöne Alpenwelt den Weg in zahllose Bücherregale gefunden: das Kirchlein St. Magdalena im Talgrün, darüber die bizarren Felszähne der Geislerspitzen, hoch in den blauen Himmel ragend. So stellt man sich das berühmte Gebirge vor, und so präsentiert es sich allen, die im Villnößtal zu einer Wanderung aufbrechen.

Das Kirchlein von Ranui am Fuß der Geislerspitzen

Da passt es natürlich prima, dass Reinhold Messner, im Villnöß vor bald 70 Jahren geboren, hier seine frühen alpinistischen Versuche unternahm. Der Sas Rigais war sein erster richtiger Gipfel; in den Nordabstürzen der Geisler gelangen ihm später einige spektakuläre Touren, so die erste Winterbegehung der »Solleder-Wießner-Route« an der Furcheta.

Naturpark Puez-Geisler

Für die meisten Besucher des Tals sind die schroffen Zacken nur zum Anschauen, und das geht am besten vom »Adolf-Munkel-Weg« aus, der als Promenade auf der Höhe der Baumgrenze verläuft. Er bildet hier die Grenze des Naturparks Puez-Geisler, der die Berggruppen zwischen Villnöß-, Grödner- und Abteital umfasst. Das Schutzgebiet ist rund 100 km² groß; höchster Punkt ist der Sas Rigais (3025 m) in den Geislerspitzen. Viel Wissenswertes vermittelt das neue, 2009 eröffnete Naturparkhaus in St. Magdalena, ein zweistöckiger Betonkubus. Man betritt ihn über eine begehbare Luftaufnahme des Parks; im Erdgeschoss vermit-

»Adolf-Munkel-Weg«

6 Std., markierte Wege und Sandstraßen, etwas Ausdauer erforderlich

Vom Parkplatz Ranui (1370 m) führt eine Forstpiste in das bewaldete Tälchen des Broglesbachs. An einer ersten Verzweigung (1716 m) hält man sich rechts (links Direktzustieg zum »Munkel-Weg«); an der nächsten Gabelung, etwa 20 Min. weiter, muss man sich dann entscheiden: rechts (nochmals 150 Höhenmeter) zur Einkehr auf der herrlich gelegenen Broglesalm (2045 m) oder gleich links auf den mit der Nummer 35 markierten Höhenweg.

Er führt, in etwa die Höhe haltend, hinüber zur Weißbrunnquelle und steigt dann an zur Pradellscharte (2015 m), wo links ein Zugang zur Einkehr auf der Gschnagenhardtalm (1996 m) abzweigt.

Der »Munkel-Weg« hält die einmal eingeschlagene Richtung bei, das leichte Auf und Ab ebenfalls. Die Felsenmauer zur Rechten ist nun noch höher, die Geröllreißen sind noch mächtiger. Das wiederum lässt auf wenig festen Fels schließen. Links, etwas tiefer, liegt die Glatschalm (1902 m), ebenfalls eine beliebte Anlaufstelle für durstige Wanderer mit direkter Abstiegsmöglichkeit zur Zanser Alm.

Der Höhenweg senkt sich sanft zum Tälchen des Tschantschenonbachs. Wer mag, kann hier noch die Schleife über die Gampenalm (2062 m) anhängen, etwa 1 Std. zusätzlich, die Einkehr in der Kaserillalm allerdings nicht mitgerechnet (siehe Autorentipp). Der Abstieg zur Zanser Alm (1685 m) verläuft wahlweise links oder rechts des Bachs. Man lässt die großen Parkplätze am Endpunkt der Villnösser Talstraße rechts liegen und wandert links des Villnösser Bachs, teilweise auf Forstpisten, zurück zum Ausgangspunkt der schönen Runde bei Ranui (6 Std.).

Ein berühmtes Zackenprofil: die Geislerspitzen über dem Villnößtal

AUTORENTIPP!

ALLES KÄSE ODER WAS?

Keine Gehstunde vom Parkplatz auf der Zanser Alm liegt die Kaserillalm (1920 m). Der Abstecher lohnt sich nicht nur der prächtigen Ausblicke auf die Geislerspitzen wegen; auf dieser Alm wird noch gekäst – und wie! Thomas Mantinger verarbeitet jeden Sommer etwa 15 000 l Milch mit Nüssen und Kräutern zu Berg-, Weich- und Frischkäse. Auch Joghurt gibt's aus eigener Produktion, und der Speck stammt vom Hof drunten im Villnößtal. Auf der Speisekarte stehen hausgemachte Kuchen und Apfelstrudel. Dazu ein Glas Rotwein – und das Südtiroler Dolomitenglück ist perfekt.

Eine abwechslungsreiche Wanderrunde führt Genießer von der Zanser Alm (1680 m; Parkplatz) zur Gampenalm (2062 m) und weiter zur Kaserillalm: wenig Anstrengung, herrliche Ausblicke.

Kaserillalm. Tel. 04 72/84 02 19, www.unterkantiolerhof.com

Die Broglesalm im Villnöß

Das Villnößtal ist noch echtes Bauernland.

teln »Berge zum Anfassen« für jedermann einen leicht verständlichen Zugang zur Geologie, im Obergeschoss wird die »Wunderkammer der Natur« vorgestellt.

Ein Bauernhof und ein Klosterbad

Wenig weiter taleinwärts liegt an der Straße der Ansitz Ranui, ursprünglich ein Bauernhof und bereits 1370 als »hof ze rumenuye« erwähnt; im 16. Jahrhundert ließ ihn der Kaufmann Michael Jenner zu einem Jagdschlösschen umbauen. Damals entstanden auch die Jagdszenen im Flur des Hauses, an denen sich nicht nur Hubertusjünger erfreuen durften. Die 14 Szenen wurden erst vor ein paar Jahren fachgerecht restauriert. Neben dem Ansitz Ranui steht das Kirchlein St. Johann, mit den schroffen Zinnen der Geisler als Kulisse ein malerisches Bild.

Im Villnöß wurde früher auch gebadet, in Bad Froy, das sich in einem abgelegenen Waldgraben unter der Außerraschötz versteckt und dem Kloster Neustift gehört. Es soll vor allem bei Kinderlosigkeit geholfen haben haben, und wurde deshalb bis in die Zeit zwischen den beiden Weltkriegen von Bäuerinnen aus dem Eisack- und Etschtal aufgesucht.

Infos und Adressen

SEHENSWÜRDIGKEITEN

St. Jakob am Joch. Spätgotisches Kirchlein in schöner Lage, von einer Mauer umgeben. Flügelaltar von 1517, der bereits Anklänge der aufziehenden Renaissance erkennen lässt (Gemälde). Beide Kirchen von Juni–Okt. Do–So 16–17.30 Uhr geöffnet. Kleine Wanderrunde von St. Peter, etwa 1.30 Std., markierte Wege.

St. Valentin. Gotische Kirche mit romanischem Turm, an der Außenwand Christophorus in leuchtenden Farben. Schönster Schmuck des Gotteshauses ist sein Flügelaltar, wohl aus der Pacher-Nachfolge (um 1500).

ESSEN UND TRINKEN

Pitzock. Originelles Lokal, das den Spagat zwischen Tradition und Moderne – optisch wie kulinarisch – bestens hinbekommt. Schlemmen mit Stil!

St. Peter in Villnöß

Die Dolomiten sind ein Kletterparadies.

Mi und Do-Mittag geschl. Pitzock, St. Peter 106, Villnöß, Tel. 04 72/84 01 27, www.pitzock.com

ÜBERNACHTEN

Ansitz Ranuihof. Das ehemalige Jagdschlösschen sorgt für gediegenes Ambiente, die Gastgeber für eine sympathische Atmosphäre. Optimaler Ausgangspunkt für Ausflüge und Wanderungen.
St. Magdalena 39, 39040 Villnöß,
Tel. 04 72/84 05 06, www.ranuihof.com

AKTIVITÄTEN

Mineralienmuseum Teis. Es präsentiert neben Bergkristallen und verschiedenen Mineralien aus dem Alpenraum die berühmten Teiser Kugeln. Ostern–Allerheiligen Di–Fr 10–12, 14–16 Uhr, Sa/So 14–17 Uhr). Tel. 04 72/84 45 22, www.mineralienmuseum-teis.it

Naturparkhaus. Mai–Okt. Mo–Sa 9.30–12.30, 14.30–18 Uhr, Juli/Aug. auch So

Speckfest. Jeweils Ende September findet in Villnöß – 2013 zum 11. Mal – das Speckfest statt. Da kann man dann leicht herausfinden, dass (Fabrik-) Speck nicht gleich Speck ist.

INFORMATION

Tourismusverein Villnösser Tal. St. Peter 11, 39040 Villnöß; Tel. 04 72/84 01 80, www.villnoess.com

37 Klausen, Säben und Villanders

Südtirols hoher Norden

Rund zwei Kilometer hoch ist Südtirol auf der Westseite des Eisacktals, und das entspricht – klimatisch gesehen – der Strecke von Bozen bis mitten hinein nach Norwegen. Wer also, ausgehend vom schmucken Städtchen Klausen, das Villanderer Joch besteigt, wandert durch halb Europa – und gleichzeitig durch ein paar Jahrtausende.

Mitte: Benediktinerin vom Kloster Säben
Unten: Der liebevoll bepflanzte Klostergarten von Säben

Zwischen dem Eisack und den Sarntaler Gipfelfluren begegnet man hier der Geschichte fast auf Schritt und Tritt: in Säben, das im 6. Jahrhundert Bischofssitz wurde, in Villanders, wo der Plunacker Siedlungsspuren aus mehreren Jahrtausenden freigab (Archeoparc), am Pfunderer Berg mit seinem Silberbergwerk (heute Schaubergwerk) oder in den Hochalmregionen um den Schwarzen See, wo Spuren von Ötzis Zeitgenossen – neolithischen Jägern – entdeckt wurden. Um die Gegend ranken sich allerlei Sagen; einst soll hier Gold gefunden worden sein, doch der Reichtum verführte die Knappen zu einem gottlosen Leben. Nicht zufällig heißt ein Platz nun »am Toten« …

An so etwas braucht nicht zu denken, wer zu Fuß (oder im Winter mit den Langlaufskiern) auf der weitläufigen Villanderer Alm zwischen Latschen und Moorböden, lichten Waldpartien und offenen Weideflächen unterwegs ist. Jenseits des Eisackgrabens stehen die Dolomiten Parade, und wenn die Beine allmählich müde werden, der Hunger dafür größer wird, taucht bestimmt ein gastliches Haus am Weg auf. Da lässt man sich dann gerne zur Marende nieder, sei's im Mair in Plun, am Rin-

Fast eine Festung: das Kloster Säben

derplatz oder auf der Pfroderalm. Die Frage ist dann nur noch: Kaiserschmarrn oder Knödel?

Klausen und Kloster Säben

Eintauchen in die Südtiroler Geschichte kann man schon drunten im Eisacktal, bei einem Spaziergang durch die Hauptgasse von Klausen mit seinen erkergeschmückten, überwiegend aus spätgotischer Zeit stammenden Bürgerhäusern. Hoch über dem Flecken, den Dürer auf seiner Italienreise 1494 zeichnete, thront auf einem schroffen Felsen das Kloster Säben, ältester Bischofssitz Tirols (bis gegen 990), später dann zur Bergfestung ausgebaut. Besiedelt war der Platz schon viel früher, vielleicht sogar steinzeitliche Kultstätte. Etwas von der Magie dieses Ortes, den seit dem späten 17. Jahrhundert Benediktinerinnen bewohnen, ist heute noch spürbar. Das mag auch daran liegen, dass der rauschende Verkehr Abstand hält zu der Klosterburg. So wird die kleine (Berg-)Wanderung zu einer Zeitreise, die zurückführt in vergangene Jahrhunderte. Die ältesten Säbener Mauern stammen aus dem 4. Jahrhundert; sie wurden unterhalb der bestehenden Mauern in einem Acker entdeckt, später aber wieder zugeschüttet. Nach

AUTORENTIPP!

ANSITZ ZUM STEINBOCK

Hier passt wirklich alles: ein historisches Ambiente, die gepflegte Gastlichkeit und eine berauschende Aussicht übers Eisacktal auf die Dolomiten. Die Küche schafft den Spagat zwischen Tradition und Moderne problemlos, ist dabei durchaus kreativ. Der Ansitz aus dem 15./16. Jahrhundert liegt mitten im historischen Ortskern von Villanders. Im Sommer sitzt man gerne draußen im hübschen Garten, in der kalten Jahreszeit sind die mit Lärchenholz vertäfelten Stuben echte Refugien der Behaglichkeit. Im Keller lagern hervorragende Gewächse, passend zu jedem Gericht. Nach dem Essen zieht man sich gerne zurück in die behaglichen Zimmer, denen die alten Mauern ein besonders Flair verleihen – kombiniert natürlich mit zeitgemäßem Komfort. Und wenn der Mond über dem Langkofel aufgeht, träumt man vielleicht gerade von der schönen Wanderung vom Vortag …

Hotel und Restaurant Ansitz zum Steinbock. F.-von-Defreggergasse 14, 3940 Villanders, Tel. 04 72/ 84 31 11, www.zumsteinbock.com

Blick von der Villanderer Alm

Oben: Bäuerin im Eisacktal
Mitte: Das hilft bei einem richtigen Hunger.
Unten: Blondmähnig, intelligent und lieb: Haflinger

Weingartner, dem große Kulturchronisten des Landes, ist die Heiligkreuzkirche in ihren Grundmauern nicht viel jünger; sie dürfte zur Zeit des Bischofs Ingenium (um 600) entstanden sein. In seiner heutigen Gestalt ist der Bau das Ergebnis von Umbauten im 16. und 17. Jahrhundert; eine Besonderheit bilden die auf Rupfen (Sackleinen) gemalten Bilder, mit denen Wände und Decke des Innenraums teilweise bespannt sind. Es handelt sich dabei um vorzügliche Arbeiten eines italienischen Theatermalers (1679). Das große Kruzifix am Hochaltar ist ein Werk des Meisters Leonhard von Brixen.

Villanders und seine Almen

Ganz so wie damals, als Franz von Defregger ihn malte, sieht der Dorfkern von Villanders nicht mehr aus. Allerdings wäre es auch übertrieben, zu behaupten, es wäre gleich so »viel-anders«. Das soll ein Bauer gerufen haben, als er nach einem Unwetter des Dorfes ansichtig wurde – sagt zumindest eine beliebte Sage. Nüchterne Wahrheit ist, dass (auch) hier, an dem sonnigen Hang über dem Eisackgraben, sehr viel gebaut worden ist in den letzten Jahrzehnten. Doch was wäre Villanders ohne seine Almen? Ohne die schier endlos weite Hochfläche mit ihren Wiesen, Krummhölzern und Moortümpeln, die ein wenig an eine nordische Tundra erinnert?

Dass die Villanderer Alm ein herrliches Wandergebiet (und im Winter ein Langlaufrevier) ist, mit Prachtblick auf die Dolomiten, versteht sich fast von selbst. Das Gelände lädt zu Streifzügen ein, und wer die ganz große Rundschau genießen möchte, nimmt sich gleich den Villanderer Berg (2509 m; 4 Std.) zum Ziel. Der Weg ist zwar recht weit, also nichts für ganz Untrainierte, aber ohne technische Schwierigkeiten zu bewältigen.

Infos und Adressen

ESSEN UND TRINKEN

Turmwirt. Das historische Haus von 1678 mit Erker und Walmdach strahlt echte Gemütlichkeit aus. Feine Südtiroler Küche mit dazu passenden Weinen. Mi–Do Ruhetag. Gufidaun 50, Tel. 04 72/84 40 01, www.turmwirt-gufidaun.com

Unterwirt Gufidaun. Traditionell das Ambiente in den gotischen Stuben, zeitgemäß die exzellente Kochkunst von Thomas Haselwanter, der sich bevorzugt auf regionale Produkte stützt. Di–Sa, jeweils abends, Gudon, Klausen, Tel. 04 72/84 40 00, www.unterwirt-gufidaun.com

EINKAUFEN

Eisacktaler Kellerei. Vor allem die Weißweine der Genossenschaft, die rund 130 ha Rebberge bearbeitet, gehören Jahr für Jahr zu den besten Südtirols. Leitach 50, Klausen, Tel. 04 72/84 75 53, www.cantinavalleisarco.it

AKTIVITÄTEN

Bergwerk am Pfunderer Berg. Der rekonstruierte Elisabethstollen kann besichtigt werden – ein leicht abenteuerlicher Gang ins Bergesinnere. Führungen Anfang Mai–Anfang Nov. Di–Do 10.30 und 14 Uhr, So 10.30 Uhr, Tel. 345/311 56 61, www.bergwerk.it

Maria Gasser, Chefin und Sommelière im Turmwirt

Stadtmuseum Klausen. Prunkstück der Sammlungen ist der berühmte Loretoschatz, eine Sammlung sakraler Kunstwerke. Ende März–Anfang Nov. Di–Sa 9.30–12, 15.30–18 Uhr, Kapuzinerkloster, Tel. 04 72/84 61 48, www.museen-suedtirol.it

Wandern auf der Villanderer Alm. Eine abwechslungsreiche Runde führt vom Samberger Hof (6 km ab Villanders) über die Gasserhütte zur Einkehr Mair in Plun (1860 m), weiter zur Rinderplatzhütte, dann hinab gegen den Pfunderer Berg (Bergwerk) und zurück zum Hotel (3 Std., leicht).

INFORMATION

Tourismusverein Klausen, Barbian, Feldthurns und Villanders. Mit Niederlassungen in allen vier Ortschaften. Tel. 04 72/84 74 24, www.klausen.it

Blick von der Kassianspitze auf die Dolomiten

38 Grödner Tal
Die Heimat des Luis Trenker

Beim Stichwort Gröden denken die Älteren möglicherweise an Luis Trenker und an Schnitzereien, bei den Jüngeren werden es eher die tollen Wintersportmöglichkeiten sein. Hauptattraktion des Tals sind ganz ohne Zweifel seine Berge, allen voran der Langkofel, eines der berühmtesten Felsmonumente der Dolomiten. Er schaut hier nicht nur in viele Grödner Stuben, auch auf den Wanderwegen ist er stets präsent: ein großartiges Wahrzeichen eben.

Er ist (war) aus gutem Holz geschnitzt: Luis Trenker, der Tausendsassa aus dem Grödner Tal.

Es pfeift, dampft, ein Uniformierter schwenkt seine Kelle, dann geht's los. Mit einem Ruckeln setzt sich der Zug in Bewegung: eine Dampflok und drei Wagen, im letzten die Post und allerlei, was auch mit will nach Gröden, darunter ein Fahrrad und mehrere große Koffer. Die gehören den Passagieren, Touristen, die ein paar Tage im Tal Ferien machen wollen. Italien ist dabei, sich vom Krieg zu erholen, in Deutschland zeichnet sich ein Wirtschaftswunder ab. Eine Reise in den Süden – und der beginnt gleich hinter dem Brenner – ist der Traum so vieler. Wer noch keinen eigenen Käfer oder Opel besitzt, nimmt eben die Bahn. Und die fährt nicht nur bis Klausen, sondern gleich bis ins hinterste Grödner Tal, nach Wolkenstein. Genau 31 km lang ist die Strecke, die während des Ersten Weltkriegs erbaut wurde, um die Versorgung dieses Frontabschnitts zu gewährleisten. Es ist eine gemütliche Fahrt, auf den Holzbänken sitzt man nicht besonders bequem und stinken tut's auch ziemlich. Kohle wird verfeuert, Dampf erzeugt, der dann die Maschine antreibt. Die Einheimischen parlieren miteinander, ladinisch die meisten; die

St. Ulrich, der Hauptort des Grödner Tals

Touristen gucken aus dem Fenster. Bald kommt der Langkofel, das in Stein gehauene Wahrzeichen Grödens, ins Blickfeld: ah, oh! Jemand fotografiert, es macht klick. Ein paar Kinder winken dem Züglein zu, das immer mal wieder in einem Tunnel verschwindet. In St. Ulrich, wo fleißige, geschickte Hände aus Holz fromme Gestalten schnitzen, ist ein längerer Halt fällig, wird Wasser nachgefüllt. Es herrscht ein ziemliches Gewusel, ein paar Koffer werden ausgeladen, ein älteres Ehepaar lässt sich von einem Livrierten das Gepäck abnehmen. »Hotel Adler« ist auf seiner Mütze zu lesen – das erste Haus am Platz.

Modern times

Tempi passati. Vor einem halben Jahrhundert fuhr der letzte Zug nach Wolkenstein, dafür begann der Aufstieg des Tals zu einer der führenden Wintersportdestinationen. Die Initialzündung bildeten die alpinen Skiweltmeisterschaften 1971 mit dem Sieg des Schweizers Bernhard Russi auf der mittlerweile legendären Saslonch-Abfahrt. Seither ist die eine oder andere Piste dazu gekommen, das eine oder andere Hotel, und der Schnee kommt

AUTORENTIPP!

DER SCHÖNSTE WEG INS GRÖDNER TAL

Bis 1856, als die Zufahrtsstraße gebaut wurde, mussten alle zu Fuß gehen, die nach Gröden wollten. Und auch der Postler nahm den langen Weg zweimal die Woche unter die genagelten Schuhe. Heute ist der »Poststeig« ein markierter Wanderpfad – und ein besonders schöner dazu: das richtige »Entree« in die Dolomiten. Denn nur der langsam-stetige Rhythmus des Fußgängers erlaubt es, die sich allmählich und immer eindrucksvoller entfaltende Szenerie richtig aufzunehmen, zu erleben. Während auf der neuen Zufahrtsstraße (die in ihrem Verlauf weitgehend der alten Bahntrasse entspricht) jede/r noch ein bisschen geschwinder sein will, machen wir das Gegenteil. Das Modewort für so ein Verhalten ist nicht wichtig, der Effekt schon: Annäherung mit Muße. Wie schön, wenn hinter Tschöfas der Langkofel ins Bild tritt, grauer, schroffer Fels über dem waldgrünen Mittelgrund. Für die Wanderung von Lajen nach St. Ulrich benötigt man gut 3 Std. (markierte, gute Wege; auch für Familien geeignet).

Der Langkofel

AUTORENTIPP!

TROSTBURG

Nicht vorbeifahren! Die stattliche Burg am Eingang zum Grödner Tal lohnt auf jeden Fall einen Besuch, verbirgt sich hinter den alten Mauern doch allerhand Sehenswertes. Für Groß und Klein gleichermaßen faszinierend sind die 86 Modelle von Südtiroler Burgen, die in den Jahren 1923 bis 1963 entstanden. Viel älter ist natürlich die Bausubstanz der Feste, die im Kern auf die zweite Hälfte des 12. Jahrhunderts zurückgeht. Sie ging 1370 an Friedrich von Wolkenstein, den Vater des Minnesängers Oswald, und blieb für rund 600 Jahre Stammsitz der Wolkensteiner. Anfang des 17. Jahrhunderts wurde die Trostburg zu einem feudalen Renaissanceschloss umgebaut. In dieser Bauperiode enstanden u.a. die Burgkapelle (1604 geweiht) und der Große Saal mit seinen reichen Stukkaturen, den Relieffiguren der Wolkensteiner Ahnen und der kunstvollen Kassettendecke. Älteren Datums ist die gotische »Gewölbte Stube« (um 1400); im Vorhof steht ein mächtiger Torggl (Traubenpresse).

Trostburg. Besichtigungen Gründonnerstag–Ende Okt., Führungen um 11, 14 und 15 Uhr, Juli/Aug. auch 10 und 16 Uhr, Tel. 04 71/98 22 55, www.burgeninstitut.com

Skidorado Gröden; Blick auf Sella und zum Langkofel

immer öfter aus den Kanonen. So etwas hinterlässt Spuren im Tal und auf den Bergen und die sind vor allem im Sommer schwer zu übersehen. Wachstum allein reicht nicht, das haben auch die Einheimischen erkannt, und so blieb manches Projekt halt in der Schublade.

St. Ulrich und seine Schnitzer

St. Ulrich, der Hauptort des Tals, sucht die Balance zwischen Tradition und Moderne, nicht immer mit Erfolg, wie man an der kitschigen Hotellandschaft des »Cavallino Bianco« ablesen kann. Überwiegend traditionell gibt sich jenes Handwerk, das hier seit dem 17. Jahrhundert betrieben wird: die Holzschnitzerei. Sie erwarb sich schon früh einen hervorragenden Ruf, viel wurde sogar exportiert, und das brachte besseren Verdienst, als das Wenige, was auf den Äckern und Almen zu erwirtschaften war. Erfolg weckt den Wunsch nach (noch) mehr, heißt es, und im Falle der Grödner traf das durchaus zu. Findige Geschäftemacher kamen auf die Idee, durch maschinelle Vorfertigung ihre Gewinnspanne zu erhöhen: Kitsch statt Kunsthandwerk, Massenware statt Qualität. Der Erfolg war ein vorübergehender; heute versprechen die Geschäfte ihren potentiellen Kunden: »Entirely hand carved« – handgeschnitzt. Und in Gröden gibt's eine Schule, in der junge Leute das Kunsthandwerk lernen können.

Wer sich fürs Holzschnitzen interessiert, kommt nicht um einen Besuch des Heimatmuseums in St. Ulrich herum. Es zeigt naturkundliche und archäologische Sammlungen; dazu bietet das Museum die Möglichkeit zu einem Streifzug durch vier Jahrhunderte Grödner Holzschnitzkunst. Und auch der berühmteste Sohn des Ortes hat im Museum Gherdëina seinen Platz gefunden: Luis Trenker (1892–1990).

Ein Mann der Berge

Keine Frage, er war eine charismatische Persönlichkeit, er wusste mit Menschen umzugehen, sie auch für seine Zwecke einzuspannen; er war Bergführer, Schauspieler und Filmregisseur, Geschichtenerzähler und Schriftsteller. Berühmt machten ihn vor allem seine frühen Filme aus den 1930er-Jahren wie »Berge in Flammen« über den Dolomitenkrieg oder »Der verlorene Sohn«, der eine gescheiterte Emigration in die USA thematisierte. Sie brachten ihn allerdings auch ins Zwielicht, die Nähe zu den Nazis ist Teil seiner Biografie (auch wenn er das später zu relativieren suchte), ebenso seine Neigung, sich gerne mit fremden Federn zu schmücken. Dass die Trenker-Bestseller vielfach andere Urheber hatten – Walter Schmidkunz, Fritz Weber und Karl Springenschmid, ein bekennender Nazi – führte in einigen Fällen sogar zu Prozessen. Nach dem Krieg produzierte und publizierte der aus St. Ulrich stammende Südtiroler viel Durchschnittliches, Heimatromane, die das einfache Leben in den Bergen jenem der naturfernen Städter gegenüberstellten,

Oben: Die Holzschnitzerei gehört zu Gröden wie die Berge rundum.
Mitte: Ein großer Künstler: Adolf Vallazza, Bildhauer
Unten: Natürlich wird in Gröden auch Massenware angeboten.

Oben: Dolomitzähne: links der große Langkofel, rechts die Kleine Cirspitze
Mitte: Ganz schön kantig, der Dolomitfels
Unten: Nicht nur große Jungs klettern gerne.

und Dokumentationsfilme über Südtirol. Ein breites Publikum fand er im deutschsprachigen Raum durch seine Fernsehsendung im Bayerischen Rundfunk »Luis Trenker erzählt«. Denn das konnte der immer braungebrannte Bergler, gestenreich machte er auch den Norddeutschen (die ihn wohl nur teilweise verstanden) klar, dass man einfach »auffi muess auf den Berg«.

Hinauf!

Von denen gibt es hier viele, angeführt vom Wahrzeichen Grödens, dem Langkofel (3181 m). Und die Sommerbesucher zieht's natürlich hinauf, und dafür, dass das nicht zu anstrengend wird, sorgen die zahlreichen Aufstiegshilfen. Beliebte Wanderreviere sind die Seiser Alm (siehe Highlight 41) und die Raschötz. Beide bieten sie herrliche Aussicht auf den Paradegipfel des Tals. Der 1952 eröffnete Raschötz-Sessellift (an dessen Bau Luis Trenker als Architekt beteiligt war) wurde jüngst durch eine moderne Standseilbahn ersetzt – nicht zur Freude aller Grödner.

Frequentierte Ausgangspunkte für herrliche Höhenwanderungen sind auch die beiden Straßenübergänge in die Nachbartäler: das Grödner Joch und das Sellajoch. Ein absoluter Hit ist die Runde ums Langkofelmassiv, die allerdings ein Mindestmaß an Ausdauer und Trittsicherheit voraussetzt. Wer's weniger steinig mag, unternimmt einen Spaziergang von St. Christina nach Wolkenstein – teilweise auf der ehemaligen Bahntrasse. Sie führt an der Fischburg vorbei, einem Sommer- und Jagdschloss aus dem 17. Jahrhundert, das sich als wehrhafte Burg gibt. Ihren Namen hat die stattliche Anlage mit ihren zwei großen und drei kleinen Türmen von mehreren Fischteichen im Umfeld des Schlosses. Die Fischburg ist in Privatbesitz und kann deshalb nicht besichtigt werden.

Infos und Adressen

ESSEN UND TRINKEN

Stua Catores. Das Haus, am Hang oberhalb von St. Ulrich gelegen, strahlt Behaglichkeit aus, die schönen Stuben bestätigen den ersten Eindruck. Traditionelle Südtiroler und Ladiner Küche – da passt alles zusammen. Sacunstraße 49, St. Ulrich, Tel. 04 71/79 66 82, www.stuacatores.com

Rifugio Comici. Wenn man sich überlegt, dass es sich beim Langkofel um ein maritimes Urzeitriff handelt, passt die Speisekarte eigentlich ganz gut: Hummer, Nudeln mit Fisch findet man neben feinen Kräutergerichten. Die fantastische Aussicht dazu gibt's umsonst. Plan de Gralba 24, Wolkenstein, Tel. 04 71/79 41 21, www.rifugiocomici.com

ÜBERNACHTEN

Uhrerhof. Natürlich kann man drunten in St. Ulrich logieren, ruhiger ist es allerdings in Pufels (1484 m). Und hier ist der Uhrerhof eine echte Wohlfühloase, mitten in einem herrlichen Rosengarten gelegen. Die Küche bewegt sich souverän zwischen Südtiroler und mediterranen Gerichten. Pufels 26, 39046 St. Ulrich, Tel. 04 71/79 73 35, www.uhrerhof.com

Eine berühmte Kulisse: die Geislerspitzen

Tafeln in alpinen Höhen: in der Comici-Hütte

EINKAUFEN

Holzschnitzereien. Wer die Holzschnitzer im Tal zählt, mag nicht glauben, dass jemand Gröden verlässt, ohne mindestens eine Holzfigur mitzunehmen. Ein Tipp: vergleichen (Preise!) und sich auf den eigenen Geschmack verlassen.

AKTIVITÄTEN

Heimatmuseum St. Ulrich. Mitte Mai–Ende Okt. Mo–Fr 10–12, 14–18 Uhr, Juli/Aug. auch Sa 10–12, 14–18 Uhr, So 16–19 Uhr

Klettern mit Mauro Bernardi. Am Seil des symphatischen Bergführers fühlen sich auch Greenhorns sicher: Auf geht's! Skischule Wolkenstein, Meisulesstraße 178, Tel. 340/242 97 52

INFORMATION

Gröden Marketing. Dursanstraße 80/c, 39047 St. Christina, Tel. 04 71/77 77 77, www.valgardena.it

39 Sella Ronda im Sommer

Fantastisch, auch ohne Schnee

Bei den Brettlfans ist die Sellarunde so etwas wie das absolute Skivergnügen: tolle Abfahrten vor einer großen Kulisse, blauer Himmel und weißer, stiebender Schnee. Auch im Sommer üben die vier Passstraßen rund ums Sellamassiv eine unwiderstehliche Anziehungskraft aus: 50 km und rund 100 Serpentinen inmitten einer großen Dolomitenkulisse – einmalig!

Die Sella. Wer kennt sie nicht, Brettlfans träumen von der »Sella Ronda«, die Radler schwärmen von den Serpentinen am Pordoi-, Sella- und Grödner Joch, im Sommer wird an der Südwand des Piz Ciavazes und an den Sellatürmen eifrig geklettert, Ferrata-Freaks stehen Schlange am Einstieg zum »Pisciadù-Klettersteig«, gelegentlich auch am altehrwürdigen »Pößnecker«. Und das Gros der Dolomitenwanderer durchstreift dieses Dolomitenmassiv in allen Richtungen, besonders gerne entlang der Nord-Süd-Achse, zwischen dem Grödner Joch (2121 m) und dem Pordoijoch (2239 m).

Mitte: Das Grödner Joch, darüber die Sellamauer
Unten: Klettern über dem Grödner Joch, am Horizont das Sellamassiv

Die Mitte der Dolomiten?

Die Sella: Gralsburg der Ladiner, Felsenfestung, steinerne Bastion im Herzen der »Bleichen Berge«. Umschreibungen, wie man sie immer wieder hört, zu lesen bekommt, wenn dieses ungewöhnliche Massiv im Schnittpunkt der vier ladinischen Täler Gherdëina (Gröden), Fasa (Fassa), Badia (Hochabtei) und Fodóm (Buchenstein) charakterisiert werden soll. Und tatsächlich wirkt der Riesenklotz mit seinen tief eingerissenen Talschluchten wie eine Urzeitbastion. »Erobert« wurde sie vor langer Zeit,

Die Westrampe der Grödner-Joch-Straße, links die Cirspitzen

und am höchsten Punkt haben die Barbaren sogar ihre Fahne gehisst: einen so großen wie hässlichen Reflektor, weit hinaus im Land sichtbar – ein Symbol für den (Phyrrus-)Sieg der Technik über die Natur?

Ein wenig Geologie

Die Wissenschaft hat sich des Massivs auch schon verhältnismäßig früh angenommen, kein Zufall, zeigt sich der geologische Aufbau an seinen Flanken doch geradezu beispielhaft: unten Schlerndolomit, oben bis zum Gipfel des Piz Boè (3152 m) Hauptdolomit. Letzterer ist auffällig geschichtet, während der Riffkalk keine solche Struktur zeigt. Zwischen dem Schlern- und Hauptdolomit liegen weitgehend wasserundurchlässige Raibler Schichten. Wer zu Fuß vom Grödner Joch durch das Val Setùs zur Pisciadù-Hütte aufsteigt, wandert gewissermaßen durch die Jahrmillionen: erlebte Erdgeschichte. Wengener und Cassianer Schichten bilden die Passsenke, darüber folgt Schlerndolomit, rund 500 m dick, auf der Pisciadù-Terrasse Raibler Schichten. Die Gipfel rundum bestehen aus Hauptdolomit, das vor allem für die östlichen Dolomiten absolut typisch ist (Drei Zinnen).

AUTORENTIPP!

WAS FÜR EIN PLATZ! DAS CHALET GÉRARD

Mit seinem elegant geschwungenen Dach ist das neue Chalet Gérard ein echter Hingucker an der Grödner-Joch-Straße – moderne Architektur, sehr gelungen, auch innen. Da kehrt man gerne ein, bietet die Terrasse doch den schönsten Langkofel- und Sellablick weit und breit. Und wer gleich in dem gastlichen Haus übernachtet, steigt morgens mit den ersten Sonnenstrahlen am hohen Gipfelgrat des Saslonch aus den Federn … Abends kann man sich dann von Mama Mussners Kochkünsten verwöhnen lassen: ladinische Gerichte, Polenta in verschiedenen Variationen, Risotto, Wild und feine Schwammerl, dazu passend ein guter Wein. Und ganz wichtig: Das Haus ist zwar neu, geblieben ist aber die herzliche Gastfreundschaft.

Chalet Gérard. Plan de Gralba 37, 39048 Wolkenstein,
Tel. 04 71/79 52 74, info@chalet-gerard.com, www.chalet-gerard.com

Oben: Winterspaß total in den Dolomiten
Mitte: Legendär: der Club Moritzino im Hochabtei
Unten: Gewusel am Sellajoch

Straßen und Wege

Erst 1909 wurde die »Große Dolomitenstraße« als Verbindung zwischen Bozen und Cortina d'Ampezzo eröffnet: ein Jahrhundertwerk. Dann kam der Krieg, die Südgrenze Tirols wurde zur Hochgebirgsfront – und bald setzte eine hektische Bautätigkeit ein. Die Stellungen mussten ausgebaut, der Nachschub gesichert werden. Damals entstanden die Passstraßen über das Grödner Joch, das Sellajoch und den Passo Campolongo, heute komfortabel ausgebaut und Teilstrecken der sommerlichen »Sella Ronda«. Skipisten werden seit jüngstem während der warmen Jahreszeit zu Downhill-Trails für die Mountainbiker präpariert; den Aufstieg übernehmen Seilbahnen und Lifte. Auch dem Wanderer versucht man die Sella-Runde schmackhaft zu machen, mit Bahnunterstützung, damit es nicht zu anstrengend wird.

MAL EHRLICH

»HIGH NOON« AM GRÖDNER JOCH

Die Parkplätze sind rappelvoll, irgendwo plärrt ein Radio, es riecht nach Abgasen. Alle Welt – und vor allem die motorisierte – scheint sich am Grödner Joch zum Stelldichein verabredet zu haben. Ein fetter Bus aus Belgien blockiert die Straße, die Radler in ihren bunten Tenues lavieren durch das Gedränge – kein Platz nirgendwo.

Ein Sommersonntag mitten in den Dolomiten. Und eine Frage: Kann es mit dem Tourismus auch zuviel werden? Natürlich, und deshalb hat sich die Crew um Luis Durnwalder schon mal überlegt, eine Maut für das Befahren der großen Passstraßen zu erheben oder manche (zumindest zeitweise) zu sperren. Bis es soweit ist, unser Tipp: Ganz früh aufstehen, vielleicht sogar rechtzeitig zum Sonnenaufgang oben am Pass sein. Paradiesisch – was für eine Ruhe! Und dann vielleicht ein Cappuccino in der Bar, falls die schon auf hat.

Infos und Adressen

SEHENSWÜRDIGKEITEN

Funivia Sass Pordoi. Auch ohne Rucksack und Bergschuhe lässt sich der südwestliche Eckpfeiler der Sella »besteigen«: in 4 Mln. mit der modernen Großkabinen-Seilbahn. Ein luftiges Vergnügen, und am Gipfel des Sass Pordoi (2950 m) gibt's dann ein grandioses Dolomitenpanorama mit der vergletscherten Marmolada (3343 m) als Blickfang. Die Seilbahn verkehrt Mitte Mai bis Mitte Oktober von 9–17 Uhr.

ÜBERNACHTEN

Franz-Kostner-Hütte. Natürlich bieten die Talorte Wolkenstein, Kolfuschg und Corvara Unterkünfte in allen Kategorien, von der einfachen Frühstückspension bis zum Wellness-Tempel. Wer den Swimmingpool auch mal gegen einen formidablen Sonnenaufgang eintauschen mag, nächtigt auf der Franz-Kostner-Hütte (2536 m): alpines Ambiente vor der Tür, drinnen Hüttenatmosphäre. Zustieg vom Passo Campolongo (1875 m) zu Fuß gut 2 Std. oder ganz bequem mit Gondelbahn und Sessellift ab Corvara (Bergstation Vallon, 2518 m). Mitte Juni–Ende Sept., Tel. 333/875 98 38, www.rifugiokostner.it

Alexa und Nives im neuen Chalet Gérard

AKTIVITÄTEN

Bergwandern. Fast alle Wege verlaufen aber in felsigem Gelände, weshalb alpine Erfahrung (und eine bergtaugliche Ausrüstung) unerlässlich ist. Eine beliebte Tour führt vom Grödner Joch durch das wilde Val Setùs zu der im Sommer bewirtschafteten Pisciadù-Hütte (2585 m), 2 Std. Aufstieg.

INFORMATION

Tourismusverein Gröden. Mëisules-Straße 213, 39048 Wolkenstein, Tel. 04 71/77 79 00, www.valgardena.it

Unterwegs zu den Felsen über dem Grödner Joch

Mitte: Der Schlern mit Santner- und Euringerspitze
Unten: Kirche St. Anton bei Völs am Schlern

40 Kastelruth, Seis und Völs

Mittelgebirgsterrasse am Fuß des Schlern

Halbe Höhe. Das hört sich nicht unbedingt sehr vielversprechend an, vor allem in einem Bergland wie Südtirol. Doch gerade die Terrassen zwischen Tal und Gipfel haben ihren ganz besonderen Reiz. Wer zwischen Kastelruth und Seis unterwegs ist, den Schlern über sich und mit weiter Sicht übers Eisacktal auf die Sarntaler Höhenzüge, wird das bestätigen können.

Die »Spatzen« aus dem Dorf unterm Schlern kennt wohl jede/r, ihre Musik muss man deshalb nicht unbedingt mögen, doch mittlerweile singen sie seit einer halben Ewigkeit von Liebe und Lebensschmerz. Kastelruth hält's aus, eine schöne Gratiswerbung ist es allemal. Die hätten die drei Gemeinden auf der Mittelgebirgsterrasse eigentlich gar nicht nötig: Zu schön ist es hier. Kaum zu glauben, dass drunten am Eisack täglich Zigtausend Brummis über die Autobahn donnern, von Nord nach Süd und umgekehrt. In Kastelruth, Seis und Völs ist davon nichts zu spüren, und wenn in Bozen das Thermometer auf sommerheiße 30 °C ansteigt, weht unter dem Schlern meistens ein angenehmes Lüftchen. Sommerfrische hieß das früher.

Das Heubad

Heute werben die Hotels – ganz dem Zeitgeist entsprechend – mit Wellness, allerlei Massagen und Entspannungsübungen für Geist und Körper. So etwas gab's auch schon früher; »erfunden« haben diese ganz besondere Kur möglicherweise die

Norbert Rier von den Kastelruther Spatzen

Völser Heuer, die nach der anstrengenden »Mahd« oben am Schlern jeweils im Heu schliefen und anderntags prima erholt aufwachten. Erstmals dokumentiert wurde das Heubad 1871, und noch vor Ende des 19. Jahrhunderts kamen die Heubäder in Mode. Der Kurgast wurde »ins dampfende Heu gesteckt«, bis bloß noch der Kopf herausguckt. Hinterher hüllten ihn dienstbare Geister in Decken »zum Nachschwitzen«, und zu guter Letzt gab's eine ordentliche Südtiroler Marende aus Speck, Schüttelbrot und Wein.

Heinrich Noë, Berichterstatter der Wiener Neuen Presse, hat vor mehr als einem Jahrhundert eine anschauliche Schilderung des Brauchs abgeliefert: »Stundenlang verweilen die Bauern im Bad, und die Maß Wein, die in Reichweite steht, wird fleißig nachgefüllt. Viele rauchen auch, und wenn die Leute durch diese Kur vielleicht nicht gesund werden, so ist es doch offenbar, daß sie eine schöne Ausstattung an Gesundheit mitgebracht haben, um eine derartige allgemeine Anfeuchtung wochenlang hindurch auszuhalten …«

AUTORENTIPP!

HOTEL HEUBAD

Was andernorts in Südtirol gerade allmählich wieder entdeckt wird – die Heilkraft des Almheus – praktiziert man in Völs schon seit über 100 Jahren. Und mit zunehmendem Erfolg dazu. Das liegt wohl auch daran, dass die Hektik in Berufsleben und Alltag geradezu nach einer Form der Regeneration verlangt, bei der sich Tempo und Unruhe von selbst verbieten.
In dem erst kürzlich erweiterten Haus fühlt man sich auf Anhieb zuhause, hier passt alles zusammen: freundliche Gastgeber, eine angenehme Atmosphäre, und auch die Küche hält durchaus Schritt. So verbringt man gerne seinen Urlaub, und wenn ab und zu der feine Duft des Heus vom Schlern in der Nase kitzelt, tut das dem Wohlbefinden garantiert keinen Abbruch. Das Hotel verfügt über einen Wellnessbereich mit Hallen- und Freibad, Sauna und einem hübschen Garten. Angeboten werden verschiedene Massagen, auch in Kombination mit dem Heubad.

Hotel Heubad. Schlernstraße 13, 39050 Völs am Schlern; Tel. 04 71/ 72 50 20, www.hotelheubad.com

AUTORENTIPP!

OSWALD-VON-WOLKENSTEIN-RITT

Ganz ins Mittelalter zurückversetzt fühlen sich Besucher bei den Veranstaltungen des Oswald-von-Wolkenstein-Ritts, die vor historischer Kulisse in Kastelruth, Seis, Völs und Prösels alljährlich im Juni stattfinden. Sie wurden 1983 erstmals ausgetragen und haben sich mittlerweile zu einem der größten Events in Südtirol entwickelt, gleichermaßen beliebt bei Einheimischen und Urlaubern. Insgesamt vier Turnierspiele werden in drei Tagen ausgetragen: das Ringstechen auf dem Kastelruther Kalvarienberg, der Ritt durchs Labyrinth am Fuß von Oswalds Burg Hauenstein (Seis), der Galopp am Völser Weiher und der Torritt bei Schloss Prösels. Dazu kommt ein umfangreiches Rahmenprogramm mit Musik, Gaudi und Gauklern sowie einem mittelalterlichen Markt. Rund 35 Mannschaften kämpfen um den Sieg – die Entscheidung fällt erst mit der letzten Prüfung. Schloss Prösels, der Schauplatz, gehört übrigens zu den sehenswertesten Burgen Südtirols. Infos zum Oswald-von-Wolkenstein-Ritt: www.ovwritt.com

Schloss Prösels ist ein Schauplatz des »Ritts«.

Völs und Schloss Prösels

Solchermaßen gestärkt kann man sich leicht auf den Weg über die Dörfer machen, mit dem Radl oder auch zu Fuß. In Völs verdient neben der Pfarrkirche, die einen spätgotischen Flügelaltar aus dem Jahr 1489 bewahrt, das in seiner Bausubstanz romanische Kirchlein St. Peter mit schönem Schlernblick einen Besuch. Jenseits des Schlernbachs thront auf einem Geländesporn Schloss Prösels, eine der sehenswertesten Burgen des Landes, heute Kulturzentrum und jeweils im Frühsommer Schauplatz beliebter Ritterspiele: Oswald von Wolkenstein als Mega-Event im 21. Jahrhundert ... übers Jahr finden in dem historischen Ambiente regelmäßig Musik- und Theateraufführungen statt.

Der Ritter und Minnesänger

Ein bescheideneres Spektakel bietet der Ausflug nach Norden, zum Völser Weiher (den die Herren von Prösels als Fischteich anlegen ließen) und zur Kirche St. Konstantin mit ihrem auffallenden Zwiebelturm. Blickfang auf dem Weg nach Seis bleibt der Schlern, dieser Felskoloss, der so massig

Von Völs nach Kastelruth

5 Std., markierte Wege bzw. Schotterstraßen, Teilbegehungen möglich

Die Wanderung beginnt beim Bushalt in Völs. Bevor man sich zum Völser Weiher aufmacht, empfiehlt sich ein kleiner Bummel durch den eng gebauten Ortskern. Zurück am Kreisverkehr, geht's zunächst kurz bergan zum Hotel Heubad. Nur wenig höher stößt man auf die Putzesstraße. Sie quert den Hang nordwärts, verliert bald ihren Asphaltbelag und wird zum Ziehweg. Er führt im Wald bergan, kreuzt die Zufahrt zum Völser Weiher (1056 m) und leitet dann, nur mehr sanft steigend, zum Nordende des Gewässers. Vom Völser Weiher leitet ein breiter Fahrweg sanft bergab zur Hauptstraße. Nahebei, im Grünen, steht die Kirche St. Konstantin, ein spätgotischer Bau mit hohem, zwiebelgekröntem Turm. Der Weiterweg verläuft parallel zur Straße, meist in einigem Abstand. Am Ortseingang von Seis folgt man der Zufahrt hinauf zum großen Parkplatz der Seiser-Alm-Gondelbahn. Kurz davor zweigt rechts die Straße zum Hotel Salegg ab. Über dem Gasthaus ragen die spärlichen Mauerreste der gleichnamigen Burg aus den Baumwipfeln. Auf dem »Oswald-von-Wolkenstein-Weg« steigt man hinauf zu der Ruine. Der Weiterweg bietet kaum Aussicht, dafür informieren entsprechend gestaltete Stationen über verschiedene Aspekte des spätmittelalterlichen Ritterlebens. Wenig später steht man am Fuß des mächtigen Felsblocks, auf dem die Ruine Hauenstein (1222 m) thront. Von dem historischen Gemäuer leitet ein breiter Weg hinab zum Frötschbach. Dann geht's fast flach hinein nach Seis. Über dem Ort steht auf dem freien Feld das Kirchlein St. Valentin – vor den schroffen Felsen des Schlerns ein klassisches Südtirolmotiv (Fresken 14. Jh.). Zuletzt spaziert man auf Wiesenwegen hinein nach Kastelruth.

Mauerreste – Riesenmauern: die Ruine Salegg und der Schlern

Oben und unten: Jedes Jahr ein Ereignis: die Fronleichnamsprozession in Kastelruth

über der Mittelgebirgsterrasse in den Himmel ragt. Da kann man den Mauerstumpf, der am Fuß des Berges zwischen den Baumwipfeln hervorlugt, leicht übersehen: die Ruine Hauenstein, der Alterssitz des Oswald von Wolkenstein (um 1375–1445). Hier, »auf einem Felsklotz rund und steil«, hockte der weitgereiste Renaissancemensch, der Tiroler Rittersmann und Dichter. »Nordafrika, Arabien und Persien, die Krim und dann nach Syrien, Byzanz, ins Türkenreich, Georgien – die Sprünge sind vorbei!« schrieb er verbittert. »Was mir an Ehrung ward zuteil durch Fürsten, manche Königin und was ich so an Schönem sah, das büß' ich ab in diesem Bau. Mein Unheil hier – es zieht sich lange hin.«

Kastelruther Fronleichnam

Von Seis nach Kastelruth ist es nur noch ein besserer Katzensprung. Der stattliche, urkundlich bereits im 10. Jahrhundert erstmals genannte Ort ist mindestens einmal im Jahr – wenn man die Veranstaltungen der »Spatzen« nicht mitrechnet – Ziel zahlloser Besucher. An Fronleichnam (bzw. am Sonntag danach) findet hier die weit über die Landesgrenzen hinaus bekannte Prozession statt, mittlerweile mit mehr Gaffern als Gläubigen, einem totalen Verkehrschaos und einem Bombenumsatz in den Wirtshäusern. »In unnachahmlicher Würde schreiten die Bauern einher, mit hohen Schaftstiefeln und Lederhosen, mit dem Leibl aus feinstem Stoff und kunstvoll gestickten Gurten, um den Hals das mit einem Goldring gefasste Tuch und auf dem Kopf den zylinderartigen Stotzhut; die Frauen wiegen sich in ihren weiten Röcken, die schwere Fazzelkappe über dem vollen Haar, während sich in der Festtracht der Mädchen aller Glanz und Flitter und alle Heiterkeit der eng benachbarten ladinischen Welt abzeichnet.« (Josef Rampold, »Eisacktal«, 1969)

Infos und Adressen

SEHENSWÜRDIGKEITEN

Schloss Prösels. Besichtigungen im Rahmen von Führungen von Juni–Okt., Tel. 04 71/60 10 62, www.schlossproesels.it

ESSEN UND TRINKEN

Tuffalm. Einen kleinen Spaziergang vom Völser Weiher liegt die Alm unter der imposanten Westwand des Jungschlerns. Gute Tiroler Küche, Streichelzoo für die Kinder. Die Tuffalm (1274 m) ist von Ostern bis Anfang November geöffnet. Tel. 04 71/726 090

ÜBERNACHTEN

Romantik Hotel Turm. Das Haus mitten im Dorfzentrum wurde vor ein paar Jahren stilvoll um- und ausgebaut – kein einfaches Unterfangen bei dem eng begrenzten Platzangebot. Neu dazu kam ein Wellnessbereich, zu dem auch Heubäder, eine Salzgrotte und ein Freibad mit Prachtblick zum Schlern gehören. Sozusagen das Tüpfchen aufs »i«: die feinen Kreationen des Haubenkochs Stefan Pramstrahler. Kirchplatz 9, 39050 Völs am Schlern, Tel. 04 71/72 50 14, www.hotelturm.it

Tschötscherhof. Wer seine Wellness in der Natur findet, ein gutes Essen (Produkte direkt vom Hof) zu schätzen weiß, dazu ehrliche Gastfreundschaft, der ist im Tschötscherhof genau richtig. Ruhige Lage, saubere Zimmer. Und eintauchen in die »gute alte Zeit« kann man gleich nebenan in der Scheune: im privaten Bauernmuseum. St. Oswald 18, 39040 Seis am Schlern, Tel. 04 71/70 60 13, www.tschoetscherhof.com

AKTIVITÄTEN

Golfplatz Seis. Westlich von Seis in einer Talmulde mit Blick übers Eisacktal gelegener 18-Loch-Platz. Infos über Golfclub Kastelruth – Seiser Alm, www.golfkastelruth.it

INFORMATION

Seiser Alm Marketing. Dorfstraße 15, 39050 Völs, Tel. 04 71/70 96 00, info@seiseralm.it, www.seiseralm.it

Romantik Hotel Turm: das Reich von Stefan Pramstrahler

Mitte: Das Langkofelmassiv, imposante Kulisse der Seiser Alm
Unten: Heuernte ist manchmal noch Handarbeit.

41 Seiser Alm und Schlern

Südtiroler Wahrzeichen

Sie gehört zu den großen Landschaftswundern Südtirols, die Seiser Alm: die größte Hochalm alpenweit, teilweise geschützt, aber auch touristisch intensiv genutzt, mit all den Vor- und Nachteilen für Mensch und Natur. Und der Schlern, ihr westseitiger Kulissenberg, ist ein Wahrzeichen des Landes, prähistorische Kultstätte, Namensgeber für den in den westlichen Dolomiten häufigen Riffkalk, Blumenwunder und Aussichtspunkt.

Die Hochalm, die ihren Namen vom Dorf Seis hat, aber irgendwie auch zum Grödner Tal gehört, ist so etwas wie Südtirol in Reinkultur. Hier riecht es im Sommer nach Heu, und bunte Blumen nicken zum Wohlgefühl, das man beim Spaziergang über das wellige, aber nie schroffe Gelände empfindet. Im Blick hat der Wanderer dabei stets den Langkofel oder (wenn man sich umdreht) den Schlern, beides unverwechselbare Felsprofile. Wettergebräunte Holzstadel (Schwaigen) stehen in der Wiese, Kuhglocken bimmeln und an Einkehrmöglichkeiten fehlt es natürlich auch nicht. Eine hat sich gleich den (zutreffenden) Namen »Panorama« gegeben; das stattliche Haus wurde jüngst erheblich vergrößert. Es liegt knapp über der 2000-Meter-Höhenmarke, und gleich daneben endet der von Kompatsch ausgehende Sessellift. So gelangt man ohne Anstrengung zur schönen Aussicht.

Schützen und nutzen

Die Seiser Alm gilt als Südtiroler Bilderbuchlandschaft. Und eine schützenswerte dazu. Das hat

Umweltschonender als die Straße: die Gondelbahn Seis – Kompatsch

man in der Landesregierung bereits früh erkannt und hier den ersten Naturpark realisiert, damals gegen den heftigen Widerstand von Jägern, Bauern und Tourismusvereinen. So sind Teile der Hochebene seit 1974 der touristischen Erschließung und der Intensiv-Landwirtschaft entzogen, bleibt (wenigstens innerhalb der Schutzzone) die viel gepriesene Flora erhalten. Seit einigen Jahren ist auch der Autoverkehr im Bereich der Alm stark eingeschränkt; dafür verbindet eine Gondelbahn Seis mit der Hotelsiedlung Kompatsch im nördlichen Teil der fast 60 km² großen Alm. Der Erschließungsdruck bleibt trotzdem, auch durch die zahllosen Besucher, sommers wie winters.

Mehr als nur ein Berg

Der Schlern ist ein gewaltiger Bergstock, das untere Eisacktal um mehr als 2 km überragend, vor allem aber ein unvergleichliches Profil: der lang gestreckte, graue Rücken, auf drei Seiten jäh abfallend, davor zwei markante, freistehende Türme, benannt nach ihren Erstbesteigern Johann Santner (1880) und Gustav Euringer (1884). Es handelt sich um Routen im III. Schwierigkeitsgrad, die

AUTORENTIPP!

DIE KLEINSTE BESTE KÜCHE

Größe ist nicht alles, das wissen wir, doch was Franz Mulser aus seiner winzigen Küche (zweieinhalb Quadratmeter!) auf den Tisch zaubert, ist mehr als ungewöhnlich. Der aus Seis stammende Jungkoch, meistens in Lederhose, blauem Schurz und Tirolerhut zugange, hat sein Handwerk von Grund auf gelernt, bis hin zur Haute Cuisine im legendären Münchner Tantris. Dass Können und Liebe zum (Kunst-)Handwerk hier eine ideale Verbindung eingehen, merkt man jedem Gericht an, ob Heusuppe mit Trüffel, Kalbszüngerl im Kernölsud, ein geschmortes Schulternahtl oder Kaiserschmarrn. Speck und Käse stammen vom elterlichen Hof in Seis.
Zur »kleinsten besten Küche« kommt man von der Bergstation der Seiser-Alm-Gondelbahn (Kompatsch), zu Fuß – vorbei am Hotel Steger-Delai – in knapp einer halben Stunde.

Gostner Schwaige. Mitte Juni–Mitte Okt., Mitte Dez.Ostern. Abends kocht der Franz nur auf Vorbestellung.
Tel. 347/836 81 54

AUTORENTIPP!

RITSCH-SCHWAIGE

Die Ritsch-Schwaige liegt im Kreuzungspunkt mehrerer Seiser-Alm-Wanderwege. Vor dem Haus weiden die Kühe, am Horizont zeigt sich das einzigartige Profil des Langkofelmassivs. Die herrliche Lage ist der erste von gleich mehreren Pluspunkten, die das familiär geführte Haus verbuchen kann. Hier gibt's nicht nur einen prima Apfelstrudel für hungrige Wanderer; in der Ritsch-Schwaige kann man auch autofrei Urlaub machen. Die Zimmer sind komfortabel, der Wellness-Bereich umfasst Sauna, Dampfbad und Sonnenterrasse. Nicht zu vergessen die gepflegte Küche, in der nach Möglichkeit einheimische Produkte verarbeitet werden. Sie verführt mit Südtiroler Spezialitäten und leichten mediterranen Köstlichkeiten. Auf der Seiser Alm herrscht generelles Fahrverbot. Hotelgäste erhalten eine Sondergenehmigung für die An- und Abreise. Zwischen Seis/Kastelruth und der Hochalm verkehrt auch ein SAD-Linienbus; Halt bei der Ritsch-Schwaige. Saltria 16, 39040 Seiser Alm, Tel. 04 71/72 79 10, www.ritschschwaige.com

Die Schlernhäuser vor dem Rosengarten

aber wegen des wenig zuverlässigen Gesteins heute kaum mehr begangen werden.

Doch der Schlern ist noch viel mehr: Blumenwunder und Naturdenkmal, Namensgeber für das viele Gipfel in den westlichen Dolomiten bildende Gestein (Schlerndolomit), eine Aussichtswarte von allererstem Rang und einer der am frühesten von Menschen aufgesuchten hohen Berge in den gesamten Alpen. Als die Römer sich anschickten, das Land an Etsch und Eisack ihrem Reich einzuverleiben, war die Eroberung des Schlern schon Geschichte...

Die Funde vom Schlernplateau werden in die jüngste Eisenzeit (La Tène, 450–58 v. Chr.) datiert; ungewiss ist noch bis heute, ob sie mit einer Almsiedlung oder einer Kultstätte in Zusammenhang stehen.

Sagen

Ungeklärt ist auch der Ursprung des Bergnamens. Einiges spricht für die ladinische Wurzel »sala«, was soviel wie Wasserlauf oder Rinne bedeutet und sich auf die Sturzbäche beziehen könnte, die nach Gewittern jeweils aus den Steilflanken des

Eine Schlerntour

7 Std., markierte Wege, teilweise etwas steinig, Ausdauer notwendig

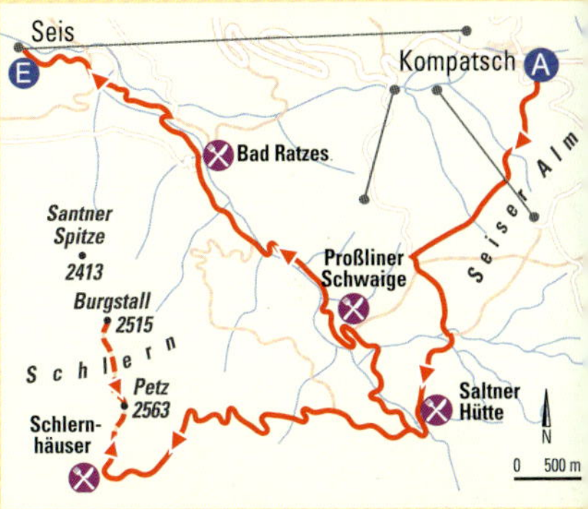

Die Gipfeltour startet gemütlich, führt zunächst sanft steigend über das weitläufige Almgelände. Dabei hat man das Tourenziel, den mächtigen Elefantenrücken des Schlern mit seinen beiden nach oben gerichteten Stoßzähnen vor sich. Der erste Anstieg endet bei ein paar alten Schwaigen. Nach kurzem Abstieg über Blumenwiesen stößt man auf das Sträßchen, das südwärts zur Saltner Hütte (1825 m) führt. Hier beginnt der »Touristensteig«. Etwa anderthalb Stunden geht's kontinuierlich bergan, dann ist der Rand des Schlern-Plateaus gewonnen. Einen Kilometer weiter südwestlich stehen die Schlernhäuser (2457 m) als willkommene Einkehr.

Rund 100 Höhenmeter fehlen noch zum Gipfel des Schlern (Petz, 2563 m) und zum großen Panorama, das in den Dolomiten seinesgleichen sucht, nach Westen bis zum Ortlereis reicht.

Der Abstieg führt zunächst zurück zu den Schlernhäusern, dann auf dem »Touristensteig« bergab zu einer Verzweigung (1900 m) über dem Frötschgraben. Hier links, dann wieder rechts und mit der Wegmarkierung 1a hinunter zum Bach. Auf der rechten Talseite geht's flach hinaus zur Proßliner Schwaige (1740 m), wo allein schon der Blick auf den Schlern und seine Türme zur Einkehr verführen könnte. Kurz zuvor kreuzt der Weg den Tschapitbach, der als Fundstelle von Mineralien und Versteinerungen bekannt ist.

Nächste Wegstation ist das Hotel Bad Ratzes (1212 m). Gebadet wird hier allerdings schon lange nicht mehr, auch wenn die bereits 1724 gefasste, leicht mineralhaltige Schwefelquelle am Berg noch immer sprudelt. In Seis (994 m) endet die Schlerntour. Wer will kann in einem der Gasthäuser einkehren.

Ausblick vom Schlern: Seis, Eisacktal, Stubaier und Zillertaler Alpen

Oben: Südtiroler Bäuerin beim Buttern
Mitte: Santner- und Euringerspitze am Schlern
Unten: Idylle unterm Schlern: auf der Seiser Alm

Schlern herabschießen. Oswald von Wolkenstein schrieb im 15. Jahrhundert »saleren«. Und vielleicht erzählte man ja damals auf der Burg Hauenstein den Kindern die Geschichte von den »Schlernhexen«, jenen Saligen, die der Fluch des Zwergenkönigs Laurin in Blumen verwandelt hatte: Alpen-Grasnelke nennt sie unsere Zeit prosaisch. Sie mag hier stellvertretend erwähnt werden für die so üppige wie artenreiche Flora der Seiser-Alm-Schlern-Region. Augen auf, es gibt viel zu sehen, auch am Wegrand!

Ein Haus mit Geschichte

Wer den großen Berg am Rand der Dolomiten besteigt, kommt unweigerlich an den Schlernhäusern vorbei. Sie gehören zu den ältesten Berghütten Südtirols. Bereits 1884 erwarb die Alpenvereins-Sektion Bozen von der Gemeinde Völs ein Grundstück, wobei im Kaufvertrag festgeschrieben wurde, dass »bei der Vergebung der Wirtschaft die Eingeborenen von Völs zu berücksichtigen und Unfug und Unsittlichkeit in der Hütte möglichst hintanzuhalten« sei. Zwei Jahre später konnte das Schlernhaus eröffnet werden. Später wurde es erweitert, 1903 dann das daneben stehende kleine Gasthaus von Christian Marsoner dazu erworben (deshalb Schlernhäuser) und immer wieder den moderneren Zeiten angepasst. Trotzdem atmet der stattliche Bau mit seiner gediegenen Innenausstattung noch etwas vom unverwechselbaren Flair der »guten alten Zeit«. Am besten, man bleibt gleich über Nacht oben, genießt die Hausmannskost und bei Schönwetter das einzigartige Farbenspiel der Abendsonne an den bizarren Felsmauern des Rosengartens. Was für eine Schau! Und wer frühmorgens rechtzeitig aus den Federn kommt, kann zuschauen, wie die Sonne am östlichen Horizont auftaucht: Dolomitenzauber.

Infos und Adressen

ESSEN UND TRINKEN

Einkehren auf der Alm. Auf der weitläufigen Alm gibt es zahlreiche Einkehrmöglichkeiten, von der Almhütte bis zur Luxusherberge. Eine ordentliche Südtiroler Marende gibt's überall, und die prächtige Aussicht dazu ist sogar umsonst.

ÜBERNACHTEN

Mahlknechthütte. Mit so einem Ausblick kann ein Tag jederzeit beginnen. Die Mahlknechthütte, im Südosten der Seiser Alm gelegen, schaut direkt hinüber zum Langkofelmassiv – wow! Hüttenromantik pur, aber mit Komfort. Joch 28, 39040 Seiser Alm, Tel. 04 71/72 79 12, www.mahlknechthuette.com

Schlernhäuser. Bei schönem Wetter wird die Schlerntour bei einer Nacht oben am Berg zum unvergesslichen Erlebnis. Schöner Speisesaal, gute Küche; bewirtschaftet normalerweise von Mitte Juni–Ende Sept,, Hüttenschlafsack mitnehmen und reservieren nicht vergessen! Tel. 04 71/61 20 24

AKTIVITÄTEN

Wandern. Im Sommer ist die Seiser Alm ein Paradies für Genusswanderer: wenig Anstrengung, viel Aussicht. Ein beliebtes, leicht erreichbares Ziel ist der Puflatsch (2194 m) am Nordrand des Hochplateaus (gut 1 Std. von der Bergstation der Seiser-Alm-Gondelbahn). Ein ganzes Netz von gut markierten Wegen überzieht die südliche Seiser Alm, durchweg mit prächtiger Aussicht. Ein Tipp: Im Winter sind auf der weitläufigen Hochalm herrliche Schneeschuhwanderungen möglich!

INFORMATION

Seiser Alm Marketing. Dorfstraße 15, 39050 Völs, Tel. 04 71/70 96 00, info@seiseralm.it, www.seiseralm.it

Links der Lange, rechts der Platte: Langkofel und Plattkofel über der Seiser Alm

Mitte: Wunder aus Stein – die Vajolettürme
Unten: Durchs Gartl steigt man auf zum Santnerpass.

42 Tierser Tal

Idylle unter dem Rosengarten

Manchmal ist es ja ganz gut, wenn die Natur in Gestalt eines recht schroffen Landschaftsprofils dem Tourismus ein paar Grenzen setzt. Das wissen jene Bergfreunde zu schätzen, die in den Dolomiten Erholung, aber auch gesunde Herausforderungen suchen: Anspannung und Entspannung. Beides findet man im Tierser Tal problemlos, direkt unter den schönsten Felsskulpturen des Rosengartens.

Das Bild prägt sich einem unauslöschlich ein, und wenn das rote Glühen auf dem hellen Kalkfels längst verglimmt ist, sieht man es immer noch vor sich: die Vajolettürme, vom Licht der tiefstehenden Sonne in züngelnde Flammen verwandelt. Enrosadüra nennen das die Ladiner, Alpenglühen die Nordländer. Den Boznern beschert die Natur dieses Schauspiel bei Schönwetter immer mal wieder, allerdings aus viel größerer Distanz. Hinten im Tierser Tal ist man den Wänden des Rosengartens schon sehr nahe, sitzt der staunende Zeitgenosse sozusagen in der ersten Reihe.

Kletterlegenden

Ziemlich nahe ist man hier auch der Alpinhistorie. Die Liste der Erstbegeher liest sich wie ein »Who's who?« der Kletterprominenz vergangener Tage: Georg Winkler, Hans Stabeler und Hermann Delago bezwangen die später nach ihnen benannten drei Vajolettürme. Paul Preuß, Hans Dülfer und Tita Piaz eröffneten zahlreiche schwierige Routen; auch das fulminante Duo Paula Wiesinger und Hans Steger hinterließ seine Spuren. Zum »letzten Problem« wurde schließlich die Rotwand: ein

Kletterer an den Vajolettürmen

überhängender 400-Meter-Absturz, der lange Zeit als unersteigbar galt. Bis die Sachsen Lothar Brandler und Dietrich Hasse ihm im Jahr 1958 mit viel Materialeinsatz zu Leibe rückten – von »free climbing« oder »Rotpunkt« sprach damals noch niemand. Noch übertroffen wurden sie zwei Jahre später von Cesare Maestri, dem legendär-umstrittenen Erstbesteiger des Cerro Torre im fernen Patagonien, und Carlo Claus, die über 400 Haken setzten und nach sieben Biwaks der Wand entstiegen. Aber: Kann man da noch von Klettern reden?

Tschamintal

Die meisten Besucher des idyllischen Tals unter dem Rosengarten halten sich von den schroffen Felsmauern fern. Erleben kann man die grandiose Kulisse auch auf den markierten Wanderwegen – weitgehend risikolos dazu. Eine beliebte Tour führt ins Tschamintal, von dem der Reisejournalist Heinrich Noë schrieb, dass »nicht ein einziges Tal sämtlicher gleich schön und wild« sei. Wer sich davon überzeugen mag, braucht allerdings etwas Ausdauer, ist allein schon der Weg bis zum Bärenloch etwa 2.30 Stunden weit. Das gesamte Tschamintal liegt innerhalb des Naturparks Schlern –

AUTORENTIPP!

CYPRIANERHOF

Allein der Blick auf den Rosengarten ist es schon wert, im Cyprianerhof abzusteigen, denn wer am Morgen mit dieser Aussicht aufwacht, hat garantiert einen guten Tag vor sich. Dafür sorgt auch ein engagiertes, freundliches Team, und Bergsteigern steht man hier besonders gerne mit Rat und Tat zur Seite. Es werden auch geführte Wanderungen, Klettersteigtouren und Klettertouren angeboten. Wer also die Gipfel rundum nicht nur bestaunen möchte, sondern dem einen oder anderen auch gerne aufs Haupt steigen würde – unter kompetenter Führung notabene – ist im Cyprianerhof bestens aufgehoben. Der Entspannung dient der schöne Wellnessbereich, für beste Gourmetgefühle sorgt die kreativ-feine Küche. Und im Weinkeller lagern vorzügliche Gewächse – für jeden Geschmack (und jedes Menü) das Passende. Und vielleicht geht ja gerade über den Vajolettürmen der Mond auf.

Cyprianerhof. St. Zyprian 69, 39030 Tiers, Tel. 04 71/64 21 43, www.cyprianerhof.com

AUTORENTIPP!

ROSENGARTENHÜTTE

All jenen, die gerne etwas alpine Höhenluft schnuppern möchten, ohne dabei allzu sehr ins Schwitzen zu geraten, sei ein Ausflug zur Rosengartenhütte (2339 m) empfohlen. Die hockt am Westfuß des Rosengarten-Hauptkamms und bietet eine phänomenale Aussicht, nach Westen über die grünen Höhen rund um Bozen bis zu Presanella und Ortler, immerhin rund 80 km weit weg. Und wie kommt man hin? Ganz bequem mit dem Auto (oder dem Linienbus) über den Nigerpass zur Frommer Alm. Da steigt man um in den Sessellift und schaukelt gemütlich über die kargen Almböden bergwärts, vor sich die hellen Dolomitmauern mit der Rosengartenspitze (2981 m) als höchstem Gipfel. Das Schutzhaus wurde 1898/99 von der Kölner Sektion des Deutschen Alpenvereins erbaut und ist heute im Besitz des Club Alpino Italiano (CAI): Einkehr mit Aussicht. Wer gesunde Knie hat, kann anschließend – angemessen gestärkt – den Abstieg auch zu Fuß antreten, bis zur Frommer Alm oder zum Nigerpass je etwa 1.30 Std.

Die Vajolettürme überm Gartl

Eine beliebte Einkehr, die Haniger Schwaige

Rosengarten; über naturkundliche Belange des 73 km² großen Schutzgebietes informiert das Parkhaus am Taleingang. Es ist in der alten Steger Säge untergebracht, einer wieder funktionsfähig gemachten Venezianersäge.

Aussicht und Einkehr

Ein beliebtes Wanderziel ist auch die Tschafonhütte (1733 m) nördlich über Tiers. Nach dem gut zweistündigen, recht steilen Aufstieg ist natürlich eine ausgiebige Rast fällig, mit Aussicht auf die Paradeberge des Rosengartens. Fast so interessant ist ein Blick in die Speisekarte des Hauses: Goggelen mit Eartepfl (Eier mit Kartoffeln), Schmorrn mit Grantn (Kaiserschmarrn mit Preiselbeeren) oder Knedl mit Kress und Rucola (Knödel mit Kresse und Rauke) finden sich da, und auch frische Salate aus dem hauseigenen Gemüsegarten. Guten Appetit!

König Laurins Rosengarten

Den haben garantiert jene Bergsteiger, die drüben im Rosengarten am Santnerpass ankommen. Wer

Almwanderung zur Haniger Schwaige

3.15 Std., leicht, Sandstraße und markierte Wege

Ausgangspunkt der Almwanderung ist der Nigerpass (1668 m), der seinen Namen den ausgedehnten Fichtenwäldern (niger = düster, dunkel) verdankt. Wald säumt auch den Fahrweg, der vom Parkplatz sanft ansteigend zur Baumannschwaige (1826 m) führt. Die Alm bleibt links abseits; der mit 7 markierte Weg steigt steiler an bis knapp über die 2000-Meter-Höhemarke. Am Tumml (2009 m; Wegzeiger, Bank) mündet rechts ein Zustieg von der Frommeralm. Die Fortsetzung der Wanderung ist ein einziges Schaulaufen: rechts ragt die Laurinswand in den blauen Südtiroler Himmel, links geht der Blick weit übers Bozner Becken bis zu den fernen Eisriesen der Ortlergruppe. Noch nichts ist zu sehen von den Vajolettürmen; sie kommen erst auf den Angelwiesen (1970 m) ins Blickfeld: wow! Aus keinem anderen Blickwinkel präsentiert sich der Delagoturm mit seiner Westkante so verwegen und absolut unnahbar. Erstbestiegen wurde er übrigens von Hermann Delago 1895 – und zwar solo!

Da können die nördlichen Vajolettürme nicht mithalten; sie erhalten nur recht selten Besuch, wie auch die Tschaminspitzen (2754 m), die sich nördlich über der Talmulde erheben.

Das packende Bild begleitet die Wanderer beim kurzen Abstieg zur Haniger Schwaige (1904 m) auf dem Kuhboden. Der Versuchung, sich hier unter freiem Himmel niederzulassen, vor den bizarren Felsen des Rosengartens, wird kaum jemand widerstehen können. Zumal der Kaiserschmarrn wirklich hervorragend schmeckt …

Der Rückweg zum Nigerpass erfolgt auf dem Anstiegsweg.

Fantastische Dolomitenkulisse: die Vajolettürme

Oben: Am Vajolonpass im südlichen Rosengarten
Unten: Beliebte Einkehr: die renovierte Rotwandhütte

auf der Terrasse der Tschafonhütte sitzt, muss schon genau hingucken, um jenen »Weg« zu erahnen, den der Bozner Alpinist Johann Santner entdeckte und der sich durch die Westflanke der Rosengartenspitze zu der Gratsenke »hinauf schwindelt«. Er führt mitten hinein in die Herzkammer der Dolomitengruppe, die den hübschen Namen »Gartl« trägt und mit einem grandiosen Blick auf die drei Vajolettürme prunkt. Gartl, bei all den Steinen rundum? Ja, erzählt uns die berühmteste Dolomitensage doch von dem einst blühenden Rosengarten des Zwergenkönigs Laurin. Die Geschichte ging allerdings böse aus, nach Verrat und Niederlage ließ ein Fluch den Garten zu Stein werden. Eine uralte, aber auch moderne Parabel? Angesichts der Massen, die alljährlich die Dolomiten besuchen, könnte man fast glauben, der (Freizeit-)Mensch zerstöre manchmal, was er besonders liebt – auch die Natur seiner Berge.

Ein gotisches Kleinod

Die ist im Tierser Tal noch vergleichsweise intakt, was auch damit zu tun haben mag, dass die Topografie glücklicherweise keinen Massenskilauf zulässt. Eine moderne Zufahrt erhielt Tiers auch erst sehr spät; bis in die 1980er-Jahre führte eine schmale, extrem steile Straße, die immer wieder durch Überschwemmungen und Murabgänge zerstört wurde (zuletzt 1966), von Blumau durch das Tal des Breibachs nach Tiers. Die neue Trasse verläuft von der Völser Aicha hoch am sonnseitigen Hang, vorbei an der Häusergruppe St. Katharina. Kunstliebhaber werden hier gerne einen Halt einlegen, um das 1239 erstmals urkundlich erwähnte Kirchlein St. Katharina in Breien zu besichtigen. Der zierliche gotische Bau bewahrt an der südlichen Außenwand vorzügliche, gut erhaltene Fresken der Bozner Schule (um 1420), die Leben und Sterben der Heiligen zum Thema haben.

Infos und Adressen

ESSEN UND TRINKEN

Schönblick. Das neu umgebaute Berggasthaus liegt oberhalb von Tiers, bietet eine herrliche Aussicht weit über die Bozner Höhen hinaus – nomen est omen! Von Tiers leichte Wanderung, etwa 1.30 Std., auf guten Wegen. Alternativ Zufahrt von der Völser Aicha bis in die Nähe des Berggasthauses. Gute Küche, Kinderspielplatz. St. Katharina 28, Völs am Schlern, Tel. 04 71/60 11 36, www.berggasthaus-schoenblick.it

Tschaminschwaige. Beliebtes Lokal am Eingang ins malerische Tschamintal. Regionale Spezialitäten, hausgemachte Torten und Apfelstrudel; jeweils samstags ist Grillabend. Tel. 04 71/64 20 10, www.tschaminschwaige.com

ÜBERNACHTEN

Alphotel Panorama. Sympathischer Familienbetrieb in herrlicher Lage oberhalb von Tiers. Sauna, Liegewiese, für Bahnreisende Kleinbus ab Bozen. Weißlahn 33, 39050 Tiers, Tel. 04 71/64 21 19, info@alphotel-panorama.com, www.alphotel-panorama.com

AKTIVITÄTEN

Naturparkhaus. Im Sommer Di–Sa 9.30–12.30, 14.30–18 Uhr, Juli/Aug. auch So. Die Säge wird jeweils Mittwoch um 11, 15 und 16.30 Uhr in Betrieb genommen.

Wandern, biken, klettern. Tiers gilt als Bergsteigerdorf und da ist schon klar, welche Aktivitäten hier besonders beliebt sind. In der Umgebung des Dorfes gibt es zahlreiche Wanderwege und Klettersteige. Sehr beliebt ist die kurvenreiche »Rosengartenstraße« bei den Motorradfahrern.

INFORMATION

Tourismusverein Tiers. St.-Georg-Straße 79, 39050 Tiers am Rosengarten, Tel. 04 71/64 21 27, www.tiers.it

Abendlicht auf den Vajolettürmen

Beliebtes Ausflugsziel: der Karersee

43 Karersee

Sagenumwoben

Er gehört zu den Big Points des Südtiroler Tourismus, sein Abbild mit den bleichen Latemartürmen im Hintergrund dürfte schon millionenfach um die Welt gereist sein: der Karersee. Ein dunkles Seeauge, umrahmt von hochstämmigem Fichtenwald, im Sommer umlagert von (zu) vielen Schaulustigen, was dem Zauber des Platzes nicht unbedingt zuträglich ist.

Wer den See erleben will, sollte früh aus den Federn, auf jeden Fall bevor in Welschnofen die Frühstückstische abgeräumt werden und die ersten Busse losfahren. Neben der »Großen Dolomitenstraße«, dieser im Sommer chronisch überlasteten touristischen Schlagader, führen auch mehrere Fußwege zu dem kleinen See am Fuß des Latemar: die passende Annäherung, langsam, Schritt für Schritt. Die Stille ist ein wesentlicher Teil des Zaubers, den das Gewässer umgibt, wie auch der Kontrast zwischen dem dunklen Wald und den bleichen Felsfingern des Latemars, die in den Morgenhimmel ragen. Wer den Karersee umrundet, darf das Bild auch mit dem Rosengarten als Kulissenberge genießen, und das wiederum ist abends am schönsten, wenn die Sonne an den Dolomitfelsen ihr Farbspektakel aufführt. Was für eine Schau!

Sissis Sommer am Karersee

Die schönsten Bäume aus dem Latemarforst landen übrigens nicht im Welschnofner Sägewerk – sie sind als Resonanzholz für den Geigenbau begehrt. Irgendwo in einem europäischen Konzertsaal schwingt möglicherweise die Melodie vom

Das Latemar bildet die fotogene Kulisse des Karersees.

Karersee mit, der so berühmt wurde, dass er seine Seele verlor ...

Diese Geschichte hätte bestimmt der Kaiserin Sissi gefallen; sie verbrachte im Jahr 1897 ihre Sommerfrische im neuen Grandhotel Karersee, das 2 km weiter talaufwärts auf einem Wiesenplan steht. Begleitet wurde die österreichische Kaiserin auf ihren Spaziergängen meistens von dem Bergführer Jörg Huck, der ihr – ganz Untertan – treu ergeben war, obwohl er sonst vom »Weibervolk« nicht allzu viel hielt. Die »Elisabeth-Promenade« gehört heute zu den beliebtesten Spazierwegen im Umkreis von Welschnofen; noch gut hundert Jahre nach ihrem tragischen Tod (1898) begegnen sich da recht viele lustwandelnde NostalgikerInnen aus nah und fern ...

Ein Tourismuspionier

Zu denen zählte Theodor Christomannos ganz bestimmt nicht. Er war ein Mann mit Visionen und großem Organisationstalent. Seine Vorfahren stammten aus dem Südosten Europas, geboren

AUTORENTIPP!

STERNWARTE MAX VALIER

Wer einmal noch viel weiter als bis zu den fernsten Alpengipfeln schauen will, kann das jeweils donnerstags in der Sternwarte auf dem Gummerberg tun – sofern das Wetter mitspielt. Das Spiegelteleskop mit einem Durchmesser von 80 cm kann 10 000-mal schwächere Himmelsobjekte erkennen als das menschliche Auge; es vergrößert sie rund 500-fach.

Voranmeldung von Montag bis Donnerstag jeweils von 8–12, 14–7 Uhr unter der Tel. 04 71/36 13 14

Benannt ist die Sternwarte nach dem Südtiroler Raketenforscher Max Valier. Er entwickelte in der Zwischenkriegszeit verschiedene Feststoff- und Flüssigtreibstoffantriebe; mit einem solchen Eigenbau erreichte er 1929 einen sensationellen Geschwindigkeitsrekord.

Oben: Senkrecht, himmelhoch ragend: die Westabstürze des Rosengartens
Unten: Nicht zertreten! Alpenastern auf einer Almwiese

wurde er 1854 in Wien, lebte aber in Meran und liebte Berge und Frauen. Auf erstere kletterte er gekonnt, einmal soll er aufgrund einer Wette in Frack und Lackschuhen den Ortler bestiegen haben, und im Latemar ist ein Zacken nach ihm benannt. Christomannos ließ das Grandhotel Karersee errichten, das sich bald zu einem beliebten Treff einer internationalen, solventen Klientel entwickelte. Neben Sissi waren u.a. Arthur Schnitzler, Agatha Christie und Winston Churchill hier zu Gast. Der britische Premier vertrieb sich die Zeit vor allem mit Pinsel und Farbe – er war ja ein begeisterter Hobbymaler.

Christomannos starb 1911. Bereits ein Jahr nach seinem Tod errichteten die Südtiroler ihm hoch über dem Karerpass ein Denkmal. Das kam in den unruhigen Zeiten nach dem Zweiten Weltkrieg abhanden, doch seit 1959 steht an gleicher Stelle wieder ein kolossaler Bronzeadler (Maria Delago).

Karerpass

Die weite Senke des Karerpasses (1745 m) markiert die Grenze Südtirols zum benachbarten Val di Fassa, das zu den ladinischen Dolomitentälern zählt. Ein Sessellift, der seine Talstation westlich unterhalb der Passhöhe hat, befördert Wanderer und Ausflügler in wenigen Minuten hinauf zu einem besonders schönen Aussichtspunkt am Rand des Rosengartens (Rifugio Paolina, 2125 m). Blickfang ist das vieltürmige Latemar, fern am westlichen Horizont sind manchmal sogar die firnbedeckten Höhen des Ortlermassivs auszumachen. Beliebte leichte Wanderungen führen nördlich zur Rosengartenhütte (»Hirzelweg«, 1.30 Std.) und – vorbei am Christomannos-Denkmal zur Rotwandhütte (1 Std.). Letztere steht bereits auf Trentiner Boden und bietet eine fantastische Aussicht auf die Berge des Fassatals.

Infos und Adressen

ESSEN UND TRINKEN

Hotel Tyrol. Eine prima Pizza und ein üppiges Frühstücksbuffet gibt es im Hotel Tyrol, das auch eine preiswerte Unterkunft bietet. Rosengartenstraße 4, Welschnofen, Tel. 04 71/61 36 12, hotel@tyrol.bz.it, www.hotel-tyrol.net

ÜBERNACHTEN

Romantik Hotel Post – Weißes Rössl. Von der Poststation zum Wellnesshotel: bald 150 Jahre Hotelgeschichte in Welschnofen. Auch heute ist das Haus noch im Besitz der Familie Wiedenhofer. Und auch Pferde gibt's noch, neben einem großzügigen Wellnessbereich. Karerseestraße 30, 39056 Welschnofen, Tel. 04 71/61 31 13, www.postcavallino.com

AKTIVITÄTEN

Golfplatz Karersee. Neun-Loch-Anlage in schönster Dolomitenkulisse, auf ca. 1600 m Höhe, Mai bis Oktober bespielbar. Carezza Golf Club, Karerseestraße 171, Welschnofen; Tel. 04 71/61 22 00, www.carezzagolf.com

Labyrinthsteig. Hübscher Rundweg durch das Bergsturzgelände am Fuß des Latemars. Gut markierter Pfad, ab Karerpass (1745 m) etwa 3 Std. Bestens für Familien geeignet (dann mehr Zeit einplanen!).

Latemar. Näher kommt den Kulissenbergen des Karersees man mit dem Oberholz-Sessellift (Talstation Obereggen). Von der Bergstation (2080 m) ausgehend sind schöne Bergabwanderungen möglich, über die Meierlalm oder über den Epircher Lahner (zwei Einkehrmöglichkeiten) nach Obereggen.

INFORMATION

Tourismusverein Welschnofen–Karersee. Karerseestraße 21, 39056 Welschnofen;
Tel. 04 71/61 31 26, info@welschnofen.com,
www.welschnofen.com

Golfen auf 1600 Meter über dem Meeresspiegel

44 Große Dolomitenstraße

Das legendäre Kurvenkarussell

Sie gehört zu den absoluten Highlights der Dolomiten: gut 100 Straßenkilometer und ebenso viele Serpentinen, Aussicht auf die höchsten, markantesten Gipfel des Gebirges, vom Langkofel über Marmolada und Civetta bis zum Antelao. Einziger Wehrmutstropfen, zumindest im Hochsommer: (zu) viel Verkehr. Es empfiehlt sich deshalb, morgens möglichst zeitig in das »schönste Kurvenkarussell der Alpen« einzusteigen.

Vor ein paar Jahren (2009) feierte die »Große Dolomitenstraße« ihr Hundertjähriges – eigentlich verspätet. Denn die Straße hätte eigentlich bereits 1898 – zum 50. Regierungsjubiläum von Kaiser Franz Joseph – eingeweiht werden sollen, unter dem Label »Kaiserstraße«. Die Idee zu einer Straße quer durch die Dolomiten geht auf den Deutschen

Mitte: Das Pordoijoch mit dem Langkofelmassiv
Unten: Trentiner Haus am Pordoijoch

MAL EHRLICH

NOCH MEHR STRASSEN – NOCH MEHR VERKEHR?

Seit ein paar Jahren geistert ein Tunnelprojekt durch die Gazetten: ein 8 km langer Straßentunnel zwischen Cortina d'Ampezzo (Fiames) und St. Vigil in Enneberg (Pederü). Auf diese Weise – so planen Tourismusmanager – wären zwei Big Points des alpinen Massenskilaufs, Cortina und der Kronplatz, nur noch eine halbe Autostunde voneinander entfernt. Was für Auswirkungen die Realisierung dieser irren Idee für den Naturpark Fanes-Sennes-Prags hätte, mag man sich gar nicht ausdenken. Sicher ist auf jeden Fall: noch mehr Verkehr in den Dolomiten, noch mehr geopferte Natur.

Wandergruppe am Valparolajoch

und Österreichischen Alpenverein zurück, zu den Initiatoren gehörte auch Theodor Christomannos.

Autofahren anno dazumal

Die Realisierung verzögerte sich allerdings; erst 1909, nach achtjähriger Bauzeit, war das Jahrhundertwerk vollendet. Die »Große Dolomitenstraße« verbindet Bozen und Cortina d'Ampezzo, führt dabei über drei Passhöhen: Karer (1745 m), Pordoi (2239 m) und Falzárego (2105 m). Einer früheren Reiseschilderung zufolge (»Hochalpen«, Meyers Reisebücher, 1927) bildet sie »den bequemsten Zugang in die Hochgebirgswelt der Dolomiten. Die außerordentlich empfehlenswerte Wagenfahrt führt an den hervorragendsten Sehenswürdigkeiten zahlreicher Gebirgsstöcke vorbei und ist an abwechslungsreicher Schönheit in dieser Ausdehnung in den Alpen fast ohnegleichen. Die durchgängig 5–6 m breite Straße hat einen außergewöhnlich starken Autoverkehr (bis 400 Autos täglich) und durchschneidet das Kriegsgebiet. Als einzige Querverbindung in westöstlicher Richtung war die Dolomitenstraße von hoher strategischer Bedeutung, und um einige ihrer Übergänge spiel-

AUTORENTIPP!

SPRETZ TZAROÌ UND ANDERE KÖSTLICHKEITEN

Im Val di Fiemme und im Fleimstal wird der würzige Puzzone – bei den Einheimischen Spretz tzaroì genannt – aus Kuhmilch produziert, ein Käse von unverkennbarem, sehr kräftigem Geschmack. Dem verdankt er wohl auch seinen Namen (puzzone = Stinker), doch nur kulinarische Banausen rümpfen da die Nase. Vielmehr gilt der Spretz tzaroì unter Kennern als Delikatesse. Und gerade seines kräftigen Duftes wegen findet er in der regionalen Küche vielfältige Verwendung. So lassen sich aus dem Puzzone, altem Brot, Weizenmehl, Milch, einer Zwiebel, Eiern, Lauch ganz feine Gnocchi zaubern – ein wenig handwerkliches Geschick vorausgesetzt. Buon appetito!

Caseificio Sociale di Moena e Predazzo. Hier gibt es den Spretz tzaroì direkt beim Produzenten zu kaufen. Via Fiamme Gialle 34, Predazzo, Tel. 04 62/50 12 87, www.puzzonedimoena.com

AUTORENTIPP!

RISTORANTE AL FORTE
Hinter diesen Mauern muss man sich einfach geborgen fühlen! Immerhin 1,70 m dick sind sie, und ihre Aufgabe war es auch vor mehr als 100 Jahren, Schutz zu bieten. Feinde sind allerdings längst keine mehr in Sicht, Besucher dafür schon, und die kommen gerne in die alte österreichische Festung (1897). Bun di!, heißt es heute im Ristorante al Forte, das martialische Äußere ist nur noch Geschichte, die Gastfreundschaft dafür echt. Was auf den Tisch kommt, kann sich durchaus sehen lassen, ist mehrheitlich regional ausgerichtet (einmal die Woche gibt es ein spezielles ladinisches Menü), und gleich nebenan warten komfortable Zimmer auf Gäste. Wer tagsüber zu Fuß oder mit dem Rad unterwegs war, wird auch das Wellness-Angebot gerne annehmen, um seine müden Muckis angemessen zu entspannen: ein Whirlpool, Dampfbad und ein Tepidarium (Regenerationsraum).

Ristorante/Festungshotel al Forte. Via Pezzei 66, 32020 Arabba, Tel. 04 36/793 29, info@alforte.com, www.alforte.com

Sellastock über dem Pordoijoch

ten sich erbitterte Kämpfe ab, deren Spuren noch heut an zahlreichen Stellen sichtbar sind.« Die Fahrt mit dem Luxusauto, jeweils von Mitte Juni bis Mitte September möglich, dauerte damals neun Stunden und kostete 82,5 Lire. Das waren Zeiten! Ein Vierteljahrhundert später passierten beispielsweise an einem Tag im August »um 10 Uhr vormittags innerhalb von 15 Minuten nicht weniger als fünf Autobusse, 71 Autos, 74 Motorräder und zwölf Fahrräder den Falzáregopass.« Heute quält sich an sommerlichen Schönwettertagen ein schier endloser blecherner Tatzelwurm über die Pässe, durch Täler und Ortschaften. Die »unvergeßlichen Eindrücke für den Kraftfahrer«, von denen Eduard Denzel, ganz PS-Journalist, in seinem »Dolomiten-Autoführer« schwärmte, sind heute mitunter ganz anderer Art …

Karerpass – Pordoijoch – Passo Falzárego: quer durch die Dolomiten

Die große Kulisse ist geblieben, vor und nach der Hauptreisezeit auch eine (relative) Ruhe auf und an der »Großen Dolomitenstraße«. Die Fahrt startet im Eisacktal mit einer längeren Schluchtstrecke, der zwei neue Tunnels etwas von dem romantischen Flair genommen haben. Immerhin gibt's noch einen kurzen Rückblick auf Schloss Karneid, das hoch über der Klammmündung auf einem schroffen Porphyrfelsen hockt. Graues, nicht rotes Gestein kommt später ins Blickfeld: das Latemar. Oberhalb von Welschnofen folgt das obligate Foto-Shooting am Karersee, beim ehemaligen Grandhotel Karersee, das in Würde gealtert ist, wird der Blick auf die langgestreckte Mauer des Rosengarten-Hauptkamms frei. Oben am Karerpass, in etwa 1750 Metern Höhe, überquert man schließlich die Grenze zum Fassatal, hier zeigt sich am südöstlichen Horizont für einen kurzen Moment ein elegantes Felshorn: der Cimòn della Pala, auch das »Matterhorn der Dolomiten« genannt.

Auch auf der Weiterfahrt durchs Fassatal kommen berühmte Bergstöcke ins Blickfeld: der Rosengarten, dann das Langkofel- und das Sellamassiv, zuletzt die vergletscherte Marmolada (3343 m), das »Dach« der Dolomiten.

In Canazei beginnt das Kurvenkarrussell hinauf zum Pordoijoch: fast 800 Höhenmeter und 28 (nummerierte) Serpentinen bis zur Scheitelhöhe. Dabei rücken die gewaltigen Felsmauern des Sellamassivs immer näher; direkt vom Pass schwingt sich die Funivia del Pordoi hinauf zur Drei-Sterne-Aussichtskanzel des Sas de Pordoi (2950 m). Glanzpunkt im Panorama ist – im Wortsinn – die Marmolada mit ihrem weiß schimmernden Gletscher.

Im Links-rechts-Takt geht's hinunter nach Arabba. Auf der Weiterfahrt kommen zwei weitere »Giganten« ins Blickfeld: Civetta (3220 m) und Pelmo (3168 m). Hinter dem Weiler Andraz beginnt der Anstieg zum Passo Falzárego. Links im Wald zeigt sich kurz die Burgruine Buchenstein, einst Besitz der Brixner Bischöfe, dann steuert die Straße direkt auf das markante Felsdreieck des Hexensteins zu. Er war im Ersten Weltkrieg stark befestigt, wie auch der Kleine Lagazuoi (2778 m), der sich direkt über der Scheitelhöhe des Falzárego (2105 m) erhebt. Auch hier kann man sich am dicken Drahtseil ganz bequem in Gipfelhöhe tragen lassen: noch ein exzellentes Panorama (siehe Highlight 48). Im weiten Rund zeigen sich die schönsten Gipfel der Conca d'Ampezzo, alles echte Unikate und deshalb unverwechselbar: der Drachenrücken der Croda da Lago, der Antelao mit seiner Riesenschräge und dem Gipfelkopf, das hohe Trapez des Sorapiš, die Südwand der Tofana di Rozes.

Oben: Am Pordoijoch
Unten: Markierte Wanderwege erschließen die Höhen links und rechts der »Großen Dolomitenstraße«

Oben: Kletterzacken unweit der »Großen Dolomitenstraße«: die Cinque Torri
Mitte: Die Croda da Lago
Unten: Die monumentale Südwand der Tofana di Rozes

Letztere kommt auf der Talfahrt hinunter ins Tal des Boite immer schöner ins Blickfeld, ist ein absoluter Hingucker, weshalb der eine oder die andere auch schon jene Felsklötze übersehen hat, die rechts aus dem Lärchenwald gucken: die Cinque Torri. Kein Vergleich mit der monumentalen Felsarchitektur der Tofane, aber ein besonders beliebtes Kletterrevier, auch bei den Bergführern Cortinas, den »Scoiattoli«.

In Pocol lohnt sich eine kurze Pause, nicht des bombastischen Kriegerdenkmals aus faschistischer Zeit wegen, sondern um vom Belvedere einen Blick auf Cortina und seine Felskulisse zu werfen. Besonders eindrucksvoll wirkt aus dieser Perspektive die vielgipflige Mauer des Pomagagnon, hinter dem sich mächtig das Cristallomassiv aufbaut. Die letzten Kilometer der »Großen Dolomitenstraße« führen über ein paar Schleifen hinunter zum Boite und hinein nach Cortina d'Ampezzo. Stilvoll ausklingen lassen kann man die schöne Reise quer durch die Dolomiten dann am Corso Italia mit einem Apéro, einem Veneziano vielleicht. Mit Blick hinauf in die Felswände des Tofanamassivs.

Infos und Adressen

SEHENSWÜRDIGKEITEN

Schloss Buchenstein (Burg Andraz). Bei der Fahrt von Cernadoi hinauf zum Falzáregopass wird links abseits der Straße der Turm von Castel Andraz sichtbar. Der Platz soll bereits in prähistorischer Zeit befestigt gewesen sein; eine erste Burganlage geht möglicherweise auf die Ostgoten zurück. Vom 12. bis Anfang des 19. Jhs. war die Feste im Besitz der Brixner Bischöfe. Zufahrt von der »Großen Dolomitenstraße« zur Ruine.

AKTIVITÄTEN

Den Berg hinauf. An der 100 km langen Strecke gibt es viele Möglichkeiten zu lohnenden kleineren und größeren Abstechern. Von Campitello im Fassatal führt eine Großkabinen-Seilbahn auf die Rodela (2484 m), einen der schönsten Aussichtsberge der gesamten Dolomiten. Ebenfalls per Seilbahn erreichbar sind der Sas de Pordoi (2950 m) und der Kleine Lagazuoi (siehe Highlight 48).

Museo Ladin di Fascia. Im Fassatal empfiehlt sich ein Besuch des neuen ladinischen Museums. Es vermittelt einen guten Eindruck von Kultur und Geschichte der Ladiner, präsentiert zahlreiche interessante volkskundliche Exponate. Das Museum

Masken im Museo Ladin di Fascia

in Vigo di Fassa (Ortsteil San Giovanni/Sèn Jan) ist von Di–Sa 15–19 Uhr geöffnet. Zum Museum gehören auch zwei Außenstellen: eine venezianische Säge in Penia di Canazei und eine alte Mühle in Pera di Fassa (Mo–Sa 10–12, 15–19 Uhr).

INFORMATION

APT Val di Fassa. Streda Roma 36, 38032 Canazei, Tel. 04 62/60 95 00, info@fassa.com, www.fassa.com

Cortina Turismo. Via G. Marconi 15/B, 32043 Cortina d'Ampezzo, Tel. 04 36/86 62 52, cortina@dolomiti.org, www.dolomiti.org

Cortina d'Ampezzo, Endpunkt der »Großen Dolomitenstraße«

45 Marmolada

Das Dach der Dolomiten

Marmolada – 3343 m. Der Berg schlechthin zwischen Eisack und Piave, der höchste, der einzige mit einem richtigen Gletscher, immerhin fast 5 km² groß, darin hätte der Englische Garten von München bequem Platz; ein Berg mit unverwechselbarem Profil, eher sanft abdachend nach Norden, eine senkrechte Mauer im Süden; der Berg mit der längsten und höchsten Seilbahn (3250 m).

Mitte: Höchster Dolomitengipfel ist die vergletscherte Marmolada.
Unten: Schwarz-weiß: Padònkamm und Marmolada

Die Marmolada: Traumziel für Bergsteiger aller Couleur, für Gemäßigte wie Extremkletterer, Anlaufstation für eine bunte Schar von Touristen aus aller Herren Länder, die halt einmal oben gewesen sein wollen, am Seilbahngipfel wenigstens, der Punta di Rocca (3309 m).

Marmolèda, Berg der Ladiner. Erstbesteiger waren aber keine Einheimischen, sondern ein Engländer und ein Wiener: John Ball mit Birkbeck und V. Tairraz 1860 an der Punta di Rocca und – wieder einmal er – Paul Grohmann am 28. September 1864 zusammen mit seinen beiden Cortineser Führern Dimai an der Punta di Penia (3343 m). Das »Dach der Dolomiten« war erobert.
Zu Beginn des 20. Jahrhunderts baute die Sektion Nürnberg des Deutschen Alpenvereins am Westgrat den ersten Klettersteig der Dolomiten – eine echte Pionierleistung!
Die Route wird auch heute noch rege begangen, sie ist sogar beliebter als der Normalweg über den Gletscher. An sommerlichen Schönwettertagen kann man schon mal mehr als hundert Bergsteigern am höchsten Gipfel der Dolomiten begegnen.

Arme Marmolada. Nach den Bergpionieren erschienen Soldaten, bauten Unterstände, gruben sich in Fels und Eis; Gefechtslärm übertönte den Lawinendonner – der Tod hielt reichliche Ernte. Die Front verlief quer über das Massiv, die Alpini saßen am Serauta-Kamm, igelten sich da immer mehr ein, während die k. u. k. Truppen an den markanten Felsrücken des Elfers (Undesh), des Zwölfers (Doudesh) und des Col di Bousc, die im Gletschervorfeld aufragen, ihre Positionen hatten. Die vordersten und höchstgelegenen österreichischen Stellungen am Hauptkamm des Massivs – zwischen der Marmoladascharte und der Forcella V – mussten über das Gletschereis versorgt werden, was zu immer größeren Verlusten führte. Nachts leuchteten die italienischen Scheinwerfer das eisige Gelände aus, und wie tagsüber wurde auf alles geschossen, was sich bewegte.

Die Stadt im Eis

Die zündende Idee hatte ein Innsbrucker, Oberleutnant Leo Handl: ins Eis statt übers Eis, hieß seine Devise. So entstanden 1916 ein rund 8 km langes Netz von Eisstollen und südlich des Sas da les Doudesh eine Stadt im Eis, die für rund 300 Soldaten eine sichere Unterkunft bot. Die Temperaturen sanken im Gletscher – auch wenn draußen Schneestürme bei minus 30 °C tobten – kaum wesentlich unter den Gefrierpunkt. Sie war im Gegensatz zum großen Barackenlager Gran Poz am Fuß des Col di Bousc (2494 m), wo sich im Dezember 1916 das schwerste Lawinenunglück der Alpenfront ereignete, nicht nur vor feindlichem Beschuss bestens geschützt, sondern auch vor Lawinen. Eine gewaltige Schneemasse ging am Gletscher ab und fegte das gesamte Barackenlager hinweg. Einige der Hütten wurden bis zu einem halben km weit durch die Luft geschleudert, 300 Soldaten fanden den Tod.

AUTORENTIPP!

AUSSICHTSWANDERN VOR DER MARMOLADA

Der »Bindelweg« gehört zu den absoluten Wanderklassikern in den Dolomiten, eine Höhenpromenade, die faszinierend schöne Ausblicke auf die Marmolada und ihren mächtigen Gletscher bietet. Er verbindet das Pordoijoch (2239 m) mit dem Fedaia-Stausee (2054 m) und ist auch für weniger Bergerfahrene geeignet, gutes Schuhwerk vorausgesetzt. Etwa auf halber Strecke wartet mit dem Rifugio Vièl dal Pan eine veritable Einkehrversuchung, der wohl nur wenige widerstehen können. Für die ganze Strecke ist mit einer Gehzeit von maximal 3 Std. zu rechnen. Wer sich den Aufstieg vom Straßenpass zum Padònkamm ersparen will, fährt mit der Seilbahn von Canazei hinauf zum Col di Rosc (2383 m) und spaziert dann flach hinüber zum Rifugio Fredarola, wo man in den »Bindelweg« einfädelt.

Auch dem Laien fällt dabei das ungewöhnliche Gestein auf, aus dem der ganze Bergrücken aufgebaut ist: kein heller Kalk, sondern dunkler Fels vulkanischen Ursprungs. Rückfahrt vom Stausee mit dem Bus.

Die Marmolada vom Bindelweg

Oben: Unterwegs am »Bindelweg«, Blick zum Piz Boè
Mitte: Klettern mit Marmolada-Fernblick
Unten: Am Fuß der Marmolada liegt der Fedaiasee.

Die Marmolada-Promenade

Die beste Aussicht auf den höchsten und größten Berg zwischen Eisack und Piave bietet der über 100 Jahre alte »Bindelweg«, einer der beliebtesten Höhenwege der Dolomiten. Benannt wurde er nach Dr. Karl Bindel, Vorstand der Alpenvereinssektion Bamberg, der sich sehr um die Erschließung des Sellamassivs verdient gemacht hatte. Deren Südfront begleitet den Wanderer beim kurzen Anstieg vom Pordoijoch zum Padònkamm, wo man sich dann schon auf Promenadenhöhe befindet. Und auf halber Strecke zum Fedaiasee steht praktischerweise auch noch eine Sommerwirtschaft, das Rifugio Viel dal Pan.

Die Südwand

Nicht zu sehen bekommen die Ausflügler allerdings jene Seite des höchsten Dolomitenberges, an der Bergsteiger-Historie geschrieben wurde: die Südwand, bis zu 900 m hoch und etwa 3 km breit. Erstmals durchstiegen wurde sie vor mehr als einem Jahrhundert (1901), zweifellos eine Pioniertat. Die echte Sensation war allerdings, dass sich eine schottische Lady, Beatrice Tomasson, zu dem Aufbruch in die Vertikale ans Seil der Führer Michele Bettega (»einem wilden Kerl mit struppigem Bart und lodernden Augen«) und Bortolo Zagonel band!

Für lange Zeit blieb es bei dieser einen Südwandroute (mit einer Ausstiegsvariante der Brüder Leuchs). Im Sommer 1936 eröffneten G. B. Vinatzer und Ettore Castiglioni jedoch eine Route, die längst als Extrem-Klassiker gilt (VI); im August 1969 beging Reinhold Messner die »Vinatzer« dann solo, wobei er oberhalb des markanten Horizontalbandes gleich eine neue Variante (VI+) kletterte – es ist eine seiner herausragenden klettersportlichen Leistungen!

Infos und Adressen

ESSEN, TRINKEN UND ÜBERNACHTEN

Rifugio Vièl dal Pan. Der schönste Platz vor der »Königin der Dolomiten« gehört dem Rifugio Vièl dal Pan, gar keine Frage. Und deshalb ist bei gutem Wetter die Terrasse stets gut besetzt. Das liegt allerdings auch an der feinen Hüttenküche, die vor allem Regionales anbietet. Legendär ist »Großmutters Omelette«. Reiche Auswahl an Süßspeisen. Ein Tipp: Auf der Hütte kann man auch übernachten – Sonnenuntergang an der Marmolada inklusive, Tel. 339/386 52 41, www.rifugiovieldalpan.com

AKTIVITÄTEN

Korblift Pian dei Fiacconi. Wer dem eisigen Mantel der Marmolada etwas näher kommen will, fährt mit dem Lift vom Fedaia-Stausee hinauf zum Pian dei Fiacconi (2625 m). Der Gletscher ist da zwar immer noch ein Stück weit weg – eine Folge des Klimawandels –, doch die Nordflanke der Marmolada baut sich in beeindruckender Wucht auf – ein klasse Bild. Eine ausgetretene Spur führt – vorbei an der Capanna al Ghiacciaio – bis an den Rand der Eisfläche (15 Min.).

Museo della Grande Guerra 1914–1918. Am unteren Ende des Fedaiasees steht gleich neben der Seilbahnstation das besuchenswerte private Kriegsmuseum. Es präsentiert vor allem Gegenstände aus dem Kriegsalltag, die der Marmoladagletscher im Laufe der Jahrzehnte freigegeben hat: Waffen, Ausrüstung, Bekleidung. Ende Mai–Ende Sept. 10–12, 14–17 Uhr (Di geschl.)

INFORMATION

Tourismusbüro Canazei. Piaz G. Marconi, 5, 38032 Canazei, Tel. 04 62/60 96 00, infocanazei@fassa.com, www.fassa.com

Die vergletscherte Nordflanke der Marmolada

ÖSTLICHE DOLOMITEN

46 Fanes

Zauberreich im Herzen der Dolomiten

Auch das gibt es in den Dolomiten: Bergregionen, aus denen der motorisierte Verkehr (fast) ganz verbannt ist, wo sich nur Wanderer und Radler (lautlos) bewegen. Wo die Murmeltiere ihr Revier haben und der Adler einsam seine Kreise zieht. So ein himmlischer Flecken ist das Fanes, eine ausgedehnte Alm, umrahmt von hohen Gipfeln, mit zwei gastlichen Berghütten mittendrin.

Bizarr, sagenumwoben, faszinierend und wüst – das Reich der Fanes. Die Überlieferung erzählt von einem Volk, das in grauer Vorzeit hier gelebt haben soll, die Wissenschaft entdeckte am Zehnerkofel eine prähistorische Wallburg (Ciastel de Fanes); im ausgehenden Mittelalter waren die Almen Streitobjekt zwischen den Gemeinden Enneberg, Wengen und Abtei. Während des Ersten Weltkrieges entstanden im Rücken der Dolomitenfront zahlreiche Straßen und Nachschubwege, auf denen heute ganz friedliche Biker unterwegs sind.

Vorangehende Doppelseite: Die Drei Zinnen, gesehen aus einem Stollenloch des Ersten Weltkriegs
Mitte: Pause muss auch mal sein.
Unten: Max Mutschlechner, Wirt auf der Faneshütte

Lavarella-Hütte im Kleinfanes

Ins Kleinfanes

4 Std., markierter Weg bzw. Schotterstraße, etwas Ausdauer erforderlich

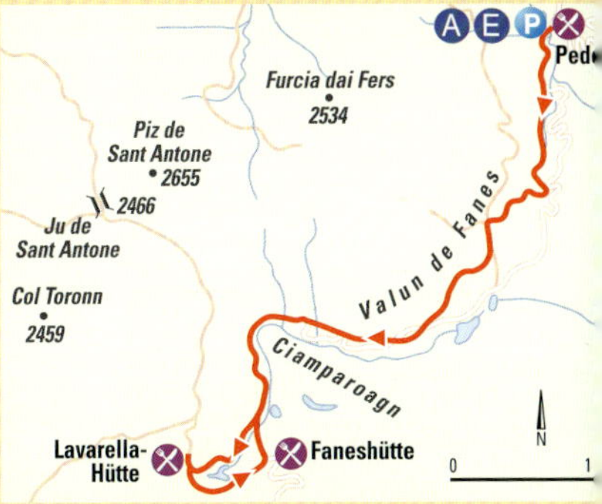

Die Tour ins Fanes beginnt in Pederü (1548 m, großer Parkplatz). Biker nehmen die schotterige alte Kriegsstraße, die in vielen Kehren ansteigt, Wanderer den etwas direkteren Fußweg. Die breite Piste und der schmale Pfad verlaufen in Sichtweite. Die Kulisse ist von beeindruckender Wildheit; steile Felsen rundum, riesige Geröllteppiche ziehen talwärts. Wasser versickert bei diesem Untergrund umgehend, da und dort treten Karstquellen zutage, so an der Mündung des Valun de Fanes.

Nach der ersten markanten Geländestufe verflacht das Tal, wird es breiter. Der Weg verläuft zwischen ausgedehnten Latschenfeldern, dazwischen liegen kleine Wiesenflecken und Waldparzellen. Blickfang ist das mächtige Massiv des Col Bechei dessora (2794 m), von dessen Felsen mächtige Geröllreisen herabziehen – und ein See, der Lé Piciodel (1819 m). Das seichte Gewässer droht nach langen Schönwetterperioden jeweils auszutrocknen.

Wenig oberhalb des Sees treffen Straße und Wanderweg wieder zusammen; die beiden nächsten Kehrenpaare lassen sich auf einem schmalen Pfad abkürzen. Malerisch die Kulisse: zur Rechten bizarre Felsformationen, links der bewaldete Rücken von Ciamparoagn, in der Tiefe der rauschende Bach. Dann öffnet sich der weite Talboden von Kleinfanes, im Westen überragt von hohen Gipfeln: La Stig (2776 m), Lavarela (3055 m), Heiligkreuzkofel (2907 m). An der Straßengabel geht's geradeaus zur Lavarella-Hütte (2042 m), links zur Ücia de Fanes (2060 m), beide mitten in herrlicher Bergkulisse.

Typisch für das Fanes: riesige Plattenschüsse am Neuner und Zehner

AUTORENTIPP!

FANESHÜTTE

Das Wichtigste an einer Immobilie – behaupten die Experten – sei ihre Lage. Bei den Berghütten trifft das nur beschränkt zu. Was nützt mir der phänomenale Blick auf ein Halbrund bizarrer Felszacken, wenn das Essen miserabel ist, die Luft im Nachtlager, das ich mit lauter Hygienemuffeln teilen muss, zum Abschneiden dick und der Hüttenvater ein richtiger Tyrann?
Es geht aber auch anders: Zweier- und Viererzimmer mit kuscheligen Betten, wo man in würzigem Zirbelduft dem nächsten Morgen entgegenschlummert, eine Küche, die nicht nur ein leckeres Frühstück bietet, sondern auch köstliche Pasta-Variationen nebst einheimischen Spezialitäten hervorzaubert, und Gastgeber, die ihre Aufgabe ernst nehmen. All das bietet die Faneshütte – und natürlich auch eine herrliche Lage mitten im ladinischen Dolomiten-Zauberreich der Fanes.

Faneshütte/Ücia de Fanes.
Tel. 04 74/50 10 97, info@rifugiofanes.com, www.rifugiofanes.com

Die Fanesalm ist ein Murmeltier-Paradies.

Felsen, Seen und Murmeltiere

Ganz unberührt von all dem menschlichen Treiben zeigt sich die Felskulisse: bizarr der Faniskamm, schiere Felsmasse am Conturines-Stock, eine gigantische Himmelsrampe der Piz Taibun. Am Ju dal Ega liegen mächtige Bergsturztrümmer, am Limojoch (Ju de Limo, 2172 m) glitzert der gleichnamige kleine See im Sonnenlicht, und durch das Fanestal geht der Blick hinaus ins Ampezzano. Die Alpe Kleinfanes ist ein riesiger, grüngrauer Fleckerlteppich und ein Murmeltierparadies, am Grünsee kann man dann die Zeit wunderbar verträumen, den weißen Wolken zuschauen, wie sie über den Himmel ziehen. Wer zuerst in einer der beiden gut geführten Hütten eingekehrt ist und anschließend in dem seichten Gewässer eine »Unterwassermaus« entdeckt, muss das nicht auf den »Enzian« schieben, den der Wirt spendiert hat: Das

Tierchen hört auf den Namen Wasserspitzmaus und existiert wirklich.

Per pedes

Die meisten Besucher dieser kleinen Zauberwelt zwischen dem Hochabtei und dem Ampezzano sind Fußgänger, und das ist gut so. Denn wer sich per pedes fortbewegt, hat ausreichend Zeit für die großen und kleinen Sehenswürdigkeiten am Weg: die rauschende Karstquelle gleich oberhalb von Pederü, den blühenden Enzian, die vom Wasser fein ziselierten Kalkfelsen, den seichen Lé Piciodel und einen frischen Felsausbruch hoch am Col Bechei desora. Und wer von der Lavarella-Hütte weiter wandert in die Kleine Fanesalm, über Karrenböden hinaufsteigt zum Gran Ciamplac, fühlt sich dem hektischen Treiben in den großen Tourismuszentren des Hochabtei mehr als nur ein paar Wanderstunden weit entrückt: die Dolomiten, eine Alpenregion ganz starker Kontraste.

Kneippen im Rautal – nasse Füße garantiert

Infos und Adressen

ESSEN UND TRINKEN

Fana Ladina. Im Gegensatz zu so manchem Hotel in St. Vigil bietet die »ladinische Pfanne« (fana ladina) auch echte Regionalküche. Eine Spezialität des Hauses sind Crafun, mit Ragout gefüllte Teigtaschen. Zwei Gaststuben, hinterm Haus ruhiger Garten. Via Plan de Corones 10, St. Vigil in Enneberg; Tel. 04 74/50 11 75, www.fanaladina.com

ÜBERNACHTEN

Lavarella-Hütte. Komfortables Berghaus mit feiner Regionalküche. Zimmer und Lager, herrliche Umgebung. Die Kapelle vor der Hütte erinnert an den China-Missionar Josef Freinademez, der aus dem Gadertal stammte (siehe Highlight 47). 39030 St. Vigil in Enneberg, Tel. 04 74/50 10 79, rifugio@lavarella.it, www.lavarella.it

AKTIVITÄTEN

Wandern/Radeln/Skifahren. Wer auf einer der beiden Hütten auf der Kleinen Fanesalm übernachtet, hat vor allem eines im Visier: die Berge. Die Region bietet eine große Auswahl an Touren verschiedener Schwierigkeiten; beliebt sind bei Radlern die ehemaligen Militärstraßen ins Ampezzano und ins Hochabtei. Im Winter genießt die Gegend als Skitourenrevier einen exzellenten Ruf.

INFORMATION

Tourismusverein. Catarina-Lanz-Straße 14, 39030 St. Vigil in Enneberg, Tel. 04 74/50 10 37, info@sanvigilio.com, www.sanvigilio.com

Alte Bauernhöfe im Hochabtei

47 Hochabtei

Im Herzen der Dolomiten

Manche halten das Hochabtei/Alta Badia für das schönste Dolomitental, obwohl der Langkofel das Grödner Wahrzeichen ist und die Drei Zinnen in den Sextenern stehen. Vielleicht liegt es daran, dass die mächtigen Felsmassive am Oberlauf der Gader und ihrer Zuflüsse etwas Abstand halten, was dem Tal angenehme Weite verleiht. Das Hochabtei: Ladinische Heimat zwischen Sella und Conturines.

Beim Anblick der zerklüfteten, von Wind und Wetter gezeichneten, mit Schutt beladenen Felsen der Conturines (3064 m) denkt man kaum an ein gemütlich-kuscheliges Winterquartier. Absolut verständlich, schließlich knistert es im Hotelkamin gerade angenehm, und wohlige Wärme breitet sich aus. Feuer kannten die urzeitlichen Bewohner der Conturines-Höhlen nicht; sie hausten ja vor 100 000 Jahren da oben, ernährten sich vorwiegend vegetarisch-gesund und brachten es bis auf eine Tonne Lebendgewicht: Höhlenbären, lateinisch Ursus ladinicus. Gelegentlich stellten Steinzeitmenschen den mächtigen Tieren nach, ohne ihre Spezies aber ernsthaft zu gefährden. Erst als die Würm-Eiszeit ihre Nahrungsgrundlage ruinierte, starben die Riesenbären aus. Das eindrucksvolle Gerippe eines Ursus ladinicus vom Conturines-Massiv kann man im Museum in St. Kassian besichtigen; die Fundstelle selbst ist abgeschlossen und wird nur bei Führungen gezeigt.

Wanderberge

Die meisten Besucher des Hochabtei wollen aber nicht in, sondern auf den Berg, und das geht am

Wandern in den Bergen des Hochabtei

Oberlauf der Gader besonders gut. Passstraßen und zahlreiche Bergbahnen helfen freundlicherweise mit, gleichen da und dort die fehlende Kondition oder mangelnde Motivation aus: oben einsteigen, am Passo Valparola oder am Vallonkessel oder bei Heiligkreuz. Und mancher Gipfel, der vom Tal aus so abweisend-schroff wirkt, lässt sich »hinten herum« erstaunlich leicht besteigen. Das hat mit der Topografie der Region zu tun: Puez-Geisler, Sella und Fanes, die drei Gebirgsgruppen des Hochabtei, sind als Plateaus angelegt, und da lässt es sich besonders schön wandern. Mitten drin, im Dreieck zwischen Stern/La Ila, Valparolajoch und Campolongopass, erhebt sich die Pralongià, eine sanftwellige Almregion, durchaus vergleichbar mit der Seiser Alm. Das hört man in Gröden gar nicht so gern, rümpft gelegentlich die Nase über die Emporkömmlinge aus dem Hochabtei. In Corvara wissen die Einheimischen, dass auf ihrer Alm mindestens so viele anderswo selten gewordene Pflänzchen und Blumen gedeihen; dass die Nordostflanke der Sella genau so schön ist wie die Westflanke; dass die riesige Felsfront von Lavarela und Conturines auch einen Vergleich mit dem Langkofel aushält. Und die beiden Dreitausender lassen sich vergleichsweise leicht besteigen, ohne Seil und Pickel.

AUTORENTIPP!

DAS MAJUN – EINE WOHLFÜHLOASE

Mitten in La Ila steht das Hotel Majun, mit freier Sicht auf die Berge rundum. Wer einmal hier war, kommt gerne wieder. Das liegt nicht nur an der grandiosen Kulisse, sondern auch an der echten Gastfreundschaft. Die Hausherrin, Roberta Mellauner-Rinna, ist eine ebenso herzliche wie souveräne Chefin. Was aus der Küche auf den Tisch kommt, hat Stil und Niveau, und wer sich am Tag sportlich verausgabt hat, weiß möglicherweise ein Sonnenblumenbad im großen Wellnessbereich (Agana) besonders zu schätzen. Oder er wird sich im Hallenbad die Müdigkeit aus den Muskeln schwimmen. Übrigens: Kunst hat ebenfalls ihren Platz in dem stilvoll gestalteten Haus, das so zu einem arthotel wird. Die Bilder faszinieren durch ihr Spiel mit Licht, Form und Farbe, gemalt hat sie Natalie Mellauner.

Hotel Majun. Colzstraße 59, 39030 Stern/La Ila, Tel. 04 71/84 70 30, reception@lamajun.it, www.lamajun.it

AUTORENTIPP!

LADINISCHE KÜCHE AM RUNCHHOF

Ein gesunder Appetit ist Grundvoraussetzung für ein Gelingen des kleinen kulinarischen Abenteuers. Und rechtzeitige Anmeldung, denn mittlerweile hat sich der »Geheimtipp« schon herumgesprochen. In dem 300 Jahre alten Bauernhof am Hang über dem Gadertal – von Enrico Nagler liebevoll restauriert – werden längst vergangene Zeiten lebendig, auch die echte ladinische Kochkunst. Um punkt 19.30 Uhr wird aufgetischt, und was Maria Nagler an lukullischen Leckerbissen zubereitet, reicht auch für den größten Bergstelgerhunger: Zum Auftakt gibt's eine Gerstensuppe (Panicia), dann folgen Tirtlen, mit Spinat und Topfen gefüllte Teigtaschen. Canci t'ega (ladinische Schlutzer) gibt's anschließend, als Hauptgang dann wahlweise Kalbshaxe, Rippchen oder Rindsgulasch mit Polenta. Ganz klassisch schließt das Menü mit einem Apfelstrudel. Ob da noch jemand hungrig aufsteht?

Runchhof. Mo–Sa, jeweils abends, Juli–Sept. auch mittags. Der Hof liegt westlich oberhalb vom Ortszentrum Pedraces (Zufahrt). Familie Nagler, Pedraces/Runchstraße 11, Tel. 04 71/83 97 96

Sternekoch Norbert Niederkofler präsentiert Süßes.

Die »viles« im Gader- und Campilltal

Das Hochabtei wird nach Norden hin, zur Rienz bzw. ins Pustertal, entwässert, und die Gader durchläuft dabei unterhalb von Pedraces eine rund 20 km lange Waldschlucht. Wer von Bruneck her anreist, sieht zunächst vor lauter Bäumen (und Tunnels) kaum einen Berg. Dafür sind an den steilen Flanken da und dort Rodungsinseln auszumachen, mit Häusergruppen mitten drin: viles. So heißen die für das Gadertal typischen Siedlungen, malerische Weiler, die einzelnen Gebäude – zwei, drei Häuser, eine Scheune, die Kapelle – oft eng zusammen gebaut, was den Eindruck wehrhafter Geschlossenheit erweckt. Gut erhaltene »viles« entdeckt man auch hinten im Campilltal, das vom Peitlerkofel (2875 m) und den Randabstürzen der Puezgruppe umrahmt wird. Am Peitlerkofel ent-

Über die Pralongià

4 Std., leicht, im Bereich der Setsas etwas steinige Pfade

Die Pralongià-Wanderung beginnt gleich neben dem Rifugio Valparola (2168 m). Zunächst führt der schmale Weg oberhalb des seichten Lago di Valparola (2140 m) dahin, dann geht's kurz über Wiesen hinauf zu dem kleinen Joch. Hier wechselt man auf die Nordseite des sichelförmigen Setsas-Kamms. Das Weglein steigt in schrofigem Gelände zunächst noch leicht an, um hinter dem Monte Castello wieder an Höhe zu verlieren. Aus der Talmulde von Pudres leiten die Markierungen dann steil hinauf zu den Trümmerfelsen der Pizades (2282 m). Dahinter geht's kurz abwärts ins weitläufige Almgebiet der Pralongià. Die Gegend ist nicht nur ein schönes Wanderrevier, sondern auch geologisch interessant. Nicht zufällig wurde eine Gesteinsformation nach dem Ort St. Kassian benannt. Die Cassianer Schichten sind reich an Fossilien.

Ohne nennenswerte Gegensteigung spaziert man weiter zur Pralongià (2138 m): kein Gipfel, aber ein formidabler Aussichtspunkt. Ein Blickfang ist das gewaltige Massiv von Lavarela und Conturines mit seinen schuttbeladenen Steilflanken.

Die Fortsetzung der Höhenwanderung führt auf breitem Weg, der allmählich etwas an Höhe verliert, am Wiesenkamm entlang nach Norden. Auf einer kleinen Anhöhe steht die Ütia de Bioch (2079 m) als nächste »Einkehr-Versuchung«. Dahinter geht's an einem licht bewaldeten Hang kurz abwärts und hinüber zu der (im Sommer geschlossenen) La-Branca-Hütte, anschließend weiter auf einem Sträßchen in die Wiesenmulde von Fraina, ebenfalls mit einer bewirtschafteten Hütte (Ütia la Fraina, 2003 m). Das Ziel der Wanderung, den Piz la Ila (2078 m), hat man jetzt im Blick. Auf der Sandstraße geht's hinüber und hinauf zu dem Seilbahngipfel. Ganz bequem gondelt man hinunter nach Stern (1420 m) und genießt noch ein wenig den Ausblick, der sich bei der Fahrt bietet.

Die Pralongià, ein Wanderparadies

Oben: Über dem Hospiz Heiligkreuz ragen die Wände des Kreuzkofelmassivs in den Himmel.
Unten: Hospiz Heiligkreuz im Winter

springt der Seresbach, und an seinem Unterlauf stehen ein paar alte Mühlen (»morins«), restauriert und teilweise wieder funktionsfähig.

Ein Einsiedler und ein Heiliger

Hoch über Pedraces, am Fuß der gewaltigen Westabstürze des Heiligkreuzkofels, liegen das Kirchlein und Hospiz von Heiligkreuz: ein klassisches Dolomitenmotiv, per Sessellift bequem erreichbar. Entsprechend rege ist der Zulauf, was allerdings der Atmosphäre des Platzes nicht unbedingt gut bekommt. Erst am Abend, wenn die Ausflügler weg sind, Ruhe einkehrt und die tiefstehende Sonne die Westabstürze der Kreuzkofelgruppe zum Leuchten bringt, wird die spirituelle Kraft von Heiligkreuz – alte Mauern und noch viel älterer Fels – erlebbar, am schönsten, wenn man gleich oben übernachtet.

Die Wallfahrt nach Heiligkreuz ist uralt, der Überlieferung nach soll sie auf den Grafen Otwin von Lurn und Pustertal zurückgehen, der um 1000 als Einsiedler hier in der Bergeinsamkeit lebte. Urkundlich erstmals erwähnt wird Heiligkreuz 1485; der bestehende Bau mit seinem Pyramidendach geht auf das 16. Jahrhundert zurück, seine heutige Form erhielt er allerdings erst durch den Umbau von 1852.

Im gleichen Jahr wurde drunten in Pedraces, im Weiler Oies, Franz Freinademetz geboren. Nach einer Ausbildung zum Priester zog er als Missionar ins ferne China, das zu seiner zweiten Heimat werden sollte. Fast drei Jahrzehnte wirkte er unermüdlich, ein Freund des Landes (»Ich liebe China und die Chinesen: Hier möchte ich sterben und bei ihnen begraben werden«). Freinademetz starb 1908; im Jahr 2003 wurde er von Papst Johannes Paul II. heilig gesprochen.

Infos und Adressen

SEHENSWÜRDIGKEITEN

Alte Bauernhäuser. Außerhalb der stark touristisch geprägten Ortschaften kann man noch zahlreiche alte ladinische Bauernhöfe entdecken. Beim Ansitz Colz (Rubatsch) oberhalb von Stern handelt es sich um einen Wohnturm aus dem 16. Jh. mit vier Ecktürmen. – Ein beliebtes Ausflugsziel ist der Sompuntsee, im Wald zwischen Pedraces und Stern gelegen.

ESSEN UND TRINKEN

Rosa Alpina, Restaurant St. Hubertus. Wer sich im Hochabtei ein absolutes kulinarisches Highlight gönnen möchte, muss die geniale Küche von Norbert Niederkofler einfach kennenlernen. Das ist natürlich nicht billig – bei zwei Michelin-Sternen! –, lohnt sich aber auf jeden Fall. Rechtzeitig reservieren! Strada Micurá de Rü 20, St. Kassian, Tel. 04 71/84 95 00, www.rosalina.it

Ütia Piz la Ila – Club Moritzino. Absoluter Wintertreff an der Bergstation der von Stern ausgehenden Seilbahn, extravagant und urig zugleich. Legendär die Abende mit Musik, Gourmet-Fischessen und anschließender Sausefahrt ins Tal. Juni–Sept., Dez. bis April, Tel. 04 71/84 74 03

Frisch gebackenes Brot aus der Küche St. Hubertus

Angesagt: der Club Moritzino auf dem Piz la Ila

ÜBERNACHTEN

Melodia del Bosco. Viel Holz schmückt das Drei-Sterne-Haus, und der Wald ist auch nicht weit. Hier fühlen sich auch Biker wohl, bietet das Hotel doch geführte Touren für Renn- und Bergradler an. Mediterran ausgerichtete Küche. Runcac-Straße 8, 39036 Badia/Pedraces. Tel. 04 71/83 96 20, www.melodiadelbosco.it

AKTIVITÄTEN

Museum Ladin Ursus ladinicus. Di–Fr 16–19 Uhr, So 16.30–19.30 Uhr

INFORMATION

Tourismusverband Alta Badia. Col-Alt-Straße 36, 39033 Corvara, Tel. 04 71/83 61 76, www.altabadia.org

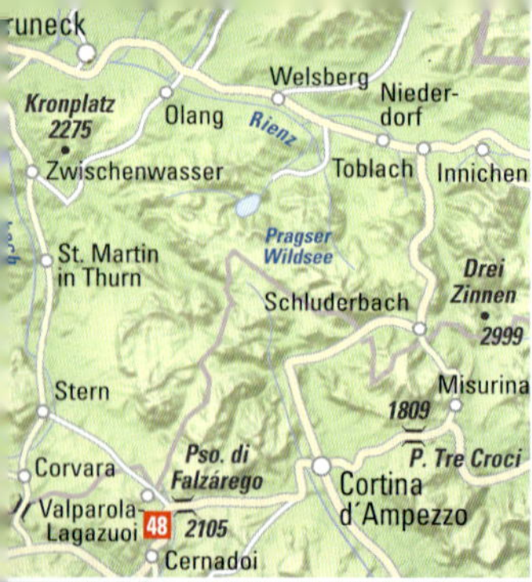

48 Valparolajoch und Kleiner Lagazuoi

Erinnern, nicht vergessen

Wer sich für die jüngere Geschichte Südtirols interessiert, sollte das weitläufige Freilichtmuseum am Kleinen Lagazuoi und am Hexenstein besuchen. Denn erst vor Ort, mitten in einem ehemaligen Frontabschnitt, kann man zumindest erahnen, was sich im Hochgebirge 1915–1917 abspielte: Kriegsgrauen, Tod in jeder Form, mal durch den Feind, dann durch Schnee und Eiseskälte.

Der Kleine Lagazuoi (2778 m) ist nicht nur eine bemerkenswerte Aussichtswarte mitten in den Dolomiten, er ist auch ein militärhistorisches Denkmal. Hier wurde mehr im als am Berg gekämpft, nachdem sich beide Parteien festgesetzt hatten und als alle Versuche, Geländegewinne zu erzielen, sich als aussichtslos erwiesen. Was für ein Irrsinn!

Steilwandfront

Die österreichische Frontlinie verlief vom Hexenstein über das Bergsturzgelände Ntra i Sas zum lang gestreckten Gipfelrücken, auf dem mehrere Feldwachen postiert waren, und weiter in die Forcella Lagazuoi. Die Alpini hielten das Martini-Band am Südabsturz des Bergstocks besetzt und bauten es zu einer eigentlichen Festung aus. Alle Versuche der Österreicher, sie zu vertreiben, scheiterten; auch die Sprengung der Lagazuoi-Wand über dem Band brachte trotz einer ungeheuer starken Ladung nicht den gewünschten Erfolg. Rund 24 000 kg Sprengstoff explodierten und rissen 100 000 m^3 Fels in die Tiefe!

Mitte: Kreuz auf dem Kleinen Lagazuoi
Unten: In der Lagazuoi-Hütte

Im Winter wird am Lagazuoi fleißig gewedelt.

Noch stärker war die Mine, die von den Italienern unter der südöstlichen Vorkuppe (Anticima, 2668 m) des Lagazuoi gezündet wurde – über 32 t Sprengstoff. Die Alpini besetzten zwar anschließend den Gratrücken, ein weiteres Vorrücken war ihnen aber nicht möglich.

Letztlich zeigen auch die Ereignisse am Kleinen Lagazuoi beispielhaft, dass Angreifer in extremem Felsgelände gegen gut geschützte und entschlossene Verteidiger keine Chance haben. Wie etwa drüben am Castelletto führten spektakuläre Einzelerfolge letztlich kaum zu einer Verschiebung der Kraftverhältnisse, lösten sie doch lediglich minimale Frontbewegungen aus. Wie praktisch überall an der Hochgebirgsfront erstarrten die Kriegshandlungen in einem zwar erbittert geführten, letztlich aber ergebnislosen Stellungskrieg. Erst der Durchbruch der k. u. k. Truppen in der Zwölften Isonzoschlacht (1917) brachte wieder Bewegung ins Geschehen.

Galleria Lagazuoi

Italienische Genietruppen bohrten das gut 1 km lange Loch mit immerhin einem Querschnitt von fast 2 mal 2 m in sechs Monaten vom Felsfuß der Lagazuoi-Südwand bis knapp 40 m unter die

AUTORENTIPP!

DOLOMITI BELLUNESI
Wer oben am Lagazuoi steht und das grandiose Panorama bewundert, staunt möglichweise darüber, wie viele Bergketten und Gipfel – darunter ganz große! – sich im Süden und Südosten auftürmen. Da wird einem klar, das nur ein verhältnismäßig kleiner Teil der Dolomiten innerhalb Südtirols liegen. Den größten Anteil an dem Gebirge hat die Provinz Belluno, und auf ihrem Territorium stehen einige der berühmtesten Gipfel: die Civetta (3220 m) mit ihrer grandiosen Nordwestwand (in der 1925 der IV. Schwierigkeitsgrad »geboren« wurde), der Pelmo, ein unvergleichlicher Solitär, der Antelao (3264 m). Da bietet es sich doch geradezu an, eine kleine Rundfahrt in diese weniger bekannte Region der Dolomiten zu unternehmen. Ein Vorschlag: Ausgehend vom Falzáregopass zunächst auf der »Großen Dolomitenstraße« hinab nach Pocòl, dann über den Passo Giau (2233 m) ins Val Fiorentina. Schönster Aussichtspunkt auf der Weiterfahrt ist das Belvedere. Hier zeigen sich Pelmo und vor allem die Civetta von ihrer attraktivsten Seite.

Berg mit Aussicht: der Lagazuoi

Oben: Sonnenaufgang über dem Antelao
Mitte: Stollenfenster am Martini-Band
Unten: Rekonstruierte Unterkunft der Alpini am Lagazuoi

österreichische Stellung an der Vorkuppe, wo sie am 20. Juni 1917 ihre Sprengladung zündeten. Er verzweigt sich in etwa halber Wandhöhe: Der linke Ast steigt spiralförmig an, der rechte nähert sich dem Grat. Felslöcher ermöglichen packende Aus- und Tiefblicke, spenden spärliches Licht. Die gesamte Stollenanlage wurde vor gut zehn Jahren im Rahmen eines EU-Projektes wieder begehbar gemacht, die ursprüngliche Infrastruktur teilweise (Unterkünfte, Beobachtungsposten usw.) wiederhergestellt.

Cengia Martini

Die Galleria Lagazuoi mündet auf das markante Martini-Band, das – allmählich ansteigend – die Südwand des Bergstocks quert. Ihr beschusssicherer Zugangsstollen ist allerdings längst nicht mehr begehbar, da eingestürzt; man geht sozusagen »außen herum« auf dem mit Drahtseilen gesicherten Band. Es führt unter gewaltigen Überhängen in eine wilde Schlucht. An der gegenüberliegenden Flanke setzt sich der Weg über das Cengia Martini fort, hier flankiert von teilweise rekonstruierten Baracken und Stellungsresten. Wenig später erreicht man den Eingang zu einem weiteren Stollen, der im Berg steil ansteigt, aber blind endet. Geplant war eine Minensprengung oberhalb der vordersten österreichischen Stellungen.

In den Berg!

Abenteuer light. Das bietet der Abstieg vom Kleinen Lagazuoi durch den alten Kriegsstollen. Im Berg ist es teilweise stockfinster, deshalb unbedingt eine Lampe mitnehmen! Das gut 1 km lange Loch ist teilweise sehr steil; hölzerne Stufen und ein durchgehender Handlauf (Drahtseil) erleichtern den Abstieg. Wichtig: warme Kleidung und solides Schuhwerk!

Infos und Adressen

SEHENSWÜRDIGKEITEN

Festungsmuseum Tre Sassi. Im ehemaligen Sperrfort Tra i Sassi (»zwischen den Steinen«, heute fälschlicherweise Tre Sassi genannt), das 1897 erbaut und gleich zu Kriegsbeginn von der italienischen Artillerie zusammengeschossen wurde, ist ein besuchenswertes Museum mit vielen Exponaten des Gebirgskrieges untergebracht. Die Ausstellung ist im Sommer 10–13, 14–17 Uhr geöffnet.

Altes Kriegsgerät

ÜBERNACHTEN

Rifugio Lagazuoi. Warum nicht einmal ganz oben übernachten, die unvergleichlichen Dämmerstunden mitten in den Dolomiten erleben? Zuschauen, wie das letzte Sonnenlicht an den Felsen der Tofana verglimmt? Juni–Sept. bewirtschaftet, Zimmer und Lager. Tel. 04 36/86 73 03, www.rifugiolagazuoi.com

AKTIVITÄTEN

Gipfelwanderung. Statt mit der Seilbahn hinauf zum Kleinen Lagazuoi zu fahren, kann man auch den vor ein paar Jahren wiederhergestellten »Kaiserjägersteig« nehmen, etwa 2.30 Std. vom Falzáregopass. Dieser Aufstieg eignet sich allerdings nur für einigermaßen bergerfahrene Wanderer; einige Passagen sind gesichert, und über einen tiefen Graben führt eine solide Hängebrücke.

Hexenstein. Auch der Hexenstein (2477 m) lässt sich auf teilweise rekonstruierten ehemaligen Kriegspfaden besteigen, gut 1 Std. von der alten Valparola-Festung. Zum Gipfel hin felsiges Gelände, kurze gesicherte Passagen. Nur für trittsichere Wanderer!

INFORMATION

Tourismusverband Alta Badia. Col-Alt-Straße 36, 39033 Corvara, Tel. 04 71/83 61 76, www.altabadia.org

Guido Pompani und seine Frau bewirtschaften die Lagazuoi-Hütte.

49 Cortina d'Ampezzo

Die heimliche Hauptstadt der Dolomiten

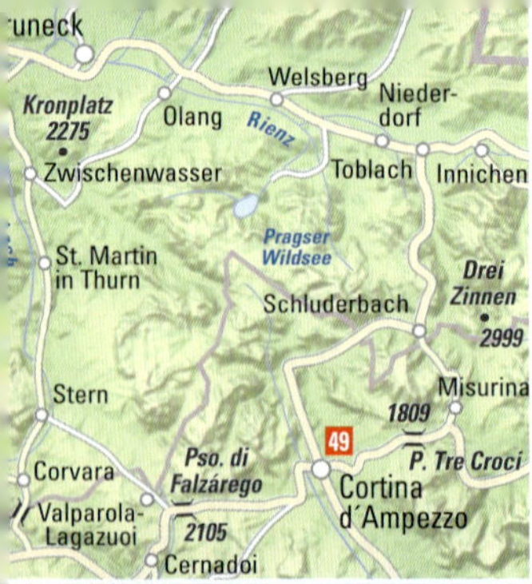

Mitte: Skidorado Cortina d'Ampezzo
Unten: Sonne tanken auf der Terrasse der Son-Forca-Hütte

Die Lage macht's, sagt man bei Immobilien, und wenn das stimmt, dann dürfen die Hausbesitzer in Cortina d'Ampezzo guter Dinge sein. Eine attraktivere Kulisse für seinen Urlaub kann man sich kaum vorstellen als die Conca d'Anpezo mit ihren markanten Eckpfeilern: den Tofane im Westen, Cristallo und Sorapiš im Osten. Mittendrin die 6000-Seelen-Gemeinde mit ihren Hotelkästen und Nobelgeschäften und bis zu 50 000 Gästen im Winter!

»Licht und Schatten zaubern auf Fels und Firn die herrlichsten Farbeffekte hervor, besonders gegen Sonnenuntergang, wenn das Tal und die Wälder bereits in bläulichem Dämmerlicht liegen, während das Alpenglühen die fernen Gipfel in flammende Tinten taucht.« So euphorisch beschrieb der »Führer von Cortina« schon in den 1930er-Jahren die Kulisse des »ganz ohne Zweifel ersten und bedeutendsten Wintersportplatz Italiens.«

Gute alte Zeit

Rund 50 Hotels öffneten zur Saison ihre Pforten. Als erstes Haus am Platz galt das Miramonti Majestic, das sich einer »prachtvollen, ruhigen Lage am Walde« rühmte. Cortina verfügte bereits über eine Bobbahn (damals die einzige im Land) und drei Sprungschanzen. Drei Dutzend diplomierte Skilehrer kümmerten sich um die sportlich ambitionierten Wintergäste, brachten ihnen den richtigen (Telemark)-Schwung bei. In Pocol, das man bequem mit der im Jahr 1925 eröffneten Seilschwebebahn erreichte, stand der erste Skilift.

Nur für gute Skiläufer: Steilabfahrt im Cristallomassiv

Damals reiste man mit der Bahn via Toblach ins Ampezzano, die Italiener kamen von Calalzo di Cadore, die internationale Klientel meistens aus dem Pustertal. Der »Hochtourist« vermerkt 1927, dass im »Palace Hotel Cristallo« viele Engländer absteigen; 20 der insgesamt 150 Zimmer hatten bereits ein Bad, die Pension kostete zwischen 50 und 65 Lire pro Tag. Im Sommer verkehrte »1-mal tägl. ein Luxusauto in 11 St. für 82,50 Lire über Buchenstein, Sellajoch, St. Ulrich und Waidbruck nach Bozen (115 km).«

Olympia

Die Seilbahn nach Pocol ist seit Jahren außer Betrieb und abgebaut, doch das Geschäft mit der weißen Pracht floriert weiter – heute mit (wasser- und energiefressender) Unterstützung durch Scheekanonen. Den entscheidenden »Kick« nach den Kriegsjahren erhielt Cortina 1956, als es zu olympischen Ehren kam, mit Ski-Legende Toni Sailer! Und die halbe Welt hörte zu (ein bisschen Fernsehen gab's auch schon).

Mit den fünf Ringen kam der Jetset ins Tal des Boite, der Corso Italia wurde zur mondänsten Fla-

AUTORENTIPP!

MISURINASEE

Der Ausflug nach Cortina lässt sich bestens mit einem Abstecher zum Lago di Misurina (1752 m) verbinden. Der See liegt an der Wasserscheide zwischen Rienz und Ansiei östlich des Cristallomassivs, gerade 15 (kurvenreiche) Straßenkilometer von dem Nobelort entfernt. Die Fahrt über den Passo Tre Croci (1805 m) bietet faszinierende Dolomitenbilder; nach Westen reicht die Aussicht über den Falzáregopass bis zur vergletscherten Marmolada, und direkt über der Wasserscheide baut sich urgewaltig der Monte Cristallo auf, rechts flankiert vom Piz Popena. Auf der Weiterfahrt kommen Sorapiš (3205 m) und Cadinispitzen ins Blickfeld, am See dann auch die Drei Zinnen (2999 m), die aber aus dieser Perspektive nicht jedermann gleich erkennen wird. Bei einem Spaziergang rund um das Gewässer (45 Min.) kann man die imposante Kulisse auf sich wirken lassen. Noch etwas umfassender ist die Schau vom Rifugio Col de Varda (2115 m), das man mit dem Sessellift rasch erreicht: Cappuccino mit großem Dolomitenblick!

Oben: Shoppingparadies Cortina d'Ampezzo
Mitte: Bar des Luxushotels Miramonti Majestic
Unten: Luxusboutique am Corso Italia

niermeile nördlich von Mailand; Grundstücks- und Zimmerpreise schossen in die Höhe. Sogar der berühmteste Kinospion aller Zeiten, James Bond 007 alias Roger Moore, stürzte sich – verfolgt von ein paar Bösewichten – auf schmalen Latten in die Tiefe (und in den Après-Ski). Der Zeit nach Einbruch der Dunkelheit fühlen sich viele Wintergäste auch heute noch besonders verpflichtet. Beliebter Treff ist die legendäre American-Bar des Hotels »De la Poste«, wo Italiens berühmtester Barkeeper dafür sorgt, dass niemand auf dem Trockenen sitzt; oder man zuckt im Blitzgewitter zu heißen Rhythmen.

Hütten und Gipfel

Im Sommer sind die Nächte kürzer, das Publikum dafür im Durchschnitt etwas älter, aber gut zu Fuß. Die Campings werden stark frequentiert, die Mercati ebenfalls. Dafür bleibt in den Nobelbeizen der eine oder andere Tisch leer – Natur- und Bergfreunde ziehen halt die rustikale Minestrone auf der Berghütte vor. Rifugi gibt es hier zahlreiche, und die Dolomitzacken sind es, weshalb die Sommergäste kommen: hinaus ins Grüne, hinauf auf die Gipfel. Einer der höchsten, die Tofana di Mezzo (3244 m), ist ans dicke Drahtseil gebunden; der »Freccia nel cielo« (Himmelspfeil) befördert Aussichts- und Höhensüchtige bis knapp unter den höchsten Punkt. Da treffen sich dann Zobel und Kniebundhose, wird am Schokoriegel geknabbert, in verschiedenen Idiomen parliert und das Panorama bestaunt. Und das kann sich wirklich sehen lassen, ein weites Rund mit zahllosen Gipfeln. Und mittendrin der spitze, 76 Meter hohe Turm der Pfarrkirche, Mitte des 19. Jahrhunderts errichtet – aus Dolomit natürlich. Das nördliche Ortsende markiert der holzverschalte Bau des Olympischen Eisstadions; südlich, im Vorort Zuèl, stehen die Skisprungschanzen.

Infos und Adressen

SEHENSWÜRDIGKEITEN

Ciasa de ra Regoles. Nur wenige Schritte von der Pfarrkirche ist die private Kunstsammlung »Mario Rimoldi« (300 Gemälde des 20. Jhs.) untergebracht (im Sommer tgl. von 10–12.30, 15.30–19.30 Uhr).

Regole d'Ampezzo. In einer ehemaligen Mühle im Ortsteil Pontechiesa befindet sich das besuchenswerte völkerkundliche Museum (Öffnungszeiten wie oben). Angeschlossen ist das Paläontologische Museum »Rinaldo Zardini«, eine umfangreiche Sammlung von Fossilien aus den Dolomiten.

ÜBERNACHTEN

Hotel Menardi. Familiäres Drei-Sterne-Haus mit Wellnessbereich und schönem Park. Feine Küche, gut bestückter Weinkeller. Via Majon 110, 32043 Cortina d'Ampezzo, Tel. 04 36/24 00, www.hotelmenardi.it

EINKAUFEN

Corso Italia. An der Flaniermeile von Cortina kann man alles kaufen, was chic, en vogue – und teuer ist.

Fein angerichtet: im Hotel Cristallo

AKTIVITÄTEN

Im Sommer ist natürlich Wandern, Bergsteigen und Klettern angesagt. Die Möglichkeiten sind schier unerschöpflich, wer anspruchsvollere Touren plant (Klettersteige, Klettern), kann sich im Bergführerbüro in der Ciasa de ra Regoles informieren. Gruppo Guide Alpine Cortina d'Ampezzo, Tel. 04 36/86 85 05

INFORMATION

Cortina Turismo. Via G. Marconi 15/B, 32043 Cortina d'Ampezzo, Tel. 04 36/86 62 52, www.dolomiti.org

Abend am Corso Italia, der Shoppingmeile von Cortina

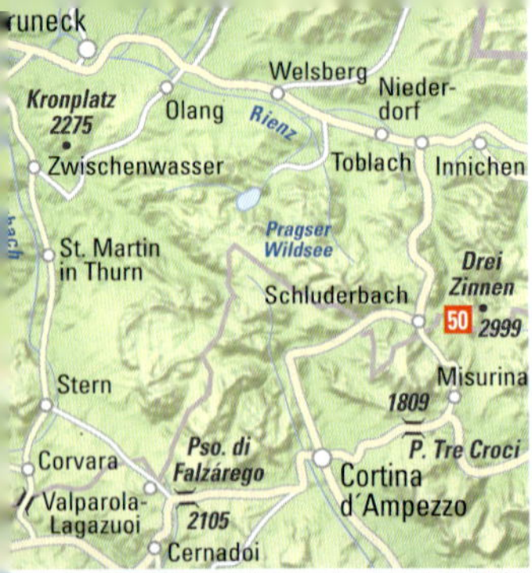

Die Drei Zinnen vom Anstieg zum Paternkofel

50 Drei Zinnen

Naturwunder aus Stein

Hier dreht sich (fast) alles um die Drei Zinnen, die drei, die eigentlich keinen richtigen Namen haben und – genau betrachtet – ohnehin sechs sind. Man kann sie vom Tal aus bestaunen, umwandern – und natürlich auch besteigen. Das gelingt allerdings nur den wenigsten; die meisten begnügen sich mit einem Blick auf das einzigartige steinerne Monument – aus sicherer Entfernung.

Was wurde nicht alles geschrieben über dieses monumentale, allerdings ziemlich kariöse Riesengebiss aus Hauptdolomit, das die 3000er Höhenlinie (für Besteiger: auf Brusthöhe) gerade kitzelt!

Vor allem über die Nordwände natürlich, über gescheiterte und geglückte Unternehmungen, über Dramen in der Vertikalen. »Der Tod klettert mit!« war in den Gazetten zu lesen, und als in den 1960er-Jahren das »Direttissima-Fieber« ausbrach, schickten sogar seriöse Blätter ihre Korrespondenten in die Dolomiten. Die Routen des »fallenden Tropfens« sollten es sein, eine neue Dimension des Alpinismus wurde kreiert – und durch den riesigen Materialaufwand auch gleich wieder ad absurdum geführt, bis hin zur »Superdirettissima« an der Großen Zinne im Winter des Jahres 1963.

Längst wird wieder »fair« geklettert, aber in ganz anderen Bereichen; die Kletterprofis von heute sind top, physisch wie psychisch. Eine kaum nachvollziehbare Leistung vollbrachte vor ein paar Jahren Alexander Huber mit der Durchsteigung der Nordwand der Westlichen Zinne: Schlüsselseil-

Rund um die Drei Zinnen

3.30 Std., markierte Wege, auch für Familien geeignet

Viel Blech, ein ordentliches Gewusel, aber auch eine schöne Aussicht zum Cristallomassiv empfangen den Bergwanderer auf dem Großparkplatz beim Rifugio Auronzo (2320 m). Los geht's! Das alte Militärsträßchen führt oberhalb des Valon de Lavaredo flach hinüber zur Cappella degli Alpini (2314 m) und weiter mit freier Sicht auf den Zackenwald der Cadinispitzen zum Rifugio Lavaredo (2344 m). Dahinter steigt ein recht steiniger Pfad schräg hinauf zum Paternsattel (2454 m) und zum berühmten Drei-Zinnen-Blick.

Zu Füßen des Wanderers liegt die ziemlich steinige Lange Alm, auf dem Rückweg sozusagen die Tribüne fürs einzigartige Drei-Zinnen-Bild. Ostseitig wird die nur karg begrünte Hochfläche mit ihren Buckeln und Dolinen von zwei markanten Zacken überragt, dem Paternkofel und dem Toblinger Knoten. Der isoliert aufragende Toblinger Knoten erinnert stark an Hollywood-Filmkulissen des Altmeisters John Ford. Wir sind aber nicht im Death Valley, sondern in den Sextener Dolomiten, und deshalb ist die nächste Einkehr auch nicht weit: die Drei-Zinnen-Hütte. Sie steht in der Senke des Toblinger Riedls und bietet »Schnitzel con Kraut e Tre Cime«. Ostseitig unterhalb des Hauses liegen in einer weiten Karmulde die idyllischen Bödenseen.

Sextner Stein von der Drei-Zinnen-Hütte

Bödenseen

Beim Weiterweg über die Lange Alm, sind weiter die Drei Zinnen absoluter Blickfang. Man wandert vorbei an drei Lacken, die den Rienzursprung bilden, dann kurz bergan zur Langealmhütte. Wenig weiter, an einem grasig-steinigen Rücken, bietet sich dann ein letzter Blick auf das berühmte Dreigestirn. Wer erst spät am Tag gestartet ist, wird hier vielleicht länger hängen bleiben als geplant. Denn an Schönwettertagen bieten die Nordwände vor dem Sonnenuntergang ein fantastisches Farbenspiel.
Unter dem westlichen Zinnenvorbau führt der Weg zurück zum Ausgangspunkt der Runde.

AUTORENTIPP!

ABZOCKEREI AN DER DREI-ZINNEN-STRASSE

An Schönwettertagen im Sommer herrscht am Parkplatz beim Rifugio Auronzo, am Endpunkt der Drei-Zinnen-Straße (2320 m), ein Gewusel wie am Münchner Stachus. Alle wollen die berühmten Drei Zinnen sehen! Da reiben sie sich drunten im Val d'Ansiei, in der Gemeinde Auronzo die Hände. Die ist nämlich Besitzerin der Drei-Zinnen-Straße, die sich als »goldener Tatzelwurm« vom Misurinasee rund 7 km weit zum Rifugio Auronzo hinaufwindet. Hinter dem kleinen Lago d'Antorno wird dann kräftig abkassiert: 20 Euro pro PkW.

Deshalb unser Tipp: auf den SAD-Bus umsteigen. Der fährt ab Toblach via Schluderbach und Misurina direkt bis zum Rifugio Auronzo und ist erst noch deutlich günstiger.

länge seiner »Bellavista« im Schwierigkeitsgrad XI–, 55 Meter unter einem Riesendach!

Zinnenschauen

Da begnügen sich die allermeisten lieber damit, das felsige Dreigestirn aus sicherer Distanz zu bestaunen, Alexanders »Tatort« inklusive. Dafür gibt's schließlich die »Drei-Zinnen-Straße«, deren Asphaltband sich von Misurina herauf windet. Hat man erst einmal die Benzinkutsche auf dem Riesenparkplatz abgestellt, folgt als Teil zwei des Unternehmens »Drei-Zinnen-Schau« die Wanderung hinüber und hinauf zum Paternsattel in knapp 2500 Metern Höhe. Der Ausflug ist Touristenpflicht, denn erst drüben am Geröllsattel gibt's den Drei-Zinnen-Blick, gewinnt der Felsstock seine fantastische Form. Und an der haben sich, zumindest verbal, schon ungezählte Postkartenschreiber, Gelegenheitslyriker und selbsternannte Bergpoeten die Zähne ausgebissen.

Ein alpines Traumbild: die Nordwände der Drei Zinnen

Infos und Adressen

SEHENSWÜRDIGKEITEN

Misurinasee. Das seichte Gewässer am Passübergang vom Rienz- zum Ansieital gehört zu den beliebtesten Ausflugszielen in der Umgebung von Cortina d'Ampezzo. Mit dem Sorapiš-Massiv als Kulissenberg ein tolles Fotomotiv.

ÜBERNACHTEN

Chalet Lago Antorno. Idyllisch an seinem kleinen See gelegenes Haus. Gute Küche, ruhige, hübsche Zimmer. Tel. 04 35/391 48, www.lagoantorno.it

AKTIVITÄTEN

Col de Varda. Ein Sessellift mit Talstation am Südufer des Misurinasees erschließt den schönen Aussichtspunkt des Col de Varda (2125 m). Betriebszeiten im Sommer 9–17 Uhr, an der Bergstation Einkehrmöglichkeit.

Lago d'Antorno mit den Drei Zinnen

Auf dem Monte Piana

Freilichtmuseum am Monte Piana. Der im Ersten Weltkrieg hart umkämpfte Bergstock ist heute ein großes Freilichtmuseum: markierte Wege, zahlreiche Stollen und alte Stellungen. Von Misurina fahren im Sommer Jeeps hinauf zum Rifugio Bosi (2205 m). Für die Besichtigung des weitläufigen Geländes sollte man mindestens eine halben Tag einplanen.

Wandern und Radeln. Bei der Kulisse gibt es keine Zweifel: Es ruft der Berg! Neben der familienfreundlichen Runde um die Drei Zinnen gibt es zahlreiche markierte Wanderwege, die aber fast durchweg anspruchsvoller sind, dazu gesicherte Steige in den Cadini di Misurina. Gut trainierte Radler steuern das Rifugio Auronzo (2320 m) über die Drei-Zinnen-Straße bzw. den Paternsattel (2454 m) an.

INFORMATION

Ufficio Turistico. Via Monte Piana, 32040 Misurina, Tel. 04 35/390 16, info@auronzomisurina.it, www.infodolomiti.it

REISEINFOS

Südtirol von A bis Z

Vorangehende Doppelseite: Vinschgau und die Ortlergruppe
Oben: Die Gärten von Schloss Trauttmansdorff
Mitte: Eine gute Adresse: der Finsterwirt in Brixen
Unten: Eine Erfolgsgeschichte, die Vinschger Bahn!

Anreise mit dem Auto/Motorrad

Klassische Pforte, gelegentlich aber auch veritables Nadelöhr auf dem Weg nach Südtirol ist der Brennerpass, trotz Autobahn. Meistens wird auf dieser 100 km langen Bergstrecke irgendwo repariert, was die scheinbar unaufhaltsam anwachsende Vierzig-Tonner-Armada beschädigt hat. Und das bedeutet dann fast immer: Stau. In gut zehn Jahren, sagen die Verkehrspolitiker, wird der Basistunnel kommen und Entlastung bringen, lediglich den Mehrverkehr aufnehmen, meinen Skeptiker. Leidtragende sind die Anwohner im Wipptal und am Eisack, die mit dem Gestank und dem Lärm leben müssen.

Es muss aber nicht unbedingt die Brennerroute sein, man kann beispielsweise auch über die (vom Güterverkehr) wenig frequentierte Felber-Tauern-Strecke (Kufstein – Pass Thurn – Mittersill – Lienz) anreisen, eventuell mit Abkürzungsvariante aus dem Iseltal über den Staller Sattel ins Pustertal.

Wer Zeit hat, nimmt den Weg übers Timmelsjoch: aus dem Ötztal zunächst hinauf in Hochgebirgsregionen, dann hinab ins bereits mediterran angehauchte Meraner Land – eine besonders schöne Einstimmung in den Südtirol-Urlaub.

Auch aus der Schweiz führt die Anreise über hohe Pässe (Flüela – Pass dal Fuorn), dann in den Vinschgau. Autoverlad vom Prättigau ins Unterengadin möglich (Vereina-Bahntunnel).

Anreise mit Bahn und Bus

Wer im Urlaub mehr oder weniger ortstreu ist, sollte die Alternative Bahn wählen. Da beginnt der Urlaub bereits vor der Haustüre. Sogar sein Gepäck kann man an den Zielort befördern lassen; Online-Buchung bei www.insamexpress.it. Und schließlich gibt es auch noch die Autoreisezüge (www.dbautoreisezug.de) nach Bozen. Mit dem Bus kann man ebenfalls bequem nach Südtirol reisen, Busunternehmer bieten preisgünstige Fahrten in verschiedene Regionen des Landes an.

Anreise mit dem Flugzeug

Von Deutschland aus fliegt man in der Regel Innsbruck an und lässt sich dann bequem mit dem »Südtirol-Bus« in die gewünschte Urlaubsdestination transportieren.

Apotheken

Apotheken gibt es in fast allen Südtiroler Orten, insgesamt 120. Man erkennt sie leicht an dem großen grünen Kreuz auf weißem Schild.

Banken/Bancomaten

Banken mit Bancomaten finden sich in praktisch in allen Ortschaften des Landes.

Barrierefrei

Nützliche Tipps für einen genussvollen Urlaub auch für behinderte Menschen bietet das Internetportal »Südtirol für alle«: barrierefreie Hotels, Restaurants, Sehenswürdigkeiten, Museen, Sport- und Freizeiteinrichtungen sind detailliert aufgelistet; www.suedtirolfueralle.it

Badeseen

Südtirol ist kein Seenland. Bei den größten stehenden Gewässern handelt es sich um Stauseen.

Oben: Ein besonderer Parcours: NATURAronda in Sulden
Mitte: Andreas Hofer
Unten: Mensch und Tier am Antholzer See

Oben: Seiser Alm und Langkofelmassiv
Mitte: Schäfer mit Villnösser Brillenschafen auf der Weide
Unten: Festival auf der Gompmalm bei Schenna

Zwei Ausnahmen: der Kalterer See und die Montiggler Seen, beide mit Badeplätzen. Der Kalterer See gilt übrigens als wärmster Badesee der Alpen.

Bauernhof-Ferien

Die familienfreundliche Urlaubsart wird immer populärer: authentisches Landleben in schönster Kulisse, die an Gäste vermieten. Im Internetportal »Roter Hahn« finden sich rund 1500 Bauernhöfe, www.roterhahn.it

Brenner-Autobahn

Die A 22 ist gebührenpflichtig. Zwischen dem Brennerpass und Bozen gilt 110 km/h Höchstgeschwindigkeit, dann 130 km/h. Auf- und Abfahrten Brenner, Sterzing, Brixen, Gröden, Bozen, Auer.

Camping

In Südtirol gibt es rund 40 Campingplätze, die überwiegend gut eingerichtet sind. Mehr als die Hälfte ist auch im Winter geöffnet, vor allem natürlich jene in den Skizentren.

Feiertage

Neujahr (1. Januar)
Dreikönigsfest (6. Januar)
Ostermontag
25. April (Tag der Befreiung)
Tag der Arbeit (1. Mai)
Pfingstmontag
Tag der Republik (2. Juni)
Maria Himmelfahrt (15. August)
Allerheiligen (1. November)
Mariä Empfängnis (8. Dezember)
Weihnachten (25./26. Dezember)

Gästekarten

Immer populärer werden die Gästekarten in Südtirol; Talschaften (z.B. Gröden, Hochabtei) und größere Touristenorte (Brixen, Sterzing, Meran u.a.) bieten teilweise erhebliche Vergünstigungen bei öffentlichen Verkehrsmitteln, Museen, Schwimmbädern usw. Wer Südtirols Museen mit Fahrten im öffentlichen Nahverkehr entdecken will, erwirbt die drei bzw. sieben Tage gültige Museummobil Card. Insgesamt 78 Museen beteiligen sich.

Haustiere

Für Hunde und Katzen, die mit in den Urlaub dürfen, braucht's ein amtstierärztliches Gesundheitszeugnis und einen Impfschutz gegen Tollwut, der mindestens 21 Tage, maximal ein Jahr zurückliegt. In Italien sind für Hunde Leine und Maulkorb vorgeschrieben.

Informationen

Umfassende Information bietet Südtirol Information, Pfarrplatz 11, 39100 Bozen, Tel. 04 71/99 99 99, info@suedtirol.info, www.suedtirol.info

Praktisch jeder Ort im Land besitzt sein Tourismusbüro. Daneben gibt es mehrere regionale Fremdenverkehrsverbände:
Ferienregion Vinschgau, Kapuzinerstraße 10, 39028 Schlanders, Tel. 04 73/62 04 80, info@vinschgau.net, www.vinschgau.net

Meraner Land, Gampenstraße 95, 39012 Meran, Tel. 04 73/20 04 43, www.meranerland.com

Verkehrsamt der Stadt Bozen, Waltherplatz 8, 39100 Bozen, Tel. 04 71/307 000, info@bolzano-bozen.it, www.bolzano-bozen.it

Oben: Schenna und die Mutspitze
Mitte: Historisch: die erste Seilbahn Bozen – Kohlern, nachgebaut
Unten: Luxus hat seinen Preis: Hotel Cristallo in Cortina

Oben: St. Magdalena und der Rosengarten
Mitte: Das tut gut!
Unten: Da geht's lang!

Ferienregion Südtirols Süden, Pillhofstraße 1, 39057 Frangart, Tel. 04 71/63 34 88, info@suedtirols-sueden.info, www.suedtirols-sueden.info

Tourismusverband Ferienregion Kronplatz, Michael-Pacher-Straße 11a, 39031 Bruneck, Tel. 04 74/55 54 47, www.kronplatz.com

Ferienregion Tauferer Ahrntal, Ahrnerstraße 95, 39030 Steinhaus, Tel. 04 74/65 20 81, tauferer@ahrntal.com, www.ahrntal.com

Tourismusverband Hochpustertal, Dolomitenstraße 29, 39034 Toblach; Tel. 04 74/91 31 56, info@hochpustertal.info, www.hochpustertal.info

Ferienregion Eisacktal, Großer Graben 26a, 39042 Brixen, Tel. 04 72/80 22 32, info@eisacktal.info, www.eisacktal.info

Gröden Marketing, Tel. 04 71/77 77 77, info@valgardena.it, www.valgardena.it. Büros in St. Ulrich (Reziastraße 1, Tel. 04 71/77 76 00), in St. Christina (Chemunstraße 9, Tel. 0471/77 78 00) und in Wolkenstein (Mëisulesstraße 213, Tel. 04 71/77 79 00)

Tourismusverband Seiser Alm, Dorfstraße 15, 39050 Völs am Schlern, Tel. 04 71/70 96 00, info@seiseralm.it, www.seiseralm.it

Tourismusverband Rosengarten-Latemar, 39050 Birchabruck, Tel. 04 71/61 03 10, info@rosengarten-latemar.com, www.rosengarten-latemar.com

Tourismusverband Hochabtei, Col-Alt-Straße 36, 39033 Corvara, Tel. 04 71/83 61 76, info@altabadia.org, www.altabadia.org

Klima

Südtirol besitzt ein von seiner Lage südlich des Alpenhauptkamms geprägtes Klima, das sich durch hohe Sonnenscheindauer, weitgehende Nebelfreiheit und milde, angenehme Temperaturen auszeichnet. Der inneralpinen Klimazone mit ihren geringen Niederschlagsmengen sind die großen Täler des Eisack der Rienz und der oberen Etsch (Vinschgau 639 mm pro Jahr) zuzuordnen, während die Dolomiten, bedingt durch die relative Nähe des Alpenrandes, erheblich mehr Niederschläge verzeichnen. Grund dafür sind sogenannte Staulagen, wie man sie auch nördlich der Alpen kennt.

Während Meran praktisch keine Frosttage kennt, herrscht in den Alpentälern im Winter oft ein extremes Klima mit viel Schnee. Klimawerte für Meran (durchschnittliche Tagestemperaturen):

Januar/Februar	5,5–12° C
März/April	12–15° C
Mai/Juni	21–28° C
Juli/August	26–30° C
September/Oktober	18–27° C
November/Dezember	8–15° C

Kriminalität

Autoknacker und Diebe gibt es leider auch in Südtirol. Wertsachen und Dokumente wird man deshalb keinesfalls im Auto liegen lassen; am besten sind sie im Hotelsafe aufgehoben.

Kuren

Mit Abstand bedeutendster Kurort Südtirols ist Meran. Gesundheitsfördernd ist das weitgehend nebelfreie, milde Klima. Die moderne Therme bietet verschiedene Anwendungen (Bäder, Massagen usw.); bekannt ist auch die herbstliche Traubenkur.

Oben: Die Drei-Zinnen-Hütte
Mitte: Relaxen in der Meraner Therme
Unten: Unterwegs auf dem Vinschgauer Radweg

Oben: Bäuerin im Villnößtal
Mitte: Einkaufen in der Brunecker Altstadt
Unten: Freundliche Käseverkaufe-rin im Hochabtei

Märkte

Wochenmärkte
Mo: St. Pauls (Eppan)
Di: Prad, St. Michael (Eppan), Toblach
Mi: Bruneck, Kaltern, Mals
Do: Girlan, Schlanders
Fr: Bozen (Rathausplatz), Latsch, Meran, Olang
Sa: Bozen (Siegesplatz)

Traditionsmärkte
Josefimarkt in Salurn (19. März oder Sonntag danach)
Markusmarkt in Auer (25. April)
Michaelimarkt in Martell (29. September)
Stegener Markt (letztes Wochenende im Oktober)
Sealamorkt in Glurns (2. November)
Martinimarkt in Girlan (11. November)

Weihnachtsmärkte in den größeren Südtiroler Ortschaften (Dezember)

Medizinische Versorgung

Wer als EU-Bürger in Südtirol ärztliche Hilfe in Anspruch nimmt, bekommt in aller Regel die Kosten erstattet. Bei gesetzlich Versicherten garantiert die European Health Card (Europäische Versicherungskarte) kostenlose Versorgung – theoretisch. In Spitälern klappt das problemlos, manche Ärzte bestehen allerdings auf Barzahlung – wohl auch, um den bürokratischen Aufwand zu vermeiden. Wer auf Nummer sicher gehen will, schließt vor dem Urlaub eine Auslandskrankenversicherung ab, bei der auch ein Rücktransport ins Heimatland inbegriffen ist.

Mietautos

Die großen Gesellschaften wie Avis, Hertz und Europcar haben Vertretungen in Bozen. Das gewünschte Fahrzeug bucht man vor der Reise ins Urlaubsdomizil.

Avis Autovermietung, Galvanistrasse 1, Bozen, Tel. 0471/21 25 60

Europcar, Flughafen Bozen, Francesco-Baracca-Straße 1, Tel. 0471/25 21 52

Hertz, Flughafen Bozen, Francesco-Baracca-Straße 1, Tel. 0471/25 42 66

Mobilcard Südtirol

Problemlos unterwegs in Südtirol ist man mit der Mobilcard, die es für einen, drei oder sieben Tage gibt. Sie gilt in allen Regionalzügen des Landes (bis Trento), Bussen (auch Postauto Mals–Müstair) und diversen Bergbahnen. Wer mit der Bahn nach Südtirol reist, erhält die Mobilcard umsonst.

Nachtleben

Insider bezeichnen das Nachtleben in Südtirol als ziemlich mau. Daran sollen auch extrem strenge Auflagen schuld sein, die immer mehr Discotheken zum Aufgeben zwingen. Total angesagt sind in Bruneck Puka Naka Club & Longue (Altstadt) und das K 1 an der Reischacher Talstation der Kronplatz-Seilbahn. In Bozen sind der Nirò Club am Dominikanerplatz und das Nadamas – das fast schon Kultstatus hat – stets gut besucht.

Naturparks

Neben dem Stilfser-Joch-Nationalpark, der nur teilweise auf Südtiroler Boden liegt (Ortlermassiv), gibt es sieben weitere, große Schutzgebiete:
Schlern-Rosengarten (68 km^2)
Texelgruppe (334 km^2)

Oben und Mitte: Patisserie Acherer in Bruneck
Unten: Das Stadthotel in Bozen

Oben: Andrea Fenoglio kocht im Sternerestaurant »Sissi«.
Mitte: Der Käsebunker von Degust in Vahrn
Unten: Bar im Parkhotel Laurin in Bozen

Puez-Geisler (102 km^2)
Fanes-Sennes-Prags (257 km^2)
Trudner Horn (69 km^2)
Drei Zinnen (119 km^2)
Rieserferner-Ahrn (315 km^2)

Notrufe

Polizei Nr. 113
Feuerwehr Nr. 115
Pannendienst ACI Nr. 116
Notruf (Notarzt, Bergrettung) Nr. 118

Öffnungszeiten

Geschäfte haben in Südtirol in der Regel Mo bis Fr von 8.30/9–12/13 Uhr, 15/15.30–18/19 Uhr geöffnet, Sa–Mittag, gelegentlich auch länger. Einkaufszentren und große Outlets haben längere Öffnungszeiten, sind meistens auch über Mittag offen.

Banken sind von 8.30–13 Uhr geöffnet.

Tankstellen werden vielfach über Mittag nicht bedient; da helfen dann die Automaten.

Die Südtiroler Museen haben keine einheitlichen Öffnungszeiten. Die Öffnungszeiten vorgestellter Museen sind angegeben.

Kirchen außerhalb geschlossener Siedlungen sind meistens versperrt – Konsequenz vieler Kunstraube. Den Schlüssel bekommt man oft in einem der umliegenden Höfe.

Passstraßen

Südtirol ist ein Gebirgsland und entsprechend viele Bergstraßen gibt es zwischen Brenner und Salurn. Manche sind echte Klassiker, wie beispielsweise die Dolomitenpässe und das Stilfser Joch. Vor allem bei den Motorradfahrern genießen sie Kultstatuts, was in den Sommermonaten nicht zu überhören ist. Die kurvenreichen Strecken sind dem Verkehr an Schönwettertagen oft kaum mehr gewachsen, weshalb in den letzten Jahren auch schon über Straßensperren nachgedacht worden ist. Ab 2013 wird am Stilfser Joch (2757 m), der höchsten und berühmtesten Bergstrecke, eine Maut erhoben. Ob das zu einem Rückgang des Verkehrsaufkommens führen wird, ist allerdings eher fraglich.

Die wichtigsten Passstraßen:

Pass	**Höhe m. ü. M.**	**Strecke**
Reschenpass	1507	Mals – Pfunds (A)
Stilfser Joch	2757	Prad – Bórmio
Timmelsjoch	2474	St. Leonhard – Sölden (A)
Jaufenpass	2099	Sterzing – St. Leonhard
Penser Joch	2215	Sterzing – Bozen
Gampenjoch	1518	Meran – Fondo
Mendelpass	1363	Eppan – Fondo
Würzjoch	1987	Brixen – St. Martin in Thurn
Karerpass	1745	Bozen – Vigo di Fassa
Grödner Joch	2121	Wolkenstein – Corvara
Sellajoch	2244	Wolkenstein – Canazei
Pordoijoch	2239	Canazei – Arabba
Passo Campolongo	1875	Corvara – Arabba
Valparolajoch	2192	Stern – Passo Falzárego
Passo Falzárego	2105	Cernadoi – Cortina d'Ampezzo
Passo Tre Croci	1805	Cortina d'Ampezzo - Auronzo
Kreuzbergsattel	1636	Sexten – Comélico
Staller Sattel	2052	Antholz – Defereggental (A)

Oben: Schloss Englar im Überetsch
Mitte: Freilichtmuseum Dietenheim
Unten: Ausflugsboot am Reschensee

Südtirol und die Dolomiten gehören zu den alpenweit meistfrequentierten Skigebieten.

Post

Öffnungszeiten Mo–Fr 8.30–14 Uhr, Sa 8.30–13 Uhr. Standardbriefe und Postkarten sind mit 0,65 Euro zu frankieren. Briefmarken gibt's nicht nur bei den Postämtern, sondern auch in den Tabacchi.

Rauchen

In Italien herrscht Rauchverbot in allen öffentlichen Gebäuden, auch in Bars.

Rechnungen

Um bei einer allfälligen Kontrolle der Guardia della Finanza (Finanzpolizei) keine Probleme zu bekommen, empfiehlt es sich, alle Rechnungen und Belege aufzuheben.

SAD-Busse

Südtirol verfügt zwar nur noch über wenige Bahnlinien, ist aber durch das Liniennetz der SAD-Busse verkehrsmäßig gut erschlossen. Fahrpläne liegen in den Hotels und Tourismusbüros auf. Fahrkarten kann man an den Automaten, aber auch im Bus lösen.

Seilbahnen

Die Betriebszeiten der Südtiroler Bergbahnen sind sehr unterschiedlich. Die meisten Bahnen sind während der Wanderzeit im Sommer – Juni bis Oktober – und während der Skisaison im Winter in Betrieb. Infos bei den Tourismusbüros.

Skigebiete

»Sella Ronda« heißt das absolute Zauberwort für die Brettlfans; das größte zusammenhängende

Skirevier (Dolomiti Superski) umfasst rund 1200 Pistenkilometer.

Telefonieren

Vorwahlen: Südtirol/Italien 0039 (dann die Null der Ortsvorwahl mitwählen); Deutschland 0049, Österreich 0043, Schweiz 0041. Handy-Besitzer sollten beachten, dass beim Telefonieren über die Landesgrenzen hinweg beträchtliche Kosten (Roaming-Gebühren) entstehen können.

Trinkgeld

Ist in Restaurants üblich (wenn man zufrieden ist); in Bars lässt man das Wechselgeld liegen.

Verkehr

Im Prinzip gelten in Italien die gleichen Verkehrsregeln wie in Deutschland. Die Höchstgeschwindigkeit auf Landstraßen beträgt 90 km/h, innerorts 50 km/h, auf Autobahnen 130 km/h (Brenner 110 km/h). Sie werden allerdings nur sehr selten eingehalten: zu wenig Kontrollen. Wird man trotzdem erwischt, wird es allerdings sehr teuer! Wer bei einer Panne aussteigt, muss eine Warnweste anziehen. Telefonieren am Steuer ist streng verboten! Auch tagsüber muss mit Abblendlicht gefahren werden und es gilt Anschnallpflicht.

Zeitungen

»Dolomiten« heißt die deutschsprachige Südtiroler Tageszeitung. Sie besitzt praktisch eine Monopolstellung und vertritt nur selten regierungskritische Positionen. Die »Neue Südtiroler Tageszeitung« versteht sich als linksliberaler Gegenpol. Interessante Beiträge zu Südtiroler Themen finden sich in der »ff« (Südtiroler Wochenmagazin).

Oben: Am Pragser Wildsee
Mitte: Apfelblüte in Südtirol
Unten: Boote am Pragser Wildsee

Südtirol für Kinder

Kinder lieben Abwechslung, Spannung – nur keine Langeweile! Die Natur ist vor allem Spielplatz, da kann man sich austoben. Also bitte keine langweiligen Almwanderungen und Kultur am besten in richtig dicke Burgmauern verpackt. Das Südtiroler Angebot für den Nachwuchs ist beachtlich. Am Anfang der Urlaubsplanung steht – besonders für Familien – die Wahl der Unterkunft: Hotel, Pension, Ferienwohnung, Camping oder ein (gemietetes) Wohnmobil? Im Internet findet man unter www.suedtirolerland.it eine Auswahl besonders familienfreundlicher Hotels. Weitere Infos zu Camping und Ferienwohnungen bei Südtirol Information, Pfarrplatz 11, I-39100 Bozen; Tel. 0471/99 99 99, info@suedtirol.info, www.suedtirol.info.

Villnösser Brillenschafe

ABENTEUERPARKS UND HOCHSEILGÄRTEN

Hochseilgärten sorgen garantiert für Hochspannung, und nicht nur beim Nachwuchs! Der geht oft lockerer um mit all den wackeligen Brücken und Seilrutschen. Hochseilgärten gibt's in Allitz (Vinschgau), Terlan, Kaltern, am Issinger Weiher (Pustertal), in Sand in Taufers, Luttach, Steinhaus, Toblach und Kolfuschg.

Den Rausch der Geschwindigkeit können große und kleine Kinder auf den **Sommerrodelbahnen** von Meran 2000 und Innichen erleben.

EIN HERZ FÜR TIERE

Das haben ohnehin alle Kinder. Deshalb liegt man mit einem Besuch im Wildpark Gustav Mahler (Toblach), bei der Lamazucht in Oberbozen (Kaserhof, Ritten), im Pflegezentrum für Vogelfauna bei Schloss Tirol (»Gufyland«) oder auf der Eselfarm in Terenten bestimmt richtig.

REITEN

Pferde stehen vor allem bei Mädchen ganz hoch im Kurs. Da entwickelt sich zwischen dem blondmähnigen Haflinger und der Edith oder Susi im Handumdrehen eine tierische Freundschaft. In Hafling ob Meran und auf dem Salten gibt es zahlreiche Reitställe, die auch Ausritte für Kinder und Jugendliche organisieren.

BURGEN UND SCHLÖSSER

Südtirol ist Burgenland, und die meisten der alten Gemäuer kann man auch besichtigen, vielfach in Verbindung mit einer kleinen Wanderung: ideal für Familien. Und wenn's dann unter dem mächtigen Bergfried auch gleich noch eine urige Einkehr gibt – umso besser. Eine Auswahl der schönsten Burgen und Schlösser: Churburg, Juval, Trauttmansdorff, Tirol, Runkelstein, Hocheppan, Boymont, Leuchtenburg, Haderburg, Reifenstein, Taufers, Trostburg, Prösels.

RITTERSPIELE

Weit über die Grenzen Südtirols hinaus ist der Oswald-von-Wolkenstein-Ritt bekannt. Ritterspiele gibt es neuerdings auch in Schluderns, unter der Churburg.

MUSEEN

Ein Museumsbesuch braucht auch für Kinder keineswegs fad zu sein. Modern konzipierte Ausstellungen lassen kaum Langeweile aufkommen. Und wenn die Berge der Welt auch noch auf den Mauern und in den Türmen einer mächtigen Burg wie Sigmundskron erlebt werden können, ist auch bei den Kleinen das Interesse da (Messner Mountain Museum Firmian; siehe Highlight 18).

Weitere Museen, die besonders für Familien interessant sind:

Eisenbahnwelt in Rabland (Vinschgau)
Messner Mountain Museum Ortlers (Sulden)
Mooseum in Moos (Passeiertal)
ArcheoParc (Schnalstals): Ötzis Welt
Südtiroler Archäologiemuseum (Bozen): der berühmteste Südtiroler, 5300 Jahre alt

BERGWERKSBESUCH

In Ridnaun (Schneeberg) und im Ahrntal (Kasern) kann man einfahren in den Berg: leicht gruselig und total spannend!

SCHLUCHTEN

Wie wär's mit einem Besuch des Südtiroler Grand Canyons? Am Fuß des Weißhorns versteckt sich die größte Schlucht des Landes (siehe Highlight 24). Spannende Erlebnisse garantieren auch ein Besuch der Gilfenklamm bei Sterzing oder eine Wanderung durch die Rastenbachklamm im Überetsch.

NATURWUNDER

Immer wieder lässt uns die Natur staunen. Wie sind wohl die bizarren Türme der Erdpyramiden am Ritten und im Pustertal (Platten, Terenten) entstanden? Warum sind die Felsen rund um Bozen so rot, jene am Rosengarten dafür grau-bleich? Eiszapfen mitten im Sommer im Überetsch? Wer als Eltern Bescheid weiß, kann beim Nachwuchs punkten …

THEMENWEGE

Im ganzen Land gibt es speziell ausgeschilderte Themenwege. Infos über die örtlichen bzw. regionalen Tourismusbüros.

WASSERWELTEN

Wasser ist Leben. Das beweisen aufs Schönste die vielen Waale im Vinschgau und im Meraner Land, ohne die hier Landwirtschaft nur bedingt möglich wäre. Sie sind auch ideale Familienwanderwege. Im Aquaprad (siehe Highlight 5) taucht man ein in die heimischen Gewässer, entdeckt 35 verschiedene Fischarten.
Und wer gleich richtig herumplantschen will: Frei- und Hallenbäder gibt es in allen größeren Ferienorten Südtirols. Und dann sind da noch die Montiggler Seen und der Kalterer See – die wärmsten natürlichen Badewannen der Alpen. Für Spaß und Abwechslung ist somit gesorgt.

Die Erdpyramiden am Ritten, im Graben des Finsterbachs

Produktmanagement: Ulrich Jahn
Lektorat: Karin Weidlich, München
Grafische Umsetzung: graphitecture book, Rosenheim
Repro: Repro Ludwig, Zell am See
Umschlaggestaltung: Ulrike Huber, www-uhu-design.de, Kolbermoor
Korrektorat: Nadja Pietraszek, Konstanz
Kartografie: Kartographie Huber, Heike Block, München
Herstellung: Bettina Schippel
Printed in Slovenia by Korotan, Ljubljana

Alle Angaben dieses Werkes wurden vom Autor sorgfältig recherchiert und auf den aktuellen Stand gebracht sowie vom Verlag geprüft. Für die Richtigkeit der Angaben kann jedoch keine Haftung übernommen werden. Für Hinweise und Anregungen sind wir jederzeit dankbar. Bitte richten Sie diese an:

Bruckmann Verlag
Postfach 40 02 09
80702 München
E-Mail: lektorat@verlagshaus.de

Bildnachweis

Alle Bilder des Innenteils und des Umschlags stammen von Udo Bernhart, außer:

Eugen Hüsler: S. 15 u.r., 16 u.r., 38, 59 o., 60 o., 73 u., 74 u., 131 u., 145 o., 147 u., 148 u., 161, 166 u., 167 o., 171, 172 o., 179 u., 198 u., 201 u., 209 o., 217, 222 o., 227 u., 228 o., 229, 231 u., 234 o., 236 M., 240 o. & u., 242 u., 243, 244 o., 240 u., 260 M., 260 u., 261 o.;

Manfred Kostner, Südtirol: S. 158 u.;
Winter Hotel Drei Zinnen: S. 184 u.

Umschlag
Vorderseite:
Oben: Weinblatt im Herbst
Mitte links: Bauer mit hausgebackenem Brot
Mitte rechts: Kurhaus in Meran
Unten: Bauernhof im Villnößtal

Rückseite:
Links: Fresko in St. Andreas in Kaltern
Rechts: Laubengasse in Bozen

Die Deutsche Nationalbibliothek verzeichnet diese Publikation in der Deutschen Nationalbibliografie; detaillierte bibliografische Daten sind im Internet über http://dnb.d-nb.de abrufbar.

© 2013, Bruckmann Verlag GmbH, München
ISBN 978-3-7654-5869-9

Unser komplettes Programm:
www.bruckmann.de